广西乡村振兴

战略与实践·政治卷

贺祖斌　林春逸

汤志华　肖富群

张海丰　马姜明

——

著

GUANGXI NORMAL UNIVERSITY PRESS

广西师范大学出版社

·桂林·

图书在版编目（CIP）数据

广西乡村振兴战略与实践. 政治卷 / 贺祖斌等著. —
桂林：广西师范大学出版社，2019.12
ISBN 978-7-5598-2507-0

Ⅰ. ①广… Ⅱ. ①贺… Ⅲ. ①农村－社会主义建设－
研究－广西②农村－群众自治－研究－广西 Ⅳ. ①F327.67
②D638

中国版本图书馆 CIP 数据核字（2019）第 295871 号

广西师范大学出版社出版发行

（广西桂林市五里店路 9 号　邮政编码：541004）
　网址：http://www.bbtpress.com
出版人：黄轩庄
全国新华书店经销
广西广大印务有限责任公司印刷
（桂林市临桂区秧塘工业园西城大道北侧广西师范大学出版社
集团有限公司创意产业园内　邮政编码：541199）
开本：787 mm × 1 092 mm　1/16
印张：12.5　　　字数：210 千
2019 年 12 月第 1 版　　2019 年 12 月第 1 次印刷
定价：38.00 元

如发现印装质量问题，影响阅读，请与出版社发行部门联系调换。

作者简介

贺祖斌，男，教育学博士，二级教授，博士研究生导师，现任广西师范大学校长，享受国务院政府特殊津贴专家，全国文化名家暨"四个一批"人才（理论）。主要从事高等教育评价、高等教育生态、教师教育发展、乡村教育等研究。出版论著16部，发表论文150余篇，获高等教育教学成果奖国家级二等奖2项、省级一等奖5项，第四届全国教育科学研究优秀成果奖三等奖1项，广西社会科学优秀成果奖一等奖2项、二等奖4项，广西教育科学优秀成果奖一等奖4项。主持完成国家社会科学基金项目、全国教育科学规划课题等20多项。

林春逸，男，广西师范大学马克思主义学院教授，博士研究生导师，主要研究方向为思想政治教育发展研究、发展伦理研究、当代中国文化发展研究等。主持完成国家社科基金项目1项、教育部课题2项、广西重大课题3项、其他省部级课题多项，出版著作3部，发表论文50余篇；获得广西社会科学优秀成果奖二等奖1项、三等奖2项，广西优秀教学成果奖一等奖1项。先后被评为全国优秀教师、全国高校优秀思想政治理论课教师、全国高校思想政治理论课教学能手、广西高校教学名师、广西高校人才小高地创新团队带头人、广西文化名家暨"四个一批"人才等。

肖富群，男，南京大学社会学博士，马克思主义理论博士后，美国犹他大学社会学系访问学者，广西师范大学政治与公共管理学院、马克思主义学院教授、博士研究生导师。兼任中国社会学会理事、中国社会保障学会理事、中国社会工作学会理事、中国社会工作教育协会反贫困社会工作专业委员会副主任。主要从事社会研究方法、流动人口就业与发展、青少年发展与福利、马克思主义中国化等方面的教学与研究。主持国家社会科学基金项目等各类科研项目19项，出版学术专著、译著4部，发表学术论文53篇，独立的科研成果获省部级科研成果奖二等奖1项、三等奖3项。

汤志华，男，现任广西师范大学马克思主义学院院长，校党委宣传部常务副部长，博士、教授，博士研究生导师，八桂学者，广西高校思想政治教育领军人物，广西教学名师，主要研究领域为马克思主义中国化研究。主持国家社科基金重大项目子课题1项、国家社科基金项目1项、省部级课题6项；获得广西优秀社科成果奖二等奖1项、三等奖3项，广西高等学校优秀教材一等奖1项。

张海丰，男，经济学博士，广西师范大学经济管理学院副教授，硕士研究生导师，主要从事演化与创新经济学和制度经济学领域的研究。担任中国演化经济学会理事、广西壮族自治区旅游发展改革委员会专家库成员等社会职务。在《新华文摘》《社会科学》《当代经济研究》等核心期刊发表论文20多篇。主持国家社科基金项目1项，省部级项目2项，厅级项目3项。研究成果获广西社会科学优秀研究成果奖三等奖2项，广西教育科学研究优秀成果奖三等奖1项，广西自治区级教学改革成果奖二等奖1项。

马姜明，男，生态学博士，教授，硕士研究生导师，现任广西师范大学生命科学学院副院长，兼任广西师范大学可持续发展创新研究院常务副院长。广西师范大学第九批拔尖人才。中国林学会森林生态分会理事、广西生态学学会副秘书长、广西植物学会副秘书长、广西贫困村科技特派员。主要从事退化生态系统的恢复与重建、可持续生态学研究。主持和完成国家自然科学基金项目2项，广西创新驱动发展专项课题等各类项目20余项，发表论文80余篇，获专利14项、计算机软件著作权3套，参与制定林业行业标准1项，参编专著4部、教材1部。获梁希林业科学技术奖一等奖1项和自治区级教学成果奖三等奖1项。

读懂实践乡村振兴战略的广西视角

何毅亭

中央党校(国家行政学院)分管日常工作的副校(院)长

　　农业、农村、农民问题是关系党和国家事业全局的重大问题。早在2013年中央农村工作会议上，习近平总书记就指出："中国要强，农业必须强；中国要美，农村必须美；中国要富，农民必须富。农业基础稳固，农村和谐稳定，农民安居乐业，整个大局就有保障，各项工作都会比较主动。"我们党历来把解决好"三农"问题作为全党工作的重中之重，坚持工业反哺农业、城市支持农村和多予少取放活的方针。特别是党的十八大以来，不断加大强农惠农富农政策力度，始终把"三农"工作放在重要位置来抓并取得历史性成就。党的十九大进一步提出实施乡村振兴战略这一新时代农村发展的重大决策部署，使我国农村迎来前所未有的发展契机。

　　党的十九大报告中提出的"产业兴旺、生态宜居、乡风文明、治理有效、生活富裕"20字乡村振兴总体要求中，"产业兴旺"排在首位，是实施乡村振兴战略的重点与基础。而在发展乡村产业过程中，如何处理好资本和农民的利益协调问题？如何统筹经济发展与环境保护？在乡村振兴过程中如何留住乡愁、保留淳朴的民风和提升乡村文化？实施乡村振兴战略对乡村基层党组织的治理能力提出了更高要求，如何创新制度、创新治理体系应对这一挑战？知识经济时代人力资本的积累是经济发展的基础动力,而发展教育事业则是人力资本积累的重要手段,后发地区如何通过创新教育体制机制实现跨越式发展?如此一系列问题,都是摆在理论工作者和实践工作者面前的重大课题。

广西壮族自治区作为欠发达地区,只有实现跨越式发展才能迎头赶上,而乡村振兴战略的实施为广西发挥后发优势、实现赶超式发展提供了难得的机遇。牢牢抓住这个历史机遇,充分发挥高校和智库的创造力,以理论研究指导政策实践,以政策实践促进理论创新,在理论与实践相结合、相统一的过程中将广西的后发优势转变为现实竞争优势,就能够促进广西乡村全面振兴。

广西师范大学作为教育部和广西壮族自治区共建的省属重点大学,教学和科研在全区具有引领示范作用。在广西大力实施乡村振兴战略的大背景下,广西师范大学充分发挥高校服务社会的功能,积极整合跨学科研究力量,成立"新农村发展研究院",致力于乡村振兴战略的理论与实践研究。由广西师范大学校长贺祖斌教授领衔撰写的《广西乡村振兴战略与实践》(六卷本),正是该研究院推出的重要智库成果。各卷的作者都是各自领域具有相当影响力的中青年学者,具备多年的研究积累和扎实的理论功底,他们紧紧围绕"乡村产业振兴、乡村人才振兴、乡村文化振兴、乡村生态振兴、乡村组织振兴",分别从经济、教育、文化、生态、政治、社会六个方面对广西乡村振兴战略进行前瞻性研究,取得了可喜的成果。

《广西乡村振兴战略与实践》紧扣中央提出的乡村振兴战略总体要求和部署,每卷聚焦一个领域的重要问题,六卷互为印证,成为一个完整的体系。《广西乡村振兴战略与实践》对实施乡村振兴战略和制定相关政策具有较高的实践指导价值,既可以作为各级党政干部研究制定乡村振兴相关政策的理论借鉴,也可作为高校和研究机构研究人员研究乡村振兴的必备参考书目,还可以作为当代大学生了解乡村振兴、参与乡村振兴的参考书目。

总　序

实施乡村振兴战略是党的十九大做出的重大决策部署。我国作为世界上最大的发展中国家,自新中国成立以来,发展成就令世界瞩目,但农村发展相对落后,城乡二元经济结构仍然比较突出,发展不平衡、不充分问题仍然存在。这些问题必须得到解决,这也是实现中华民族伟大复兴的必然要求。习近平总书记反复强调:"中国要强,农业必须强;中国要美,农村必须美;中国要富,农民必须富。"农业基础稳固,农村和谐稳定,农民安居乐业,整个大局就有保障,各项工作都会比较主动。乡村振兴战略正是在这一大背景下提出来的。

广西壮族自治区作为欠发达地区,只有实现跨越式发展才能迎头赶上。乡村振兴战略的实施为广西发挥后发优势、实现赶超式发展提供了机遇,但后发优势是潜在的,只有在一定条件下才能实现。根据著名经济史学家亚历山大·格申克龙的观点,落后地区要赶上发达地区,一定要采取一些发达地区未曾实施过的新制度。也即,只有通过制度创新才能激活后发优势。广西应该牢牢抓住我国大力实施乡村振兴战略的历史机遇,发挥广西高校和智库理论工作者的创造力,以理论创新促进制度创新,引领广西乡村振兴研究。以理论研究指导政策实践,以政策实践促进理论创新,通过理论与实践相结合的方式将广西的后发优势转变为现实的竞争优势,从而促进广西乡村全面振兴。广西师范大学研究团队撰写的《广西乡村振兴战略与实践》共六卷,包括教育卷、文化卷、政治卷、经济卷、社会卷、生态卷,紧扣中央提出的乡村振兴战略总体要求和战略部署,每卷聚焦一个问题,六卷互为印证、密切相关,成为一个完整的体系。《广西乡村振兴战略与实践》的价值主要体现在以下三方面。

一、充分发挥高校服务社会功能，积极回应时代发展重大问题

习近平总书记在党的十九大报告中指出："中国特色社会主义进入新时代，意味着近代以来久经磨难的中华民族迎来了从站起来、富起来到强起来的伟大飞跃，迎来了实现中华民族伟大复兴的光明前景；意味着科学社会主义在21世纪的中国焕发出强大生机活力，在世界上高高举起了中国特色社会主义伟大旗帜；意味着中国特色社会主义道路、理论、制度、文化不断发展，拓展了发展中国家走向现代化的途径，给世界上那些既希望加快发展又希望保持自身独立性的国家和民族提供了全新选择，为解决人类问题贡献了中国智慧和中国方案。"新时代呼唤新理论，习近平新时代中国特色社会主义思想就是我们改革的指导思想。随着中国特色社会主义事业不断向前发展，在解决了旧矛盾的同时，也产生了新矛盾，而改革是化解各类矛盾的根本途径。改革的本质是一个持续推进制度创新的动态过程，我们只有不断进行制度创新，才能将中国特色社会主义事业不断推向新的高度。

乡村振兴战略是补齐我国经济发展短板的关键一环，更是我国经济转向高质量发展和实现中华民族伟大复兴的重要战略支撑。我国作为一个发展中国家，在经历改革开放40余年的快速工业化和城市化之后，城乡二元经济结构仍然比较突出。国家统计局发布的《2018年居民收入和消费支出情况》显示，从2016年到2018年，全国居民的人均可支配收入稳步增长，农村居民人均收支增速快于城镇，但城乡之间的绝对收入差距仍在扩大。2016年城镇居民人均可支配收入比农村居民多21 252.8元，2017年多22 963.8元，到2018年则增至24 634元。因此，切实增加农民收入仍然是当前农村工作的重要指向，乡村振兴战略正是我国在这一大背景下做出的重大战略部署。在党的十九大报告提出的"产业兴旺、生态宜居、乡风文明、治理有效、生活富裕"二十字总体要求中，"产业兴旺"排在首位，它是实施乡村振兴战略的重点与基础。而在发展乡村产业过程中如何处理好资本和农民的利益协调问题？如何统筹经济发展与环境保护的关系？在市场经济的春风吹遍乡村的过程中如何记住乡愁、保留淳朴的民风和提升乡村文化？随着乡村振兴战略的推进，对乡村基层党组织的治理能力提出了

更高的要求,如何通过制度创新应对这一挑战?随着乡村经济的发展,利益主体更加多元,如何创新治理体系应对这一变化?知识经济时代经济发展的基础动力是人力资本的积累,教育是人力资本积累的重要手段,后发地区如何通过创新教育体制机制实现跨越式发展?这一系列问题是摆在理论工作者和实践工作者面前的重大课题。

广西师范大学作为教育部和广西壮族自治区共建的省属重点大学,教学和科研方面在全区具有引领示范作用。在自治区积极贯彻中央部署,大力实施乡村振兴战略的大背景下,广西师范大学充分发挥高校服务社会的功能,积极整合跨学科的研究力量,成立了"广西乡村振兴战略研究院",致力于乡村振兴战略的理论与实践研究。呈现在我们面前的《广西乡村振兴战略与实践》,分别从教育、文化、政治、经济、社会、生态六方面,紧紧围绕"乡村产业振兴、乡村人才振兴、乡村文化振兴、乡村生态振兴、乡村组织振兴"五个振兴对广西乡村振兴战略进行了前瞻性的研究,极具理论创新的特征,书中提出的政策建议对广西实施乡村振兴战略具有理论指导和政策实践价值。

二、以理论创新促进制度创新,引领广西乡村振兴研究

(一)完善乡村教育体制机制是乡村人才振兴的制度基础

人才振兴是乡村振兴的重要支撑。《广西乡村振兴战略与实践·教育卷》聚焦广西乡村教育,从不同层面提出了广西乡村教育存在的问题及解决的办法,对乡村教育的基本价值取向进行了深入探讨,形成了"乡村教育为乡村""城乡教育一体化发展""乡村教育的根本任务是培养人"等立场鲜明的观点。在清晰阐述乡村教育与乡村社会关系的基础上,肯定了乡村教育之于乡村建设的基础性作用,承认了乡村社会发展之于乡村教育的基本要求,最后强调了乡村教师之于乡村教育的关键意义、乡村课程与教学之于乡村教育变革的基本功用、教育经费投入之于乡村教育的生命线保障作用。

本卷从五个方面提出广西振兴乡村教育的举措:

第一,加强师德师风建设。师德师风建设是乡村教育的重中之重,必须将全

面从严治党要求落实到每个乡村教师党支部和教师党员,把党的政治建设摆在首位,用习近平新时代中国特色社会主义思想武装头脑,充分发挥教师党支部教育、管理、监督党员和宣传引导、凝聚师生的战斗堡垒作用,充分发挥教师党员的先锋模范作用。

第二,利用互联网、大数据、人工智能技术推进教育精准脱贫。教育精准扶贫是最具有根本性、可持续性的扶贫举措之一,实现均衡分配教育资源,有助于贫困家庭子女都能接受公平、有质量的教育,掌握脱贫致富技能,全面提升劳动者的综合素质。

第三,科学合理规划乡村学校布局。乡村学校布局既要有利于为学生提供公平、有质量的教育,又要尊重未成年人身心发展规律,方便学生就近入学。防止过急过快撤并学校导致学生过于集中,极力避免出现新的"空心校"。

第四,推动乡村学校标准化建设。按照"实用、够用、安全、节俭"的原则,加快推进乡村学校达标建设,全面达到国家规定的基本办学条件"20条底线"要求。升级教学设施设备,配齐相关体育设施,完善两类学校(乡村小规模学校和乡镇寄宿制学校)安全防范设施。

第五,加强乡村师资队伍建设。完善编制岗位核定和教师补充机制。切实提高乡村教师待遇。进一步落实和完善乡村教师工资待遇政策,核定绩效工资总量时向两类学校(乡村小规模学校和乡镇寄宿制学校)适当倾斜。完善教师住房保障,切实落实将符合条件的乡村教师纳入当地政府住房保障体系的政策。加强教师培养培训。深入推进县域内义务教育教师、校长交流轮岗制度,每学年遴选一批两类学校教师到城镇学校交流培训、跟岗锻炼。

笔者提出的这一系列广西振兴乡村教育的举措,都是从广西乡村教育的实际情况出发,具有较强的可操作性。"五位一体"的战略举措系统而全面,既有理论创新,又有实践价值,为广西创新乡村教育体制机制提供了有益借鉴。

(二)"五位一体"是乡村文化振兴的必由之路

乡村文化振兴是乡村振兴的灵魂,文化兴则人心稳,人心稳则事业兴,只有文化振兴了,人们才能记得住乡愁,美丽乡村才有灵魂。《广西乡村振兴战略与实践·文化卷》聚焦乡村文化振兴，从五个方面具体阐述了广西乡村文化的振兴路径。

第一，以产业兴旺为基础推进乡村文化振兴。笔者认为，可以通过建设广西农耕文化产业展示区，打造广西特色文化产业乡镇、广西文化产业特色乡村、广西农村特色文化产业群，实施广西乡村传统工艺振兴计划，开发广西传统节日文化用品和项目，推动广西乡村文化、旅游与其他产业深度融合等。

第二，以生态宜居促进乡村文化振兴。通过改善农村基础设施，全面改变农村居住条件，调动农民建设美丽家乡的积极性，并注重个人品德和职业道德建设，以职业能力提升工程促进农民参与生态宜居建设能力的提升。同时，注重生态道德和公共道德建设，培养农民在生态宜居建设中的团结协作精神和生态管理能力。通过实施"生态厕所革命"、"生态＋文化"工程和"生态＋产业"工程等，全面提升乡村文化的内涵。

第三，以治理有效助力乡村文化振兴。大力推进农村自治、法治、德治协同共治体系建设。只有政府、市场、乡村共同发力，自治、法治、德治协同推进，才能更好地推动农村生态道德建设、农村家庭美德建设、农民个人品德建设、农村社会公德建设、农民网络道德建设。

第四，以科技发展助推乡村文化建设。充分利用和发挥"互联网＋"在农村道德建设和乡风文明建设中的宣传、引导和推动作用。实施"互联网＋N"工程，依托政府部门、互联网公司和高校研究机构等力量，实施"互联网＋'五风'"工程、"互联网＋'六德'"工程、"互联网＋'三治'"工程，对传统和现代的优良"五风""六德"及"三治"经验进行宣传和推广，实现农村服务范围和对象全覆盖，营造一种积极向上和社会和谐的发展氛围。

第五，强化农村基层党组织领导核心地位。健全新型农村基层党组织体系，持续整顿软弱涣散的村党支部，提升"星级化"管理水平。实施农村带头人队伍整体优化提升行动，选优配强村党支部书记，全面向贫困村、软弱涣散村和集体经济薄弱村党支部派出第一书记，加大在优秀青年农民中发展党员力度。落实农村党员定期培训制度，稳妥有序开展不合格党员处置工作。全面落实村级组织运转经费保障政策。健全从优秀村党支部书记中选拔乡镇领导干部、考录乡镇机关公务员、招聘乡镇事业编制人员制度。推行村级小微权力清单制度，严厉整治侵害农民利益的不正之风和腐败问题。

乡村文化是乡村社会和谐稳定发展之"锚",也是实施乡村振兴战略的重要支撑和最终归宿。笔者提出的"广西只有紧紧围绕'产业兴旺、生态宜居、乡风文明、治理有效、生活富裕'的乡村振兴战略总要求,在'五位一体'中才能实现广西乡村文化振兴",是对乡村振兴战略的深刻解读,从五个方面入手,提出乡村文化振兴的具体路径,具有较强的理论创新价值和政策参考价值。

(三)基层党建是乡村组织振兴的重要法宝

乡村组织振兴是乡村振兴的组织保障,乡村基层党组织是乡村有效治理的基石。《广西乡村振兴战略与实践·政治卷》聚焦乡村治理,乡村治理现代化是实现国家治理现代化的必然要求,治国安邦重在基层。笔者认为,乡村是国家政权的"神经末梢"和最基本的治理单元,乡村治理是整个国家治理的基石,是国家治理的有机组成部分。没有乡村治理的现代化,就不可能实现国家治理体系和治理能力现代化。推进国家治理体系和治理能力现代化最重要的是实现乡村治理的现代化。实施乡村振兴战略,要求加强农村基层基础工作,健全乡村治理体系,确保广大农民安居乐业,农村社会安定有序,打造共建共治共享的现代社会治理格局,推进国家治理体系和治理能力现代化。

笔者进一步指出,办好中国的事情关键在党。党政军民学,东西南北中,党是领导一切的。中国共产党的领导是中国特色社会主义最本质的特征和最大优势。实施乡村振兴战略,从根本上解决好"三农"问题,必须始终坚持党管一切的原则,加强党的领导是乡村治理的根本保障。如果不注重加强党的领导,乡村治理就有可能出现"跑偏"的现象。加强党的领导,关键在农村基层党组织和广大党员。必须坚持以党建引领乡村治理,促进乡村振兴。在推进乡村治理的过程中,要坚持和加强党对乡村治理的集中统一领导,坚持把夯实基层基础作为固本之策。充分发挥农村基层党组织的战斗堡垒作用和广大党员的先锋模范带头作用,加强党员干部与群众的密切联系,带动群众全面参与国家的乡村振兴战略行动。

笔者最后提出,"三治结合"是实现乡村治理现代化的必由之路,即把农村基层党组织治理与乡村治理、村民自治与乡村治理、乡村治理中的"德治"与"法治"结合起来。既要传承发展我国农耕文明中的优秀传统,形成文明乡风、淳朴民风、良好家风,又要建立健全党委领导、政府负责、社会协同、公众参与、法治保障的现代乡村社会治理体制。要完善党务、村务、财务"三公开"制度,实现公开经常化、制度化和规范化;要在党的坚强领导下,选举好村委会主任,保障农村妇女的政治参与,培育农村后备政治精英,确保村民自治依法有序进行;要坚持"依法治国"与"以德治国"相统一,在运用法律刚性规范乡村社会秩序的同时,注重发挥新乡贤促进乡风文明建设的道德力量,从而实现乡村社会的善治。笔者提出的这些主张和政策思路具有现实意义。

(四)创新农地流转机制是乡村产业振兴的制度杠杆

乡村产业振兴是乡村振兴的物质基础。《广西乡村振兴战略与实践·经济卷》以农地流转机制创新为切入点,提出以农地流转机制创新作为制度杠杆,吸引产业资本和人才下乡,这样才能夯实乡村振兴的经济基础。我国近些年开展农地确权和延长承包经营期限是实施乡村振兴战略的前期工作。笔者认为,改革和完善现行的农地制度,特别是农地流转机制,不仅关乎广大农民的切身利益,而且是经济发展和实施乡村振兴战略的必然要求。农地流转机制创新与乡村振兴战略的实施有着紧密的联系。换句话说,农地流转机制的创新方向和效率直接关乎乡村振兴战略的实施效果,甚至影响整体经济改革的进程。具体到广西的发展实际,笔者认为可以利用国家的少数民族地区优惠政策,大胆先试先行,在新时代积极探索农地制度创新和政策实践,从而走出一条独特的乡村振兴之路,实现跨越式发展。

广西作为欠发达地区,如何突破既有的发展路径,实现跨越式发展,是摆在广西各级政府面前的亟待解决的问题。本卷对各级地方政府如何提高推动制度变迁的能力,在巩固现有农村基本经营制度的前提下如何完善和创新农地流转机制,农地流转机制创新之于乡村振兴有着怎样的重要意义,广西乡村振兴的产业选择应该遵循什么样的逻辑,广西应该走一条什么样的乡村振兴道路等关键问题进行较为深入的探讨,并给出了尝试性的解答,具有较强的政策参考价值。

(五) 治理体系创新是乡村全面振兴的根本保障

乡村振兴战略是"五位一体"的全方位战略,归根结底是为了实现乡村社会的全面振兴。《广西乡村振兴战略与实践·社会卷》针对广西目前乡村社会治理过程中出现的一些问题,从五个方面提出了创新性的治理思路。

第一,治理体制创新。首先,结合当前新型城镇化战略的推进,在城乡一体化的框架下,深化乡村社会治理体制改革。其次,实现乡村社会的公共管理与乡村自治的有机结合。最后,创新乡村土地制度与集体产权制度,推进村民自治制度改革。

第二,治理机制创新。创新的基本方向就是从单一化、行政化治理机制迈向综合治理机制。首先,把乡村社会治理与乡村社区建设和社区管理有机统一起来,即让目前的村民自治走向社区建设和社区管理。其次,创建新型多样化的乡村社会自治的实现形式。最后,构建乡村社会治理的联动机制。

第三,治理结构创新。首先,应结合乡村社会治理体制机制的深化改革,在乡村社会治理中广泛引入社会力量,其中包括市场的力量。在乡村社会治理结构创新中,鼓励一些社会力量进入乡村,如让各种社会组织和团体进入乡村,引导一些市场机构参与乡村社会事业发展。这些对增强乡村社会治理的力量,提高乡村社会治理的实效,都会起到积极的作用。其次,建立和完善乡村民众参与乡村社会治理的机制。在乡村社会治理中,如果能让更广泛的民众参与其中,就会使目前的乡村社会治理结构大大改善,社会治理的力量会更加强大,社会治理结构内在关系更为均衡。最后,建立相互协调的多元治理结构。实现乡村社会治理效率质的提高,仅仅依靠政府的力量是不够的,必须充分发挥政府、市场和社会三方面力量组成的协调的多元治理结构的作用。

第四,治理过程创新。乡村社会治理过程是指由治理乡村社会的各项活动构成的一个动态过程,即各种治理措施的实施过程。首先,改革和完善村民自治管理,推进乡村社会生活的民主化。其次,创建自下而上的治理平台。最后,协调推进乡村治理。

第五,治理手段创新。目前,乡村治理手段的缺陷在于法治化程度较低、行政手段与传统手段不协调,这些问题都会影响治理的效率。推进乡村社会治理手段的创新,需要抓住两个关键问题。首先,理顺法理和礼俗的关系。坚持依法治理,并不等于完全不考虑乡村社会中礼俗的作用。其次,通过制度建设和治理实践,解决乡村社会治理中存在的一些制度的模糊空间问题。

笔者指出的选择和创新乡村社会治理手段,应始终坚持互惠原则,认为达成共识是构建乡村社会秩序的重要基础,而达成共识是以互惠为前提的。这实际上指出了制度创新的普惠原则,在广西实施乡村振兴战略过程中,制度创新占有举足轻重的地位,但只有把握好制度创新的基本原则,新的制度才能最大限度地发挥作用。笔者提出的五个方面的乡村社会治理的创新思路具有较强的政策启发意义。

(六)留住绿水青山是乡村生态振兴的必然要求

乡村生态振兴是乡村绿色发展所要达到的最终目的,也是贯彻习近平总书记"绿水青山就是金山银山"重要论断的体现。《广西乡村振兴战略与实践·生态卷》以我国实施乡村振兴战略为背景,紧紧围绕广西乡村振兴"三步走"的战略目标,立足区情农情,充分认识全面实施乡村生态振兴战略,建设"美丽广西"的重大意义。本卷以"问题导向"为切入点,以"历史纵深"为视角,以"前瞻预测力"为目标,以"现实操作性"为导向,对广西在实施乡村振兴过程中如何实现"生态宜居"进行了较深入的研究。笔者认为,广西作为欠发达地区和全国脱贫攻坚主战场之一,产业结构不够合理,农业大而不强、大而不优,农村基础设施和公共服务能力较为薄弱,农民收入整体低于全国平均水平,乡村规划建设、生态文明建设亟待加强。《中共广西壮族自治区委员会关于实施乡村振兴战略的决定》已明确广西乡村生态振兴"三步走"的战略目标:到2020年,"美丽广西"乡村建设四个阶段(清洁乡村、生态乡村、宜居乡村、幸福乡村)目标任务全面完成,农村生活垃圾处理率、无害化卫生厕所普及率、农村生活污水治理率明显提高,村庄规划管理实现全覆盖,农村人居环境明显改善;到2035年,农村生态环境和人居环境质量大幅提升,美丽宜居乡村基本实现;到2050年,乡村全面振兴,与全国同步实现农业强、农村美、农民富。

为了实现上述目标,笔者进一步指出,广西在实施乡村振兴战略过程中必须以"创新、协调、绿色、开放、共享"新发展理念为指导。在全面梳理广西改革开放40余年和自治区成立60余年发展历程中不同阶段乡村生态建设的状况,直面广西乡村振兴生态建设过程中存在的棘手问题,系统分析问题的成因,提出广西乡村振兴生态建设的目标和对策。为广西推进乡村绿色发展、打造人与自然和谐共生发展新格局、实施美丽广西乡村生态建设等提供现实可行的实施方案。最后,笔者从生态宜居发展战略、生态农业发展战略、乡村生态旅游发展战略、生态扶贫发展战略、田园综合体发展战略和山水林田湖草系统治理发展战略六个方面全方位论述了广西乡村振兴生态发展战略体系,为广西各级政府部门制定乡村振兴生态建设的相关政策提供了决策参考。

三、将后发优势转变为竞争优势,促进广西乡村全面振兴

经济发展是一个现代工业部门相对农业部门不断扩张的过程,在这个过程中伴随着劳动力从农业部门向工业部门的转移。根据理论推导,这种劳动力的单向流动将一直持续到城乡一体化劳动力市场出现为止,即随着工业化的推进,城乡之间的发展差距最终会缩小,二元经济将转变为一元经济。但在现实中,这种缩小趋势不但没有出现,反而有不断扩大的趋势。显然,纯粹依靠市场机制,城乡之间的发展差距几乎是不可能缩小的,因此,需要有作为的政府加以推动。从历史的角度看,绝大部分发展中国家快速推进工业化,都在一定发展阶段不同程度地出现城乡发展差距扩大、乡村凋敝等发展不均衡问题,这种现象在一些发展中国家持续存在,甚至出现了不断加剧的趋势。值得注意的是,日本和韩国从工业化中期开始,为了减少城乡之间的发展差距,政府就有意识地转变发展战略,强化乡村发展的制度供给。日本政府在20世纪60年代颁布的《农协法》《市民农园整备促进法》《农村地区引进工业促进法》等相关法律,以及韩国政府在20世纪70年代开展的"新村运动",都是比较典型的例子。这些成功的做法,可以为我国实施乡村振兴战略所借鉴。

我国"三农"问题长期得不到根本解决的主要原因在于,快速工业化和城市化形成了一种"虹吸效应",使得资本和人才等高端生产要素长期向城市单向流

动,农村发展的基础越发薄弱,而城市和乡村公共服务配置的不均等又加剧了这一趋势。广西作为欠发达地区,经济发展相对落后,农村的发展已经出现了不同程度的锁定效应,突破"路径依赖"创造新的发展路径已迫在眉睫。而乡村振兴战略的提出为广西实现跨越式发展和内涵式发展提供了难得的机遇。广西以乡村振兴为战略支点,坚定推进制度创新,将潜在的后发优势转变为现实的竞争优势,运用制度杠杆效应实现路径创新和跨越式发展是可期的。

在我国大力实施乡村振兴战略以及广西积极推进乡村振兴和实现跨越式发展的大背景下,广西师范大学乡村振兴战略研究团队撰写的《广西乡村振兴战略与实践》正当其时。《广西乡村振兴战略与实践》引领了广西乡村振兴领域理论与实践研究,对广西实施乡村振兴战略和制定相关政策具有较高的实践指导价值,不仅可以作为广西各级政府制定乡村振兴相关政策的理论借鉴,而且可以作为高校研究机构的研究人员研究乡村振兴的参考书,更是当代大学生了解乡村振兴、参与乡村振兴很好的参考书。

贺祖斌

2019 年 10 月 20 日

目　录

导　论

2017 年党的十九大报告提出实施乡村振兴战略。这是以习近平同志为核心的党中央着眼于党和国家事业全局,从实现"两个一百年"奋斗目标和实现中华民族伟大复兴的中国梦长远大局出发,准确理解我国城乡关系变化新特征,深刻把握社会主义现代化建设规律、中国共产党治国理政规律、中国特色社会主义政治文明发展规律,顺应亿万农民对美好生活的向往,对中国特色社会主义进入新时代党和国家"三农"工作作出的重大决策部署。2019 年 6 月,中共中央办公厅、国务院办公厅印发《关于加强和改进乡村治理的指导意见》,为新时代加强和改进乡村治理,夯实乡村振兴的基层基础明确了目标,指明了方向,成为推进乡村治理现代化的行动指南。

一、深刻认识乡村治理的重大意义

自古以来,"乡村治,百姓安,国家稳"。要深刻认识推进乡村治理现代化的紧迫性和重要性,加强和改进乡村治理。

乡村治理是乡村振兴的重要内容。国家乡村振兴战略提出了"产业兴旺、生态宜居、乡风文明、治理有效、生活富裕"的二十字方针。乡村振兴离不开乡村治理。只有有效治理、良性善治,才能形成有条不紊的乡村秩序,从而为推动农村产业发展、保护宜居生态环境、营造文明乡风习俗、实现共同富裕提供有力保障。因此,乡村治理的效果不仅决定着乡村振兴的质量与水平,而且决定着乡村社会的发展、繁荣与稳定。

乡村治理现代化是实现国家治理现代化的必然要求。治国安邦,重在基层。乡村是国家政权的"神经末梢"和最基本的治理单元,乡村治理是整个国家治理的重要基石,是国家治理的有机组成部分。没有乡村治理的现代化,就不可能实现国家治理体系和治理能力现代化。推进国家治理体系和治理能力现代化最重要的是实现乡村治理的现代化。实施乡村振兴战略,要求加强农村基层基础工作,健全乡村治理体系,确保广大农民安居乐业,农村社会安定有序,打造共建共治共享的现代社会治理格局,推进国家治理体系和治理能力现代化。

实现乡村治理的"善治"是实现中华民族伟大复兴的重要基石。求木之长者,必固其根本。习近平总书记反复强调,"中国要强,农业必须强;中国要美,农村必须美;中国要富,农民必须富。农业基础稳固,农村和谐稳定,农民安居乐业,整个大局就有保障,各项工作都会比较主动"。没有乡村的有效治理,就不会有乡村的全面振兴。没有乡村的全面振兴,就不可能全面建成小康社会。没有全面建成小康社会目标的实现,就不可能实现中华民族伟大复兴的中国梦。因此,加强乡村治理,实现乡村振兴,是推动中国全面建成小康社会、实现中华民族伟大复兴的固本之举。

二、党的领导是乡村治理的根本保证

办好中国的事情关键在党。党政军民学、东西南北中,党是领导一切的。中国共产党的领导是中国特色社会主义最本质的特征和最大制度优势。实施乡村振兴战略,从根本上解决好"三农"问题,必须始终坚持党管一切的原则。

加强党的领导,是乡村治理的根本保障。如果不注重加强党的领导,乡村治理就有可能出现"跑偏"的现象。社会主义民主政治发展的最根本原则是必须坚持党的领导、人民当家作主和依法治国三者有机统一。如果脱离党的领导,只是一味地强调自治,乡村自治权力缺乏有效领导和监督,村民自治就有可能偏离正确政治方向,就容易导致乡村治理的泛利益化、家族化、涉黑化;如果不在党组织领导下发展壮大农村集体经济,乡村治理缺乏坚实的经济基础,就有可能在盲目发展中走向难以为继的局面。因此,只有在基层党组织的引领下,农村各类群团组织和自治组织协同发展,共同发挥治理合力,乡村治理才能蹄疾步稳。

加强党的领导,关键在农村基层党组织和广大党员。目前,绝大多数农村基层党组织和广大农村党员在带领广大农民努力因地制宜发展农村产业,实现精准扶贫、精准脱贫,提高农民生活水平,推动基层群众自治等方面,发挥了战斗堡垒作用和模范带头作用。但是,也存在部分农村基层党组织软散弱、部分党支部书记和村委会主任涉农领域的腐败现象、少数农民党员不能发挥先锋模范作用的问题。

必须坚持以党建引领乡村治理,促进乡村振兴。在推进乡村治理的过程中,要坚持和加强党对乡村治理的集中统一领导,坚持把夯实基层基础作为固本之策。充分发挥农村基层党组织的战斗堡垒作用和广大党员的示范带头作用,加强党员干部与群众的密切联系,带动群众全面参与国家的乡村振兴战略行动。要健全党组织领导的村民自治机制,进一步加强自治组织规范化建设,完善村民(代表)会议制度,推进民主选举、民主协商、民主决策、民主管理、民主监督实践,引导农民群众自觉听党话、感党恩、跟党走,不断增强广大农民的获得感、幸福感、安全感。

三、"三治结合"是实现乡村治理现代化的必由之路

改革开放四十余年来,我国农村经济社会发展发生了深刻变化。乡村社会的变化必然要求探索契合实际的乡村治理模式。按照国家实施乡村振兴战略的总体要求,《关于加强和改进乡村治理的指导意见》对构建乡村治理体系提出了具体目标,要求到2020年现代乡村治理的制度框架和政策体系基本形成,到2035年党组织领导的自治、法治、德治相结合的乡村治理体系更加完善。

党的十九大报告指出要实施乡村振兴战略,"必须创新乡村治理体系,走乡村善治之路"。而"三治结合"正是乡村善治的必由之路。要"加强农村基层基础工作,健全自治、法治、德治相结合的乡村治理体系"。其中,自治是根本,法治是保障,德治是基础。

广西是我国村民自治的发源地,又是经济文化发展相对滞后的少数民族自治区。新中国成立70年来,在中国共产党的领导下,壮乡儿女坚持和完善民族区域自治制度,大力推进基层群众自治,努力建设社会主义政治文明,人民当家作主的各项民主权利得到充分落实,但是,距离党中央提出的实现乡村善治目标还有一些距离。要达到"治理有效"的共同目的,就必须回答影响广西乡村治理的几大关键性问题,如农村基层党组织治理与乡村治理的关系、村民自治与乡村治理的关系、乡村治理中的德治与法治关系。既要传承发展我国农耕文明中的优秀传统,形成文明乡风、淳朴民风、良好家风,又要建立健全党委领导、政府负责、社会协同、公众参与、法治保障的现代乡村社会治理体制。要完善党务、村务、财务"三公开"制度,实现公开经

常化、制度化和规范化;要在党的坚强领导下,选举好村委会主任,保障农村妇女的政治参与,培育农村后备政治精英,确保村民自治依法有序进行;要坚持依法治国与以德治国相统一,在运用法律刚性规范乡村社会秩序的同时,注重发挥新乡贤的道德力量,促进乡风文明建设,从而实现乡村社会的善治。

第一章

乡村振兴基础在提升乡村治理水平

乡村是广大农民群众生产生活的聚集地。长期以来,农村地区深受城乡二元结构的影响,在经济、文化、社会、生态文明建设等方面滞后于城市,产生贫困人口多、乡村空心化、价值伦理失范化、民主法制不健全等问题,严重制约了广大农民群众物质文化水平的提升,是影响全面建成小康社会的突出短板。习近平总书记在党的十九大报告中首次提出实施乡村振兴战略,认为农业农村农民问题是关乎国计民生的根本性问题,必须始终把解决好"三农"问题作为全党工作的重中之重。当前,乡村振兴战略实施取得了一定的成效,基本解决了影响村民群众的基础设施建设问题,村民群众也从中收获了实实在在的获得感,但从长远来看,实施乡村振兴战略的基础在于提升乡村治理水平。因此,深刻认识乡村治理理论的科学内涵、核心基础,对乡村振兴进而促进国家治理体系和治理能力现代化具有重要作用。

第一节　乡村治理的科学内涵

"治理"一词是一个舶来品。1989 年世界银行在概括当时非洲的情形时,首次使用了"治理危机"(crisis in governance)一词,此后,"治理"便被广泛地运用于政治发展研究中,特别是被用来描述后殖民地和发展中国家的政治状况。[1] 至此,治理就成为国内外政治学、经济学、社会学研究的热点问题。徐勇教授是将"治理"纳入乡村研究的第一人。

---

[1] 俞可平.治理与善治[M].北京:社会科学文献出版社,2000:1.

国外学者对治理有较为深入的研究，形成了较为丰富的治理理论，如詹姆斯·罗西瑙（James N.Rosenau）、罗茨（R.Rhodes）等人。20世纪90年代，全球治理理论的主要创始人之一詹姆斯·罗西瑙在其著作《没有政府的治理——世界政治中的秩序与变革》一书中，将治理定义为"一系列活动领域里的管理机制，它们虽未得到正式授权，却能有效发挥作用。与统治不同，治理指的是一种由共同的目标支持的活动，这些管理活动的主体未必是政府，也无须依靠国家的强制力量来实现"①。之后，罗茨、库伊曼等人也对治理概念进行研究，认为治理涉及政府与民间、私人部门之间关于公共事务管理、公共服务等方面的合作与互动。1995年，全球治理委员会发表了研究报告——《我们的全球伙伴关系》，对治理作了如下界定："治理是各种公共的或私人的个人和机构管理其共同事务的诸多方式的总和。它是使相互冲突的或不同的利益得以调和并且采取联合行动的持续的过程。"②我国学者俞可平从政治学的角度来界定治理，他认为："治理是指政治管理的过程，它包括政治权威的规范基础、处理政治事务的方式和对公共资源的管理。它特别地关注在一个限定的领域内维持社会秩序所需要的政治权威的作用和对行政权力的运用。"③从这些概念中我们可以知道，治理具有丰富的内涵和外延，在空间上包括全球治理、各个国家的治理、城市治理、乡村治理等，在内涵上主要包括治理主体、治理目标、治理方式等方面，因而治理可定义为在一定空间范围内多元主体为了使社会有效运转和公共利益最大化而通过多种方式对共同事务进行管理、服务和调节的持续性过程。由此观之，乡村治理的基本要素自然也涉及治理主体、治理目标、治理内容、治理方式等方面，乡村治理是乡镇政府、村委会和其他民间机构等权威主体为了建设和谐美丽宜居乡村而对共同事务进行管理、服务和调节的持续性过程。

一、多元的治理主体

在历史上的王朝统治时期，中国的行政机构只设置到县一级，县以下的广阔区域通常由获得王权认可的地方乡绅、族长等群体进行管理，他们是维系古代中国基

---

① [美]詹姆斯·罗西瑙.没有政府的治理——世界政治中的秩序与变革[M].张胜军，刘小林，等，译.南昌：江西人民出版社，2001：289.
② 俞可平.治理与善治[M].北京：社会科学文献出版社，2000：4.
③ 俞可平.治理与善治[M].北京：社会科学文献出版社，2000：5.

层社会运转的主导力量，是官与民之间发生联系的中介——"惟地方之事，官不得绅协助，则劝诚徒劳，绅不得官提倡，则愚迷弗信"①。随着社会的加速变迁，新中国成立以后，经历了近代革命之后的中国，强化了中国共产党作为执政党在乡村地区治理中的领导地位，使得新中国成立以后中国的乡村治理主体呈现出单一中心的特点。随后又经历了由政社合一的人民公社体制到乡政村治的村民群众自治制度的转变。进入新时代，乡村治理的主体越来越呈现出由单一中心向多中心，由一元向多元的方向转变的特点。新时代的乡村治理，特别强调治理主体的多元化，除乡镇党委政府、村委会这些治理的中心主体之外，治理主体还包括其他民间组织和个人。"乡村治理主体不仅仅是正式的权力机构——政府，还包括村庄内部各种得到村民认可的权威组织机构，而且乡村治理倾向于更多地关注政府以外的乡村权威机构。"②

对于乡村治理的主体，学界有不同的分析。郭正林认为："乡村治理，就是性质不同的各种组织，包括乡镇的党委政府、七站八所、扶贫队、工青妇等政府及其附属机构，村里的党支部、村委会、团支部、妇女会、各种协会等村级组织，民间的红白理事会、慈善救济会、宗亲会等民间团体及组织，通过一定的制度机制共同把乡下的事务管理好。"③除此之外，近些年来乡村精英不断涌现，如道德模范、优秀党员、身边好人、孝子孝媳、致富能手等，他们往往德才兼备，成为新时代的新乡贤，在乡村治理中充分发挥自身作用。"民国时期村民们更加看重的是乡村精英的'德'，即推崇德高望重的'乡贤'；现在的村民则更加看重乡村精英的'能'，即重视致富能力和管理能力强的'能人'。"④如广东省云浮市、浙江省湖州市等地的乡村通过成立乡贤理事会等组织，把有能力、有见识的乡贤纳入进来，协助村两委共同管理乡村事务，他们在乡村公共事业建设、乡村矛盾调解、文明乡风培育、优秀文化传承等方面发挥领头羊作用，同时，通过自身能力带领乡民共同致富、树立良好家风典范，有效提升了乡村社会治理水平。

概而言之，乡村治理的主体演变体现了乡村治理由开始的统治型、全权型向服务型、协调型的治理风格转变。2018年1月，中共中央、国务院印发的《关于实施乡

---

① 王先明.乡贤：维系古代基层社会运转的主导力量[N].北京日报，2014-11-24.
② 苏敬媛.从治理到乡村治理：乡村治理理论的提出、内涵及模式[J].经济与社会发展，2010(9).
③ 郭正林.乡村治理及其制度绩效评估：学理性案例分析[J].华中师范大学学报(人文社会科学版)，2004(4).
④ 徐秀丽.中国农村治理的历史与现状：以定县、邹平和江宁为例[M].北京：社会科学文献出版社，2004：25.

村振兴战略的意见》指出,"必须把夯实基层基础作为固本之策,建立健全党委领导、政府负责、社会协同、公众参与、法治保障的现代乡村社会治理体制",《中共中央 国务院关于坚持农业农村优先发展做好"三农"工作的若干意见》也提出了要"发挥群众参与治理主体作用"。这些政策文件体现了乡村治理理论倡导的顶层设计与实践探索的结合。在乡村治理中,必须充分发挥基层党委政府的领导和主导力量,始终保持党总揽全局、协调各方的领导核心作用,高度重视与各群团组织、农村社会组织的合作与互动,同时充分尊重和保障村民群众平等参与的自主精神,最大限度地激发乡村社会活力,为实现乡村社会治理最优化提供有力保证。

二、多样的治理内容

乡村治理的内容十分复杂多样。受经济这个决定性因素的制约,以及政治因素的深刻影响,每个历史阶段的乡村治理内容都具有差异性。在中国历史上,乡村治理的内容主要包括人口调查和统计、农田水利、农业发展、修路架桥等建筑工事、农村公共道德涵养、赋税征收、文化教育、济贫救灾等公共事务的管理和协调。20 世纪 80 年代,安徽凤阳小岗村 18 户村民摁下红手印,冒着"大罪"分田到户,拉开了中国农村经济体制改革的大幕。在推行家庭联产承包责任制不久,广西宜山县(今河池市宜州区)屏南乡合寨村针对村里存在的治安混乱、利益纠纷等问题,率先组织村民进行民主选举、民主决策的村民自治实践,开创了农村民主政治制度改革的先河。这些关于乡村经济和政治体制改革的实践,是中国农民的伟大创造,乡村治理的内涵也随之发生变化。

《中华人民共和国村民委员会组织法》自 1998 年 11 月由第九届全国人民代表大会常务委员会第五次会议通过,2010 年 10 月第十一届全国人民代表大会常务委员会第十七次会议、2018 年 12 月第十三届全国人民代表大会常务委员会第七次会议相继进行了修订。现行《中华人民共和国村民委员会组织法》对村民委员会作出了明确规定,如第二条规定"村民委员会办理本村的公共事务和公益事业,调解民间纠纷,协助维护社会治安,向人民政府反映村民的意见、要求和提出建议"。第八条规定"村民委员会依照法律规定,管理本村属于村农民集体所有的土地和其他财产,引导村民合理利用自然资源,保护和改善生态环境"。第九条规定"村民委员会应当宣传宪法、法律、法规和国家的政策,教育和推动村民履行法律规定的义务、爱护公共财产,维护村民的合法权益,发展文化教育,普及科技知识,促进男女平等,做好计划生育工作,促进村与村之间的团结、互助,开展多种形式的社会主义精神文明建设活动"。由此可知,村民委员会作为村民自我管理、自我教育、自我服务的基层群众性自治组织,更多的是一种外生性的嵌入力量,是乡村治理的直接权威主体。这一权威力量实施的乡村治理主要涵盖村民集体财产管理、调解村民矛盾纠纷、维护村民个人利益和集体利益、普及文化教育和法律法规、做好计划生育工作、维护民族团结等方面,致力实现乡村社会和谐稳定、群众安居乐业的目标。在中国特色社会主义进入新时代,奋力实现"两个一百年"奋斗目标的历史交汇期,乡村治理也显现出新时代的特征和要求,具体内容如下:

1.完善以家庭联产承包责任制,发展农村集体经济为主要实现形式的、统分结合的双层经营体制

家庭联产承包责任制是中国农民的伟大创造。20世纪80年代以来,在此农业政策的影响下,广大农民群众的积极性得到了极大提高,促进了农业生产力的发展。但是,随着改革开放不断向纵深推进,城市化进程中城市对农村虹吸效应的存在,大量农村劳动力流入东部沿海发达地区。一边是日益繁华的城市,而另一边却是日趋没落的、人们口中"回不去的乡村"。多数农民群众在农村种养殖与外出务工两种赚钱方式中进行博弈,相对于农业生产耗费时间长、成本高、自然灾害风险大且收益低的不足,外出务工或经商显然能够带来相对可靠和固定的收入。当前,在国家实施精准扶贫政策的背景下,越来越多的农村青壮年返乡就业、创业,通过家庭经营、发展农业专业合作社、发展村办企业等获得家庭和集体收入,在乡村振兴的道路上迈出了令人欣喜的一步。乡村振兴关键在产业振兴,产业振兴为乡村振兴提供持久的物质保障。

乡村治理包括经济治理,特别是当前进入全面建成小康社会的决胜期,保证2 000多万贫困群众脱贫致富,保证已经脱贫的群众不返贫,进而实现乡村振兴,关键和核心是必须在以村党委为核心的领导下,发展农村集体经济。如习近平首次提出"精准扶贫"的地方——湖南湘西十八洞村,在村两委、驻村第一书记等助推脱贫攻坚实践中,实现了人均收入水平由2013年的1 668元增加到2016年的8 313元,年均增长130%,真正实现了脱贫。[①] 不仅是十八洞村,贵州塘约村等农村,都是在

---

① 本刊编辑部.十八洞村的变化[J].中国扶贫,2017(5).

村党组织的带领下,发展股份合作制农村集体经济,走上共同富裕道路的典范。村党组织、合作社党组织要发挥先锋模范作用,带领村民发展产业,壮大集体经济。同时,要加强农业供给侧结构性改革,建设和发展好现代农业、现代农产品加工业和现代服务业。

2.发展教、科、文、卫公益事业,推动形成文明乡风

农村地区地域广阔,人口众多。由于长期以来城乡二元结构的影响,特别是既处于少数民族地区又处于边疆地区的西部农村,村民群众的受教育水平低、科学文化素质不高,这在很大程度上成为影响村民群众脱贫致富的重要因素。民国时期曾有知识分子如晏阳初、梁漱溟、卢作孚等,针对军阀混战频仍、匪患不断等导致乡村社会凋敝的状况,发起了“拯救乡村”的乡村建设运动,包括从教育着手开展平民教育、移风易俗、发展生产等内容,取得了明显的成效。但后来由于在政权未稳的年代,这种一方面需要政府支持,另一方面又试图摆脱政府权威的努力,没有取得实质性的成效,以致陷入“号称乡村运动而乡村不动,高谈社会改造而依附政权”①的矛盾之中,最终由于抗战的爆发而被迫中断。现今,中国社会发生了翻天覆地的变化,人民群众生活处于总体小康水平,我国社会的主要矛盾已经转化为人民日益增长的美好生活需要和不平衡不充分的发展之间的矛盾,而“三农”问题则是不平衡不充分发展的重要体现之一。为此,必须在物质生活水平显著提高的当下,进一步发展乡村教育、文化、卫生等公益事业,推动文明乡风的形成。

文化是乡村治理的重要方面,也是乡村振兴的推动力。新时代的乡村文化治理,是要在乡村营造尚科学、重教育、讲文明的氛围,完善农村基本公共文化服务体系,通过组织开展多种多样的文化活动,丰富农民群众的精神生活。中国广大农村地区受现代化观念和市场化思想影响的程度低于城市,因而成为中国传统文化保存历史较为悠久的地方。特别是对于一些地处偏远地区的农村来说,一些民族的风俗习惯中还保留男尊女卑、愚忠愚孝的思想,村民群众的公民意识不强。因此,要从教育、文化问题入手,培养符合现代农村社会需要的新时代农民。同时,培育村民群众自尊自信、理性平和、积极向上的社会心态,找准解决现存社会心理问题的突破口,有效维护社会稳定。

---

① 梁漱溟.乡村建设理论[M].重庆:乡村书店,1939.

三、共享的治理目标

乡村治理是指由一定治理主体对乡村社会生产、伦理道德、文化素养、矛盾纠纷等方面进行管理、调节和防控的持续性行为和过程。按照此定义，乡村治理的内涵之一便是乡村治理的目标归宿。党国英从公民权利、经济发展和社会发展的角度出发，认为乡村治理的基本目标是"维护乡村社会的基本公正、促进乡村社会的经济增长以及保障乡村社会的可持续发展"[①]。陆益龙认为，"不论是乡村治理还是乡村管理，也不论是如何治理或管理，其根本目标无非两个：秩序的构建和发展的实现"[②]。综合学者的观点，笔者认为，根据我国经济社会的发展状况，特别是党的十八大以来中央陆续提出和推进的"五位一体"总体布局，乡村治理作为整体国家治理的基础和重要构成单元，毫无疑问其治理目标必定涉及经济、政治、文化、社会、生态文明建设，以及党的建设的方方面面，致力实现乡村经济发展、政治民主、社会文明和谐、生态美丽宜居。这些可以说是乡村治理的基本目标，而根本目标则是共享，使乡村群众共同享有最大化的乡村社会公共利益。根本目标主要涵盖如下几个方面：

（一）产业兴旺发展

发展是硬道理。从乡村治理的一般含义上看，之所以要进行乡村社会治理，主要是因为当前乡村社会存在诸多问题，更多地呈现出自发与无序的状态，与建立社会主义现代化国家和现代化农村的发展要求不相匹配，所以更强调在治理中实现统一与秩序。然而，实现国家和社会整体的统一与秩序，首要和根本的是保证广大村民群众生产生活的需要得到满足。生产力决定生产关系、经济基础决定上层建筑，这是马克思历史唯物主义的基本观点。当前农村经济的发展，主要是围绕着种植业、养殖业、旅游业，以及少量的农产品制造业和加工业进行的。农村经济生产的体制仍然是以家庭联产承包责任制为基础的统分结合的双层经营体制，逐渐形成了以新型农户为单位的家庭联产承包责任制和股份合作制等类型的农村新型集体经济。这种新型的农业经济发展方式也是满足农民群众生活需要、实现脱贫致富奔小康的重要方式。但是，随着城镇化发展，农村大量剩余劳动力转移，农民老龄化，能种地、

---

① 党国英.我国乡村治理改革回顾与展望[J].社会科学战线,2008(12).
② 陆益龙.乡村社会治理创新：现实基础、主要问题与实现路径[J].中共中央党校学报,2015(5).

会种地且愿意种地的农民越来越少,长此以往必将严重威胁到中国14亿人的饭碗。因此,国家相关部门要加大对农业生产的支持,包括稳定价格、提供技术、开拓市场等方面。要完善土地执法监管体制机制,牢牢守住耕地保护红线,加大对新型农民和各类农业服务组织的培育力度。要推进农业供给侧结构性改革,开展农业节肥节药行动,保证农产品安全。同时,要"延伸粮食产业链、提升价值链、打造供应链,不断提高农业质量效益和竞争力"[1]。

(二)社会文明和谐

相对于城市,乡村是中国农业文明和传统文化保存较悠久的地方。费孝通先生曾说过,"从基层上看去,中国社会是乡土性的"。在传统乡土社会,人们的生产方式、生活方式都与土地密不可分。一个传统村落往往住着同姓家族的人,具有共同的血缘、地缘,构成一个熟人社会。在这个熟人社会里,有人与人相处的规则,即统称的"礼"。这是因为经过各种共同的社会化活动,"礼俗已内化为自己的心理惯习,成为自然而然的日常生活方式"[2]。农村的"礼"体现的恰恰是一种依靠道德、伦理来维持农村社会秩序的方式。乡村德高望重的长者往往是乡村礼治的权威,因为深谙礼治而为人所敬仰,乡村和谐有序的乡风、家族的凝聚力由此得以代代传承。当然,也有一些村落深受历史上王朝统治之君君臣臣、父父子子的纲常名教束缚,存在等级尊卑、愚忠愚孝的落后价值观念。随着农村的经济体制由人民公社,到家庭联产承包责任制,再到当今农地"三权分置"的变化,以及市场化、城镇化、信息化的深入推进,农村群众的生活方式已经与城市差别不大。当前,许多农民到城市务工,只有年节时候才回乡,成为典型的"两栖人"。传统乡村面临治理困境,如乡村的公共活动无法开展,传统风俗礼仪渐渐消失,社会治安不容乐观。村民群众固有的价值观念、宗教信仰和风俗习惯等,成为影响和决定村民判断是非、为人处世的重要原则。当前,乡村治理面临着文明建构上传统与现代的矛盾与冲突。村民群众普遍公共意识不强、法治和民主意识淡薄,这些是影响农村社会和谐稳定的因素。因此,一个旧的秩序被打破,新的秩序尚未完全建立的农村社会,迫切需要乡村社会文明和谐面貌的回归,这是乡村社会共享的治理目标。

---

① 习近平李克强王沪宁赵乐际韩正分别参加全国人大会议一些代表团审议[N].人民日报,2019-03-09.
② 徐勇.乡村治理与中国政治[M].北京:中国社会科学出版社,2003:203.

(三)生态美丽宜居

人类赖以生存的自然环境原本是美丽的,遵循着自然界循环发展的客观规律。然而,进入工业文明时代以来,随着人类认识自然规律能力的提升和科学技术的进步,人们利用自然资源发展生产成为必然。此时,在人与自然的关系中,人与自然已经不是和谐的关系,人类为了充分发挥主观能动性、最大限度满足自身利益,不惜向自然"开战",自然界沦为了人类实现利益和满足需求的客体和工具。在资本主义社会,社会运行遵循资本逻辑,一方面促进社会生产力极大发展,但另一方面却造成生态环境的恶化,表现为水土流失严重、大气污染、水污染等,在人的精神领域则出现了诸如拜金主义、消费至上的"以物支配人"的异化现象,这是西方现代化道路存在的弊端。当然,作为后发现代化国家的中国,改革开放四十余年取得了西方发达国家耗时两三百年才取得的成就,成为世界第二大经济体,日益走近世界舞台的中央。但是,在发展社会主义市场经济的过程中,部分企业和个人也走了"先污染后治理"的老路,影响了国家和社会的可持续发展。随着现代化的发展,广大农村地区的自然和文化生态也深受城市文化的影响,出现耕地消失、水污染、山林破坏、空气污染等严峻的生态问题。因此,为了建设美丽乡村,实现人与自然和谐共处,既需要"就环境治理环境"[①],又需要走绿色发展道路,涉及"在乡村政治生态变化情况下产生的焦虑,即工业化、城镇化迅速发展的中国如何实现乡村生态治理的现代文明重建"[②]。

四、综合的治理方式

随着一定时代主要矛盾和主要任务的变化,乡村治理方式也逐渐体现出从单一到综合的特点。在我国历史上,历来具有"皇权不下县"的传统,县以下的广阔区域由具有一定学识和才能,在百姓当中具有权威的乡绅进行治理,其治理的方式属于自治,既可以减少国家的治理成本,又达到基于内生性而具有的积极成效。随着近代以来资本主义的入侵,乡村社会治理出现了混乱的局面,出现了杜赞奇所指出的"盈利型经纪"掌控着近代乡村社会权力。新中国成立以后,尤其是人民公社时期,国家力量入驻,其将公社内生产、销售、文教、军事等一切公共事务集于一身,逐渐暴

---

① 余永跃,雒丽.中国绿色发展的道路自信[J].理论学刊,2017(4).
② 齐卫平,刘益飞,等.乡村治理:问题与对策(笔谈)[J].华东师范大学学报(哲学社会科学版),2016(1).

露出从生产关系角度理解社会主义道路的弊端。随着改革开放以来党和国家对乡村治理的重视,20 世纪 80 年代由广西宜山县(今河池市宜州区)屏南乡合寨村首创的"村民自治"实践,推动了《中华人民共和国村民委员会组织法》出台,自此,乡政村治的乡村治理体制一直延续至今,并随着实践的发展而不断完善。

根据现阶段乡村多元治理主体的不同,乡村治理方式呈现综合、多元的特点。

首先,有效发挥基层党委领导、基层政府主导、村党支部和村委会负责的作用,通过行政命令、教育引导、法律强制、宣传下乡、自愿合作、服务等方式,逐渐将乡村治理方式由强制式、行政命令式向引导式、服务式转变。基层党委和政府是乡村治理的领导者和主要实施者,是国家基层治理权力结构的核心。20 世纪 80 年代至 90 年代,一些地方政府实施乡村治理围绕着征收农业税、开展计划生育工作等进行,在治理方式上较多运用的是法律强制、行政命令、宣传下乡等方式强化法规、制度、政策的贯彻执行,凸显治理运行自上而下式的管理和调控,此种方式往往遭到一些群众的反对,影响了人民群众的切身利益。随着改革开放的不断推进,我国发展的"蛋糕"不断做大,国家也越发注重人民群众的切身利益,不断做出适应社会发展需要的政策调整,更多地将注意力转移到广大农村地区,补齐经济社会发展的突出短板。在乡村治理上,强调多中心治理,将治理的权力下放,基层党委、政府的利益与农民群众的利益实现一致。充分发挥基层党组织的领导核心作用,抓好"四风"建设,以党员干部的宗旨意识推动责任型、服务型、有限型、有为型政府建设,明确职能定位和权责边界,不断满足农民群众日益增长的服务需求。

其次,充分发挥村民自治组织自我管理、自我教育和自我服务的基础性作用,实行民主选举、民主决策、民主管理、民主监督的乡村治理方式。20 世纪 80 年代,农民群众首创的村民自治方式,充分体现出广大农民群众处理公共事务和公共利益的智慧和力量,初步展现出现代的民主、正义精神。这种民主的社会治理方式,保证了乡村社会公共事务的决策科学化,促进了对乡村社会的共同治理,维护了广大农民群众的根本利益,取得了良好的治理成效。但是,随着改革开放的不断推进,市场化和城镇化的加速发展,这种民主治理的方式随着乡村空心化、民众对公共事务兴趣的淡化,以及村干部队伍主体能力的弱化而遭遇新的困境,如村民利益难协调、决策效率难提高、民主决策难形成等,影响了村民自治落地。因此,全国各地特别是中西部地区的农村,都在探索村民自治的有效实现形式。如一些乡村因地制宜设立党群理事会、乡贤理事会、村务监督委员会等,结合网络建设交流平台,交流乡村公共事务,探索村民之间相互沟通、协商民主之路。其中,乡贤群体既包括体制内精英,又包括体制外精英,具有较强的村民利益代表性,从而使乡村治理更加科学、更具成效。此外,一些农村兴起的专业合作社、农民协会等农村经济和社会组织,具有公益性、民间性、志愿性和组织性,能够满足乡村群众对公共服务和产品的需求。因此,也要注重发挥这些社会组织在"服务社会、规范行为、表达诉求"[①]方面的协同治理作用。

最后,注重发挥广大农民群众的主体地位和作用,实行群众参与式的乡村治理方式。乡村治理是一个多主体共同治理的过程,乡村是由广大居住在乡村的群众即农民构成的,乡村治理也是为了农民,农民自然而然成为乡村治理的直接参与者和关键性主体。农民通过与基层党委、政府、村两委、村民自治组织,以及其他社会组织进行协商、沟通与合作,参与到涉及公共利益的乡村公共事务中来,通过参与共建、共治,实现共享的目标。但是,从我国乡村治理的历史进程来看,由于长期以来深受封建社会主流意识形态的影响,农民的保守性、狭隘性、自私性的小农意识仍然根深蒂固地存在着,深刻影响农民的行为方式。同时,随着改革开放以后国家力量逐渐从农村中撤出,农民自组织能力缺乏,使农村社会呈现出组织松散化,村庄凝聚力丧失。"现有政策已经说明,乡村社区建设并不是只有政府投入就可以实现目标,本质上是农民建设自己家园的过程,需要他们参与和投入。"[②]当前要实现乡村振兴的目标首先要完善现代乡村治理体系。人是社会生产生活中最活跃的因素。作为乡村振兴的权利主体和受益主体的农民,要在乡村治理中充分发挥主观能动性,提高治理自觉性和治理能力,提高与治理客体相互作用的能力,培养民主、法治等意识,自觉享有权利和履行义务。在这个过程中,仍然需要政府部门通过必要的制度安排,畅通政务公开、权力监督、主体参与、诉求表达渠道,创造合作共治的社会生态环境。

---

① 向春玲.完善乡村治理体系 有效促进乡村振兴[N].四川日报,2018-06-14.
② 张健.中国社会历史变迁中的乡村治理研究[M].北京:中国农业出版社,2012:258-259.

第二节 "治理有效"是乡村振兴战略的基础

党的十九大报告指出,实施乡村振兴战略要坚持农业农村优先发展,按照产业兴旺、生态宜居、乡风文明、治理有效、生活富裕的总要求,建立健全城乡融合发展体制机制和政策体系,加快推进农业农村现代化。乡村振兴是包括经济、政治、文化、社会、生态文明在内的整体性、全方位的振兴。全面振兴乡村离不开党对农村社会的有力领导,同时注重发挥其他组织和力量的协调治理作用。当前乡村发展逐步呈现出向上的活力,越来越多的农民工返乡创业,乡村社会人口结构、生产方式、生活方式、价值观念正发生着从传统到现代的转变。但是,从总体来看,乡村社会内部构成因素之间的有效协调运转还面临不少困境,给乡村社会治理带来不少挑战。乡村治理有效是乡村实现振兴的基础和关键,推进乡村治理体系和治理能力现代化是乡村实现振兴的必由之路。应该建立健全党委领导、政府负责、社会协同、公众参与、法治保障的现代乡村社会治理体制,健全自治、法治、德治相结合的乡村治理体系。

一、治理有效的目标要求和衡量标准

党的十八大以来,习近平总书记就加强和创新社会治理提出了许多新思想新理念,他强调指出:"基层是一切工作的落脚点,社会治理的重心必须落实到城乡、社区。"党的十九大报告提出乡村振兴战略,是在中国特色社会主义进入新时代,特别是在解决面临的城乡发展不平衡、工农业发展不平衡等问题的背景下提出来的。乡村振兴战略的实施前提和基础是治理有效,治理有效即政治学上讲的善治,是有效的治理、良好的治理、健全的治理,是治理的终极和理想目标。[①] 国内善治研究的代表性学者是俞可平,他在《治理与善治》一书中提出了善治的基本要素:合法性、透明性、责任性、法治、回应、有效,以及后面补充提到的参与、民主。学者邓大才指出,乡村社会的善治主要由秩序性、参与性、成本性、稳定性四个要素构成。根据以上学者的研究,我们发现有效的治理在某种程度上也可以称作善治。治理程度的不同,治理成效也会呈现出由低到高的差别。作为治理重要一环的乡村治理,与国家治理、

---

① 邓大才.治理的类型:从"良序"到"善治"——以乡村社会为研究对象[J].社会科学战线,2018(9).

社会治理、地区治理、企业治理等有较大差别,必须结合实际深入研究当下我国乡村社会治理有效的目标要求和衡量标准。

（一）治理程序规范化

随着人民公社体制的解体,中国广大农村基层地区形成了以乡政村治为架构的政治制度,即取代原有的人民公社,建立乡镇一级的人民政府,在村一级则实行村民自治制度。乡镇实际上成了中国行政体制的最基层机构,过去国家在农村地区展现的全权介入和高度整合特性的基层治理体制逐渐扭转,将村庄事务的管理权下放到村庄,代之的是广大村民群众自主、自由、民主权利的实现。就如同在农村实行的家庭联产承包责任制改革一样,在经济体制改革的基础上进一步推动农村政治体制改革,极大地调动了村民群众参与经济发展和民主政治建设的积极性。但是,此项改革持续不到二十年,便随着东部沿海发达城市的崛起而越发呈现出城市发展和乡村发展之间的巨大差距,造成乡镇经济发展没落、农村治理乏力。

《中华人民共和国村民委员会组织法》第十一条规定,村民委员会主任、副主任和委员,由村民直接选举产生;第二十八条规定,村民小组组长由村民小组会议推选。《中华人民共和国村民委员会组织法》也规定了农村基层党组织在乡村发挥的领导核心作用,以及村民委员会发挥的管理和具体执行作用。然而,当下一些村两委班子对《中华人民共和国村民委员会组织法》之类的国家法律法规、党在农村的方针政策不甚了解或一知半解,在乡村治理的过程中,出现了消极治理、治理程序不规范等问题。虽然在推进乡村振兴战略的背景下,乡村整体的治理状况有所好转,但是还没有完全避免。另外,在社会主要矛盾发生改变的当下,为了不断满足村民群众对美好生活的需要,迫切需要强化乡村社会治理效度,而乡村社会治理多元化是当前和今后发展的趋势。一些乡村地区结合本地区实际,探索成立乡贤理事会,乡贤治村,以及合作社治理等模式,在乡村社会治理中发挥了重要作用,取得了积极成效,得到村民群众的认可和支持。但是,《中华人民共和国村民委员会组织法》只明确规定了农村基层党组织、村民委员会为乡村社会的治理主体,对于其他的多元治理主体则缺乏明确的规定。这使得乡村治理在一定程度上面临多元治理主体的治理由于缺乏相关法律支持,而与村两委的关系不协调等问题,也难免影响到乡村治理的长期性和持续性。

上述例子是当下乡村治理程序中缺乏规范化和制度化的体现。因此,广大乡村地区要实现乡村治理程序的规范化,使制度的制定和实施有章可循,还需要着力增强两方面的内容:一是乡村治理制度要更加完善和精细化。完善村民代表的选举方式,健全村民代表会议协商议事的规则和程序,将国家对乡村治理的法律法规具体化。同时,结合乡村地区的实际,探索出村民自治的有效实现形式,进而保证乡村公共事务的决策权切实下放到广大村民群众中,坚持少数服从多数的原则,维护村集体和村民群众整体利益。二是规范权力运行的制约和监督。"治理有效构建了一种结果导向,要求治理有'效用'和'价值',与治理投入呈正相关关系。"①推进乡村有效治理,关键在坚持党的领导,要始终坚持党对农村工作的领导权。据统计,截至2018年12月31日,全国有545 189个行政村党组织、2 544.3万名农村党员②,直接与近6亿农民群众打交道,构成了乡村有效治理的最坚实保障和支撑力量。坚持党的领导,必须加强基层党组织建设,加大惩治腐败力度,完善党务、村务、财务"三公开"制度,实现公开经常化、制度化和规范化。

(二)治理过程民主化

民主是现代文明的重要特征。20世纪80年代以后,随着政社合一的人民公社体制的解体,乡村社会出现治理真空,乡村社会矛盾和问题凸显。1980年底,广西宜山县(今河池市宜州区)屏南乡合寨村村民发挥人民群众的创造精神,率先选举成立了中国最早的村民自治组织,有效解决了当时农村中存在的社会治安和村民公共利益问题。之后,该村民自治的做法得到了党中央的肯定。1987年,六届全国人大常委会第二十三次会议正式通过了《中华人民共和国村民委员会组织法(试行)》,这一做法以法律、制度的形式确定下来,并逐渐在全国农村铺开。这体现了村民群众依法通过民主选举、民主管理、民主决策、民主监督方式进行自我服务,充分体现了民主精神。

村民自治制度是人民群众的伟大创造,在推行过程中取得了较好的成效。但是,随着20世纪90年代末民工潮的涌现,村民自治制度的推行遭遇人才流失,村民能力不足、民主意识不强等困境。村民自治是乡村一地内生的制度和做法,是一项

<hr>

① 胡红霞,包雯娟.乡村振兴战略中的治理有效[J].重庆社会科学,2018(10).
② 中共中央组织部.2018年中国共产党党内统计公报[EB/OL].共产党员网,http://www.12371.cn/2019/06/30/ARTI1561860413392572.shtml.

自下而上生成，又自上而下推行的农村基层治理制度①，但是就全国其他地方的农村而言，更多的是外力的嵌入和国家对农村社会的理想建构。我国是社会主义国家，社会主义的本质特征是人民当家作主。没有民主也就没有社会主义。不论是我国社会主义国家的性质要求还是现代化建设的需要，仅从人民群众自身的全面发展和对美好社会的向往和追求的角度来说，民主毫无疑问是人们将之竖立其上并随着社会的不断进步而积极践行的理念和原则。民主既是手段又是目标，要实现乡村振兴，治理有效是基础，而农村治理的过程需要民主化，其中首先要帮助村民群众树立民主观念，培育村民群众的民主意识。正如美国学者英格尔斯指出的："完善的现代制度以及伴随而来的指导大纲、管理守则，本身只是一些空的躯壳。如果一个国家的人民缺乏一种能赋予这些制度真实生命力的广泛的现代心理基础，如果执行和运用着这些现代制度的人，自身还没有从心理、思想、态度和行为方式上都经历一个向现代化的转变，失败和畸形发展的悲剧结局是不可避免的。"②

改革开放四十余年来，中国社会各方面都发生了深刻的变化，物质生活的极大改善也带来人们思想的多元化。传统的乡村社会逐渐呈现出由熟人社会向半熟人社会甚至是陌生人社会转变，人们之间的关系也随着市场经济的发展而呈现出原子化的特点。历史上，农民阶级是具有革命性的阶级，在近现代中国革命中发挥了不可替代的作用。毛泽东看到了农民阶级的革命性优势，也注意到了这个阶级自身无法克服的自私性、保守性、狭隘性和分散性等不足，提出"严重的问题是教育农民"③。在中国特色社会主义新时代，人民日益增长的美好生活需要和不平衡不充分的发展之间的矛盾已成为我国社会的主要矛盾，人民群众对自身权益实现的渴望也越来越强烈，自身的主体意识也逐渐增强。在国家现代化的发展目标与农村社会的自发秩序相互并存的背景下，如果任由农村社会的自发秩序自由发展，必然不利于乡村社会的全面振兴，也不利于整个社会的和谐稳定。因此，乡村社会治理的过程要实现民主化。从主体角度来说，民主治理当属多主体参与型的治理，双向多元互动代替过去主要由政府管控的单一化特性，体现治理主体的多元化。通过保障人民当家作主，体现人民的意志，不断探索新时代背景下村民自治的有效实现形式。

① 卢福营，等.冲突与协调——乡村治理中的博弈[M].上海:上海交通大学出版社,2006:4.
② [美]英格尔斯.人的现代化[M].成都:四川人民出版社,1985:4.
③ 毛泽东选集(第4卷)[M].北京:人民出版社,1991:1477.

（三）治理方式法治化

法治是现代文明的基本标志，也是社会主义现代化建设的基本要求。对比西方社会现代化的进程，我国现代化的进程起步较晚，是在清末中国学习西方的过程中逐步发展起来的。虽然中国各方面的发展已经与现代化的标准越来越接近，中国在现代城市化、市场化、全球化的道路上已经迈出了很大的步伐，但是对于建设社会主义法治国家、实现法治社会的目标来说，一些民众和干部的法治意识和法治观念依然淡薄。

中国有着两千多年的封建君主专制历史，历来有着浓厚的家国传统，"家"和"国"同构。用历史唯物主义的立场和观点来分析，社会存在决定社会意识。西方国家因毗邻海洋而在此基础上形成的商业文明由来已久，而中国是一个以农立国的国家。中国是世界上最早种植水稻的国家，因此，以水稻为主要粮食作物的传统农耕方式很早就出现了。历史上多数朝代君王力推的重农抑商政策以及士农工商的说法等，都足以说明由于统治者的重视，中国传统的农耕文明比商业文明具有更多的色彩。儒家思想作为中国封建社会的主流思想，其目的是通过仁义道德维护君王的统治地位和社会秩序。"儒家所维护的，是自华夏奠基之初即已确定的农耕文明及其生产方式，或曰存在方式，儒家所主张的礼治秩序无疑是与建立在血缘伦理基础上的安土重迁且内向保守的存在方式紧密契合的。"[①]在农耕文明长期占主导地位的生产方式基础上形成的儒家思想，更多是教会人们如何处理人与人之间的关系，通过人们各自内在的道德修养进而实现人际的和谐，达到共同促进社会和谐稳定、人民安居乐业的目的，所谓"修身、齐家、治国、平天下"便是如此。家和国是紧密联系的，特别是在宗法制的国家体制下，国家有着鲜明的等级性质，君君臣臣、父父子子。个人依附于国或家，礼治秩序规定着每个人的权利和义务。当然，应该履行的义务总是多于应该享有的权利。需要指出的是，我国历史上也有备受推崇的法家思想，成为统治者治理国家的重要武器，但是这种法律更多采用的是严刑酷律，体现的是封建统治者的意志，维护的是封建统治阶级的利益。

现代社会是一个文明的社会，法治是其中必要的运行逻辑。因此，在传统思想和文化保存最久的广大农村地区，要力图摒弃和解构传统的国家治理、社会治理方式，树立治理方式法治化的观念。每个人都是现代社会的公民，法律面前人人平等，

---

① 刘毅.家国传统与治理转型[J].中共中央党校学报，2017（1）.

要破除传统依附型、人治型的治理传统,让法治的思想渗透到乡村经济、政治、文化、社会、生态文明建设的各个方面。

(四)治理体系相协调

城乡社区是社会治理的基本单元。城乡社区治理事关党和国家大政方针的贯彻落实,事关人民群众的切身利益,事关城乡基层的和谐稳定。党的十八届三中全会首次提出"国家治理体系"的概念,提出要推进国家治理体系和治理能力现代化。中国国家治理体系是在党领导下管理国家的制度体系,从制度的领域来说,包括经济、政治、文化、社会、生态文明和党的建设等各领域的体制机制、法律法规,也就是一整套紧密相连、相互协调的国家制度。[①] 推进乡村治理的现代化和有效化,进而实现乡村振兴,是一个不断解决问题、优化治理体系的长期过程。在城乡二元经济结构背景下,我国传统城镇化发展过程中的城市倾向性政策使得城乡发展不平衡,同时,城乡分割的户籍制度和管理政策导致社会福利、教育资源等不断向城市倾斜,进一步拉大了城乡之间的差距。党的十八大以来,我国在统筹城乡发展、推进新型城镇化方面取得了显著成就,但城乡要素流动不顺畅、公共资源配置不合理等问题依然突出,影响城乡融合发展的体制机制障碍尚未根本消除。因此,在当下推进乡村有效治理的过程中,如何解决城乡发展不平衡不协调的问题,是摆在各级政府面前的一项重要任务,也是解决好眼下和未来"三农"问题的一个关键。

党的十八届五中全会把"协调"作为五大发展理念之一,提出要重点促进城乡区域协调发展,促进经济社会协调发展,促进新型工业化、信息化、城镇化、农业现代化同步发展。推进乡村治理有效,保障治理体系相协调是题中应有之义。一个有效的治理在理念和价值上必定是能够体现协调发展、统筹推进而不偏废其一的治理。城乡社会的发展状况不仅是自然演变的结果,而且是国家制度运行的结果。协调发展是推进城乡一体化的必由之路,也是城市化发展到一定阶段的必然要求。纵观英国、法国、德国、美国等资本主义国家,在由工业化转变到城市化的进程中无不经历了城乡对立的社会发展阶段,由城乡的尖锐对立带来人们生产、生活上的种种问题,在马克思笔下就有淋漓尽致的描述。"城市已经表明了人口、生产工具、资本、享受和需求的集中这个事实;而在乡村则是完全相反的情况:隔绝和分散。"[②]而这些国

---

① 习近平.切实把思想统一到党的十八届三中全会精神上来[N].人民日报,2014-01-01.
② 马克思恩格斯文集(第1卷)[M].北京:人民出版社,2009:556.

家在后来的发展中,逐步针对城市化发展中城乡尖锐对立的问题采取了多种措施,有力地促进了城乡协调和一体化发展。当前,我国工业化、城镇化、农业现代化发展到了一定阶段,必须采取有效举措解决城乡发展不平衡所带来的一系列问题,增强城乡治理体系的整体性、协调性。

推进城乡治理体系相协调,需要在几个方面下功夫:首先,树立城乡协同治理的理念。理念是行动的先导。推进城乡协调一体化发展,不是要使乡村变城市,农民变市民,而是在城乡并重中协调推进,凸显乡村作为经济社会发展的一个空间和领域,是有别于城市和有乡村特殊性的。因此,需要在完善城乡要素流动、社会保障、基本公共服务等方面统筹推进,同时体现城乡互补性和共生性,"做到'进城'和'下乡'各得其所"①。其次,产业融合是基础。各级政府应合理规划城乡产业布局,制定系列招商引资优惠政策,吸引企业到乡村因地制宜地发展产业,促进人才、资金、技术等要素向农村流动。发展与乡村相适应的旅游业、农产品加工业、现代观光休闲农业等,利用农村电商平台实现线上线下推介和销售。通过产业融合发展留住乡村人才,逐步缩小城乡差距。再次,优化城乡社会治理机制。一方面,要贯彻实行省负总责、市县协调、乡抓落实的社会治理决策工作机制,汲取乡村地区总结出来的治理经验。由于有些部门之间在工作上存在交叉性,因此应该在决策上协调不同部门的利益,减少资源、资金在使用上的损失。加大对乡村地区社会治理的资金倾斜力度。另一方面,实行科学的考核激励机制,由过去注重治理的数量向兼顾数量、更加注重质量的考核标准转变,加强城乡社区居民管理社区、乡村的经验交流,促进志愿服务向乡村延伸等方面的考核引导。

二、"治理有效"产生的时代境遇与制约因素

乡村是中国社会的基本治理单元,也是中国乡土社会赖以存在的基础。农业是国民经济的基础,农村是人们进行生产和生活的客观共同体,农民是以农为业的社会阶层。"三农"问题历来是社会关注的焦点。延续了几千年的乡村正经历着前所未有的变化。民国时期,以梁漱溟、晏阳初为代表的乡村建设研究者试着改造传统的乡村社会,阻止乡村持续衰落,然而,最后的实践证明,这种没有从顶层体制变革

---

① 谭平.城乡一体化如何协调发展[N].光明日报,2016-01-07.

入手的实践,终究是难以奏效的。经过新中国成立以来特别是改革开放四十余年的飞速发展,乡村社会的治理模式逐渐从以政府为唯一管理和统治的主体向政府、企业、社会团体、公民等多元主体合作治理的方向转变。其中所体现的是整个社会治理理念、治理方式、治理环境的变化,具有多元化、科学化、有效化的特征,这些变化都是随着中国特色社会主义进入新时代而显现出来的治理特性和治理要求。因此,有必要对新时代乡村"治理有效"产生的时代境遇和制约因素做深入分析。

(一)"治理有效"产生的时代境遇

乡村社会的建设和治理历来是国家关注的重点。改革开放以来,党中央陆续发布了 21 个以"三农"为主题的"一号文件"。从 2012 年到 2019 年,从文件关于乡村社会治理的政策内容便可知道,加强、创新和完善乡村治理机制是共同的主题。党的十八大以来的七年多,中国社会各项事业蓬勃发展,人民群众的生活水平显著提高。党的十九大报告强调指出,中国的社会主要矛盾已经发生了深刻变化,已经转变为人民日益增长的美好生活需要和不平衡不充分的发展之间的矛盾,但城乡之间、区域之间发展不平衡的矛盾仍然存在,农村发展、农产品发展的不充分问题仍然存在。而且在社会领域,一方面,随着城镇化和工业化进程的加快,大批农村青壮年劳动力进城务工,农村地区存在不同程度的空心化现象,留守老人、留守妇女、留守儿童"三留守"问题突出;另一方面,在国家惠农政策向下倾斜的过程中,出现一些项目和集体收益分配,承包地的分配和流转,村民与村民之间、村与村之间存在的利益和耕地界线纠纷、征地补偿等方面的矛盾。习近平总书记非常重视"三农工作",对加强和创新农村社会治理工作多次作出重要指示。2013 年 10 月,习近平总书记就坚持和发展"枫桥经验"作出重要指示时强调,50 年前浙江枫桥干部群众创造了"依靠群众就地化解矛盾"的"枫桥经验",各级党委和政府要充分认识"枫桥经验"的重大意义,发扬优良作风,适应时代要求,创新群众工作方法,善于运用法治思维和法治方式解决涉及群众切身利益的矛盾和问题,把"枫桥经验"坚持好、发展好,把党的群众路线坚持好、贯彻好。

国家卫生健康委员会发布的《中国流动人口发展报告 2018》显示,我国流动人口规模在经历长期快速增长后开始进入调整期,从 2015 年开始,全国流动人口总数连续三年下降,农民工有从东部沿海回流到内陆省份的趋势,而老年流动人口数量持续上升。2016 年末,全国流动人口达 2.45 亿人。2017 年全国流动人口规模继续减少了82万人。虽然近年来我国流动人口数量在持续减少,但绝对量仍然十分巨大,而庞大的农民工群体则是我国流动人口中的绝对主体。做好包括农民工在内的流动人口的服务和管理工作,做好城市和乡村对农民权益的保障工作,是我国社会治理的一项极为重要的工作。乡村振兴战略是一个长期的过程,必须一小步一个阶段地接续奋斗。因此,"治理有效"是关键性和阶段性的目标。相比于2005年党中央提出并开展的社会主义新农村建设,党的十九大报告提出的乡村振兴战略,其内涵和外延更加丰富,与"五位一体"总体布局和"四个全面"战略布局协调互动,使进入中国特色社会主义新时代的中国,更加从本质上体现和强调人民的主体地位,着力补齐短板,让六亿多乡村居民共享改革与发展的成果。同时,注重"治理"多于传统的"管理"和"统治",更体现平等、多元、共享,具有鲜明的时代特征和中国特色。

（二）"治理有效"产生的制约因素

在社会主义新农村建设取得成效的基础上推进新时代乡村振兴,"治理有效"是其核心和关键。广大农村地区,农业人口多,流动性大,在全面建成小康社会进程中,一些深度贫困地区又是脱贫攻坚难啃的硬骨头。总体来说,在当前城乡二元结构差异化格局尚未扭转且差距日益扩大的趋势下,中国乡村社会面临着诸多新矛盾和新问题,主要表现为中国乡村传统价值观念、文化传统和风俗习惯日益处于崩塌的边缘,农民群体中阶层多样化开始出现,传统乡政村治的基层治理模式运行乏力,等等。这些问题的存在都是乡村"治理有效"中应该着力解决的。在新时代,制约乡村"治理有效"的因素主要体现在以下几个方面:

1.乡村治理主体空心化,青壮年人才流失严重

虽然当前国家的精准扶贫政策中对贫困户发展产业的扶持力度较大,也出现了一些农村青壮年返乡就业、创业的现象,在脱贫攻坚的道路上迈出了令人欣喜的一步,但对于庞大的农村劳动力大军来说,这只是有限的少数。城市化进程中城市对农村的"虹吸效应",农村劳动力到东部沿海发达地区务工的单向流动状况仍然没有扭转。特别是在当前城乡差距较大的背景下,传统的农业产出无法支撑起剩余农业人口的生存问题时,农民外出便成为必然的选择。乡村中一些素质较高的青壮年人才走出乡村,流动到城镇或城市中工作、生活,留守在乡村中的儿童、妇女和老人成为乡村社会的主要群体。这些人才的流失,导致乡村各项事务的管理难以得到保障。同时,乡村德才兼备的人才流出也造成村庄监督主体的空心化,导致一些村落

出现地痞恶霸横行乡里的现象。农村基层党组织在引领乡村建设方面也面临着现实的困难,表现在一些农村基层党组织在发展党员、建设班子队伍、储备后备党员干部、培养产业带头人等方面较为乏力。

2.乡村村民自治面临新困境,难以有效运转

当前,城乡二元结构造成城乡之间的较大差距,农村出现空心化现象,村民自治组织的治理面临新困境。一方面,由于人才流失,村民会议召开难,村民代表大会决议难落实。留在乡村的老人、妇女等较少关心乡村事务,这就给村干部提供了更多的自由裁量空间。如此一来,村民自治中应然的自治主体就由广大村民群众异化为少数村干部,致使村民自治制度难以有效运转。同时,村民与村干部打交道,一般多涉及与自己切身利益相关的问题,如补助项目、低保户和贫困户的确定等方面。村民委员会整体上的凝聚力和向心力不足。另一方面,作为乡村治理权威主体的村干部,也由于乡村客观环境的萧条、自身主观能力的减弱、财力资源的缺乏,在治理特别是在发展村级集体经济、乡村公共事务等方面往往有心无力。而且村干部平常的主要工作大多数是完成上级分派的行政事务,而对村级自治组织的一些公共事务却过问甚少,导致村民自治效果不佳。这种村民自治组织的行政化倾向,在村级集体经济薄弱的中西部地区的农村较为明显。

3.村级社会组织发育不足,多元治理力量难调动

近年来,越来越多的群众加入志愿服务和公益事业队伍中来,各种志愿服务组织、公益组织蓬勃兴起,在服务更多群众、展现自我价值、促进社会健康有序发展等方面发挥了积极作用。在广大农村地区,除村民委员会这一正式的、行政化的组织之外,较多的乡村地区群众基于自身兴趣的趋同纷纷建立了许多民间组织,如乡村广场舞队、乡村篮球队、乡村合唱团等文体组织,还有乡村竹篮编织队、乡村专业合作社等经济组织,但是这些民间组织往往仅具有文化娱乐、发展经济的功能,而在如何更好地为乡村发展提供教育、就业、帮扶等,如何更好地进行村务监督,共同推动乡村社会治理方面发挥的作用还远远不够。今后,在社会组织专业化水平、社会信任度、社会组织规范与监管等方面,需要进行深入的探讨,让更多乡村社会组织参与到乡村治理中来。

4.治理观念欠缺,治理法治化意识有待构建

由于乡村主体力量大量外出,传统熟人社会的结构开始趋于半熟人社会的结构。传统乡村社会的道德礼俗约束机制的作用减小,随着乡村人口流动性的加大,

这种原有的"乡规约束、民俗约束、人情约束和'面子约束'的各种道德约束机制,其道德性威信和威力随之日益'功能衰减'"①。每当村民群众在经济社会发展中面临自身利益被损害、村与村之间出现矛盾和分歧时,一般习惯于采取传统的调停甚至较为粗暴的方式,或者习惯于寻找关系、诉诸人情等与血缘相关的方式来解决,法治、公正的价值理念还没有树立起来。另外,从乡村基层干部的角度来说,部分干部在思想观念上受计划经济体制的影响较大,服务意识、引领意识、担当意识、依法行政意识等还较为欠缺,传统观念向现代观念的转变还需要不断推进。

三、治理有效的原则与路径

乡村治理有效构建了一种结果导向,就是要求治理的过程和治理的结果都体现治理效益的最大化。因此,结合以上对乡村治理的科学内涵和治理有效的衡量标准,立足当前乡村治理有效的制约因素,在乡村振兴战略的规划和实施中,进一步探索乡村治理有效的原则和路径。

(一)正确处理政府和市场的关系

政府和市场的关系是经济学领域学者长期争论不休的一对关系。处理好政府和市场的关系,不仅是国家经济体制改革的核心问题,而且是社会治理的重要问题。国家的各项事业建设,离不开政府和市场这两只"看得见的手"和"看不见的手"在各自领域发挥的不同作用。当前,中国乡村社会发展不平衡、不充分的问题突出,城乡之间在发展、共享上存在较大差距,乡村总体发展水平还不高,市场发育还不完全,发展的程度还不高。虽然当前结合实际在制度实施上实现了从市场发挥基础性作用到市场发挥决定性作用的转变,但从总体上看,市场在乡村社会中发挥的资源配置作用往往呈现出调节滞后、盲目和失灵等缺陷,市场发挥的作用还不够明显。因此,要弥补市场调节手段的不足,使市场作用更多地辐射乡村地区,就必须正确处理政府和市场的关系。首先,要保证市场在资源配置中起决定性作用。遵循价值规律,让市场机制发挥自身的调节作用,更好地促进各要素在乡村和城市之间自由流动,维护公平竞争、自由竞争的市场秩序。其次,充分发挥政府的宏观调控能力和主

---

① 周少来.中国乡村治理结构转型研究——以基层腐败为切入点[J].理论学刊,2018(2).

导作用。决定性作用在市场,但市场不是起到全部的作用。政府应该在乡村社会的治理,在配置资源、供需匹配、缩小治理和服务水平差距等方面加大治理力度,提升治理能力,促进资源优化配置和生产要素合理、有序流动。只有政府和市场二者相互促进、相辅相成,才能实现乡村社会的有效治理。

(二)"三治"有效结合

乡村社会的有效治理离不开合理的乡村治理方式。党的十八大以来,我国提出新发展理念,特别是"共享"发展理念和社会主义核心价值观中的"公平""正义"成为人们推崇的乡村治理观。党的十九大报告提出实施乡村振兴战略,"加强农村基层基础工作,健全自治、法治、德治相结合的乡村治理体系"。"共建共治共享"自提出以来逐渐成为各领域治理的基本思路。自治是根本,法治是保障,德治是基础。针对乡村治理中存在的德治弱化、法治不足、自治乏力的问题,在新时代推进乡村社会的有效治理,需要将自治、法治、德治有效结合起来。首先,要激发乡村的自治活力。村民群众是乡村治理的主体,他们对乡村的历史文化、风土人情再熟悉不过了。村民自治制度自开创以来已有三十多年的历史,进入 21 世纪以来,村民自治制度的实践也面临着自治乏力的窘境。为此,要继续探索村民自治的有效实现形式,可以借鉴一些地方的实践经验,如广东省清远市探索的自治重心下移、广西河池市探索的村屯自治,以及一些地区依托的村民议事会、新乡贤理事会等,充分发挥和完善村民群众的自我管理、自我教育、自我服务的自治功能①,充分体现和保障了人民群众的主体地位。其次,要建设法治乡村。要摒弃传统的人治思维,树立法治理念。通过加强宣传教育、法制服务平台下移等方式,持续提升干部群众的法制素养。最后,注重发挥德治的软约束作用。德治是长期以来广大农村地区进行社会治理的传统方式,在许多时候德治具有春风化雨的作用,能解决自治和法治难以解决的问题。因此,要充分挖掘乡村固有的道德规范、村规民约、德才兼备的乡贤等德治资源来治理乡村。

(三)坚持顶层设计和总结实践经验相结合

中国是一个地大物博、人口众多的社会主义国家,在历史上就有大一统的思想

---

① 徐勇.城乡一体化进程中的乡村治理创新[J].中国农村经济,2016(10).

和治理智慧。根据事物是普遍联系的基本原理,我国的乡村社会治理要坚持顶层设计和地方治理经验相结合的原则和路径。所谓顶层设计,"就是要对经济体制、政治体制、文化体制、社会体制、生态体制等作出统筹设计,加强对各项改革关联性的研判,努力做到全局和局部相配套、治标和治本相结合、渐进和突破相促进"[①]。也就是说,从社会治理的角度来说,必须从全局、总体的角度谋划国家治理体系和治理能力的现代化,强化中央宏观层面对国家治理体制改革的领导和指导,使国家治理的整体性规划能够兼顾乡村治理的局部性规划,共同推动国家和民族根本利益的实现,自上而下推动乡村治理规划的落地实施,以避免头痛医头,脚痛医脚,政出多门,以及一些影响治理的协调性、长期性的地方主义和部门主义。这是一方面,另一方面,要总结地方治理经验,坚持"摸着石头过河"边实践边总结的做法。20 世纪 60 年代初形成的"枫桥经验"就是浙江省绍兴市诸暨县(今诸暨市)枫桥镇干部群众创造的,20 世纪 80 年代初,广西宜山县(今河池市宜州区)屏南乡合寨村村民探索出村民委员会自治组织的伟大实践,以及改革开放四十多年来我国各地开展的乡村治理的探索,等等,都积累了许多宝贵的经验,是切合地方治理实际的,同时,这些乡村治理的经验的共性可以上升为国家对乡村治理的总体规划进行铺开,从而推动乡村社会的有效治理。

第三节　乡村治理在国家治理中的特殊意义

习近平总书记在中央农村工作会议上强调:"中国要强,农业必须强;中国要美,农村必须美;中国要富,农民必须富。农业基础稳固,农村和谐稳定,农民安居乐业,整个大局就有保障,各项工作都会比较主动。"2018 年 3 月 8 日,习近平总书记在参加十三届全国人民代表大会一次会议山东代表团审议时也指出:"农业强不强、农村美不美、农民富不富,决定着全面小康社会的成色和社会主义现代化的质量。"实施乡村振兴战略是一篇大文章,要统筹谋划,科学推进。可见,乡村治理对于整个国家现代化建设、对于整个国家治理来说都起着关键性作用。

[①] 本书编写组.毛泽东思想和中国特色社会主义理论体系概论[M].北京:高等教育出版社,2018:254.

一、乡村治理是国家治理的基石

乡村是指与城市相对应的、城市以外的广域空间，是放在城乡关系中来看的。乡村也可以称作村庄，是行政区域的名称。总的来说，"村庄是乡村的地理空间、经济活动空间、公共和社会关系空间的集合"①。一方面，乡村是有一定边界的地理空间，一般在城市、城镇边界之外，包括城郊地区的乡村及以外的区域，都是乡村的空间范围。它是由长期居住在某一区域，具有一定血缘和地缘关系并联结起来的人们共同生活的基本单元，较多指的是自然的村落。村落里的人口、土地、山川、河流等在长期的历史演进中具有相对的稳定性，是乡民赖以生存的客观实体和物质基础。新中国成立特别是改革开放以来，在国家行政权力建构下的行政村，一般是基于国家对乡村社会管理的需要而建立起来的包含几个自然村在内的集合体。乡村社会治理中的"乡村"，自然也包括自然村和行政村之间的关系问题。另一方面，乡村也是一个经济活动空间。历史上较长时期以来，乡村是农民群众从事农业生产活动的地方。如今，随着生产力的发展和社会的不断变迁，乡村社会的生产不仅是指农业的生产，还包括一些乡村发展的工业企业、手工业、服务业等。现代化越是不断推进，乡村地区越是呈现出一、二、三产业融合发展的态势。此外，乡村还是一个共同生活的社会公共活动空间。在从事平常的农事等经济活动之余，乡民开展的诸如以宗族为单位的祭祀，婚丧嫁娶，设立义学、义仓，以及人民公社时期的生产大队的生产活动等公共事务，都是乡民在熟人社会网络框架内发生的公共活动和社会关系的联结。

国家自产生以来就是人类探讨的问题。在漫长的历史演进中，人们对国家始终充满着崇拜、敬畏甚至恐惧的心理。在霍布斯的笔下，国家是在自然状态中的人们出于对死亡的畏惧，在理性的指引下，相互订立契约，放弃个人的自然权利并将之交付给一个人或由一些人组成的会议而形成的。国家的本质是主权，国家的作用在于保护个人的安全。在黑格尔唯心主义历史观中，精神现象、理念的逻辑也构成了他定义国家、阐明国家和社会关系的基础，认为国家决定社会。早年，马克思也是青年黑格尔派的代表，也曾经对透着理性和自由本质的国家深表崇拜。后来，马克思逐渐认识到这种所谓"理性国家观"的弊端，他在《德法年鉴》《德意志意识形态》中

---

① 刘守英,熊雪锋.中国乡村治理的制度与秩序演变——一个国家治理视角的回顾与评论[J].农业经济问题,2018(9).

充分阐明了他对国家与社会的理解和认识,并在对黑格尔法哲学的批判中初步奠定了国家与社会关系理论的历史唯物主义基础。

国家不是从来就有的,它是人类社会发展到一定阶段的产物。在马克思那里,国家和社会是联系在一起进行论述的,政治国家和市民社会是他用来描述国家和社会这两个领域的一对主要概念。不是政治国家决定市民社会,而是市民社会决定政治国家。马克思在《德意志意识形态》中深入分析了市民社会的两重规定性,一方面,市民社会是建立在生产力之上,与生产方式相联系的交往形式,包括一切物质交往、社会组织等;另一方面,市民社会有时也指资产阶级社会。而国家是普遍利益的一种组织形式,是"统治阶级的各个人借以实现其共同利益的形式,是该时代的整个市民社会获得集中表现的形式"[①]。因此,市民社会和政治国家的关系,从一般抽象的规定性来说,也对应着两重规定性,一方面,它们是指生产关系和上层建筑的关系;另一方面,它们有时也代表着在17、18世纪发展起来的资产阶级社会和国家的关系。马克思后来在《雇佣劳动与资本》一文中进一步明确地指出社会的本质:"各个人借以进行生产的社会关系,即社会生产关系,是随着物质生产资料、生产力的变化和发展而变化和改变的。生产关系总合起来就构成所谓社会关系,构成所谓社会,并且是构成一个处于一定历史发展阶段上的社会,具有独特的特征的社会。"[②]在我们看来,国家至少应该包含领土、人口、主权、权力机关,社会则往往被看作是人类在一定物质生产活动基础上相互交往而形成的生活共同体。从国家和社会内含的基本要素和定义中可以看出,它们在内涵和外延上具有一定的重合性。但是,在马克思的概念体系中,国家和社会更多体现的是相互对立而不是相互包含的关系,国家是"这种从社会中产生但又自居于社会之上并且日益同社会相异化的力量"[③],市民社会这种组织是构成国家的基础,社会内部的一切交往和生活要有序地发展,必须组成为国家[④]。因此,国家主要是指位居社会之上的统治力量和管理力量。

马克思跳出黑格尔的客观唯心主义范畴,从理论上自觉地把国家和社会看作两个不同的领域。"马克思不是像黑格尔那样从理念出发的不同环节,而是从社会内部的各种对立的利益关系中来把握国家和社会的普遍性和特殊性的关系。"[⑤]他认

① 马克思恩格斯选集(第1卷)[M].北京:人民出版社,2012:212.
② 马克思恩格斯选集(第1卷)[M].北京:人民出版社,2012:340.
③ 马克思恩格斯选集(第4卷)[M].北京:人民出版社,2012:187.
④ 马克思恩格斯文集(第1卷)[M].北京:人民出版社,2009:582-583.
⑤ 荣剑.马克思的国家和社会理论[J].中国社会科学,2001(3).

为一定社会的发展阶段存在着特殊的利益,如何在纷繁复杂、各自为着各自利益和目的的社会朝着共同的方向前进而使得普遍的共同的利益得以满足,国家由此就成为社会普遍的、共同的利益的代表。"正是由于私人利益和公共利益之间的这种矛盾,公共利益才以国家的姿态而采取一种和实际利益(不论是单个的还是共同的)脱离的独立形式。"①其实,在马克思看来,国家实际上只是一个虚幻的共同体,也可以说是本尼迪克特·安德森认为的"想象的共同体",是社会普遍利益的体现。但是,国家伴随着分工的不同而产生,自从社会产生以后,国家并不是自然而然地属于全社会,而只是属于社会中的一部分人,这部分人就是统治阶级。也就是说,国家是统治阶级进行阶级统治的工具。这也是自阶级社会产生以来国家具有的本质特征。国家在客观上也受到社会不同阶级的制约,就如马克思进行的分析,"每一个企图取代旧统治阶级的新阶级,为了达到自己的目的不得不把自己的利益说成是社会全体成员的共同利益,就是说,这在观念上的表达就是:赋予自己的思想以普遍性的形式,把它们描绘成唯一合乎理性的、有普遍意义的思想"②。国家与社会是既对立又统一的,对立即国家和社会的二元化,统一即国家和社会的一体化。国家与社会的二元化,指的是国家从社会中生发出来,作为一个整合的力量来协调和管理社会,也可以体现在政治对经济等方面的对立和干预,这是以经济为重要标志的自由发展、创造巨大生产力的社会历史发展进程中一个必经的阶段。而统一是实现国家向社会的复归,人民经过漫长的国家和社会二元化的对立过程来实现重新掌握自己的社会生活和政治生活的目的,使得国家不再是一个抽象的政治因素,进而通过无产阶级的力量最终促使国家自行消亡,最终实现每个人自由而全面发展的共产主义社会的目标。

马克思的国家和社会关系理论,为理解、处理乡村治理和国家治理的关系提供了坚实的理论基础。用马克思的国家和社会关系理论来分析中国社会,乡村和国家的关系可以从两个方面来认识:一方面,国家是一种强制性的力量,以军队、警察、法庭等作为国家运行的工具和机器,政府等是履行国家职能的执行机关。国家是一个虚幻的共同体、想象的共同体,在这个共同体中维持着社会的共同利益、统一和秩序,包括对各个层面、各个领域范围的协调和统筹。而乡村,前面已有论述,其也是一个基于一定生产关系之上的地域空间共同体和社会关系共同体,具有这个共同体

---

① 马克思恩格斯全集(第3卷)[M].北京:人民出版社,1960:37-38.
② 马克思恩格斯文集(第1卷)[M].北京:人民出版社,2009:552.

内部不同阶层的不同利益的划分。因此,乡村和国家的关系是既对立又统一的关系,乡村是社会有机体的一部分。我国是社会主义国家,本质是人民当家作主和实现共同富裕。实现了乡村社会的和谐、稳定与振兴,也就是在实现国家力量统治、实现人民富裕幸福的共同利益道路上迈出的重要步伐。因此,从这个角度来看,乡村治理是国家治理的基石。另一方面,从更具体的方面看,从行使国家权力的基层机构角度来说,在乡村治理中,作为国家代理人的乡镇政府可以视为国家与社会关系中的国家,在概念上与政府对应的农村及村民可以视为社会。① 必须坚持社会决定国家、国家是在社会中产生的唯物史观立场。在党的有力领导下,要不断把握国家与社会的统一趋势,不断转变乡镇政府的职能,变管控型政府为服务型政府,变控制乡村为服务乡村,实现乡镇政府的行政管理权与农村社会的自治权在本质上统一。因此,从具体的体现角度来说,乡镇政府作为国家在基层一级的代理人,在其权责范围和治理范围之内实现对乡村社会的有效治理,使治理更具有现代性,也就是在实现自身的有效治理,因而乡村治理是国家治理的基石。

二、乡村治理是国家治理的重要组成部分

我国自古以来就是农业大国,农业在国民经济中起着非常重要的作用,是国民经济的基础。而农村作为国家统治的基层单位,其稳定是衡量国家治理体系和治理能力现代化的重要标志。中国的现代化是在一个世界上历史悠久的有农业文明传统的国家进行的。传统与现代的分化、城市与乡村的差距突出显现。孙中山先生曾以"一盘散沙"来形容传统的中国,而要将分散的乡民、庞大的乡村人口、高度分割的乡土社会整合到国家体系之中,从而建构现代性,是一件十分困难的事情。

认识和理解在现代化背景下乡村治理和国家治理的关系,还可以运用现代国家建构理论进行分析。伴随着西方殖民主义打开中国的大门,中国对西方社会的认识逐步从器物层面上升到制度层面,中国的现代化进程经历从被迫融入到主动融入的过程。现代化是近现代中国历史演变的中心和主线。在国家现代化发展的历程中,政府是国家现代化发展状况的直接掌控者,其主要使命就在于谋划、倡导和推进现代化。一个社会现代化发展的结果,不仅是我们看得见的物质文明、感受到的精神

---

① 舒永久.马克思国家与社会关系理论及其对我国乡村治理的启示[J].探索,2013(1).

文明层面的变化,其中一个经常的结果便是现代国家的建立。中国自近代以来逐渐走上了现代化发展道路,其中现代国家的构建体现在中国现代化的政治方面,也涵盖了中国乡村治理的变迁。

一般而言,现代国家建构是民族国家和民主国家的双重化建构过程。中国是一个后发现代化的赶超型国家,具备外生型现代化的特征。因此,中国现代国家的建构,其中的逻辑结构和生发序列可以分为两个阶段:"第一阶段是建立现代民族国家,实现王朝国家向民族国家的转型;第二阶段是进行民主国家的建构,实现向民主政治的转型,从而走上具有中国特色的政治发展道路。"①在传统乡土社会,历朝历代的统治者虽然加强了对基层的治理,但王权止于县政,国家对乡村社会的治理实际上是由具有熟人社会特征而又能在治理上降低成本的乡绅治理。在新民主主义革命历程中,中国共产党通过领导和组织动员社会各阶级,包括广大的农民阶级,通过共同的革命实现共同建立美好社会的愿望。1949年新中国成立,克服了长期以来乡村社会治理失序、"国家政权的内卷化"②的弊端,从此,中国成了主权独立的国家,劳动人民成了国家和社会的主人,中共中央的权威在全国范围内真正而有效地树立起来。这既开创了中国历史的新纪元,又翻开了中国政治发展史的新篇章,实现了建构现代民族国家的目标。中国现代国家建构的历程也由此开始从民族国家向民主国家转变。当然,其中的价值目标也涵盖巩固、强化民族国家的目标,且更多地逐渐向理性、现代民主国家的目标转变。

1949年,中国共产党从国民党手中接过的是一穷二白、满目疮痍的烂摊子,国家百废待兴,乡村社会的建设也尤为紧迫,国家据此拉开了对乡村社会进行大规模改造的序幕。国家政权组织介入乡村社会,开始对乡村社会进行政治、经济、文化上的统一和整合。在社会主义初步探索时期,国家对农业、手工业进行社会主义改造,将其原有的生产资料私有性质逐步改造为公有和集体性质。随着农业集体化的完成,生产资料几乎全部公有化和集体化。在公社—生产大队—生产队的人民公社化制度和权力架构下,农民被划分在若干生产队中,并在生产队中共同劳动。国家以行政手段对农业生产实行指令性计划,农产品如粮、油、棉等由国家进行统购统销、经销代销,公社、生产大队在生产和经营等方面拥有决策权。在乡村文化上,国家通

---

① 叶麒麟.现代国家建构与乡村治理的变迁[J].重庆社会科学,2008(1).
② [美]杜赞奇.文化、权力与国家——1900—1942年的华北农村[M].王福明,译.南京:江苏人民出版社,1996:66.

过基层力量兴办中小学校,进行扫盲教育,宣传爱国主义、集体主义、民族团结等主流价值观念,使乡村社会的思想文化在中国共产党主流意识形态的影响下得到高度整合。社会主义探索过程中出现的弊端以及随后的"文化大革命"给整个国家和社会带来前所未有的治理危机,是中国现代民族国家构建向民主国家构建中的曲折发展阶段。改革开放以来,党在思想领域得到了前所未有的解放。国家对乡村社会的治理也发生了改变,重新调整国家和社会的关系,体现了国家对民主国家建构目标的追寻。国家对乡村社会的管理更多地体现出由全方位管控向有限度管控转变,使中国基层政治发展呈现出生机和活力。这主要体现在人民公社解体后乡镇政府的建立、村民委员会的建立。乡镇政府是我国最基层的行政机构,依法行政,加强对农村基层地区各项事业的管理,而村民委员会是村民自治组织,是乡镇政府依法行政的有益补充。这就形成了所谓"乡政村治"的基层治理运作体系。这些基层治理运作体系,不断摒弃过去在处理国家和社会关系中的不足,赋予基层社会、农民群众更多的自主权。

村民自治制度是中国农民在乡村治理中的伟大创造,充分体现了农民群众实事求是、创新、民主的现代公民精神。可以说,一方面,这是中国在现代民主国家构建中权力、意识形态等所带来的影响,另一方面,也是村民群众内生的意识使然。当前,在中国特色社会主义进入新时代的历史方位下,中国的现代化任务还未完成,还需进一步深化。而在此过程中,乡村社会的治理,包括村民自治制度,还需在当下乡村振兴的战略背景下进行不懈的探索和完善。从我国民族国家建构到民主国家建构在乡村社会的体现和演变历程来看,都充分体现了现代国家建构在乡村社会治理中的印记,体现了现代国家建构的内在逻辑。现代民族国家建构和民主国家建构目标的实现,都离不开农村社会治理的有效运行,只有在结合乡村社会资源的基础上共同实现国家与社会的良性互动,才能实现乡村社会的有效治理。因此,从现代国家建构的角度来看,乡村治理在国家治理中居于中心位置,乡村治理是国家治理的重要组成部分。

第二章

基层党组织与乡村治理现代化

办好中国的事情,关键在党。党的领导是乡村治理现代化的根本保证。农村基层党组织是党的乡村振兴战略在农村的实施者和执行人。农村基层党组织建设是推进乡村有效治理的关键一环。要巩固和加强党在乡村的执政基础,充分发挥其在乡村治理中的领导核心作用。

第一节　农村基层党组织：我国乡村治理体系的中心

乡村治理有效是乡村振兴的根本要求,也是实现乡村振兴的重要手段。乡村改革开放不断深入,各种社会组织涌入乡村,多方面社会利益在乡村治理中发声。基层党组织、村民会议、村民委员会、集体经济组织、社会资本等在村务处理中发挥着重要作用,成为我国当前的乡村治理体系。乡村振兴战略必须继续坚持以农村基层党组织为中心,各农村基层组织在党组织的领导下依法对乡村事务进行治理,共同创造农业兴旺、农村宜人、农民幸福的新时代。乡村治理有效离不开农村基层党组织的正确领导,乡村各项事业只有紧紧依靠党的领导,才能打赢脱贫攻坚战,实现乡村振兴。

一、农村基层党组织是领导农民打赢脱贫攻坚战的先锋

脱贫攻坚战是党带领中华民族实现"两个一百年"奋斗目标,全面建成小康社会,实现中华民族伟大复兴中国梦的过程中具有里程碑意义的一项重大工程。农村实现脱贫致富需要乡村治理的现代化做保障。中国农村旧有的治理体系无法适应社会主义市场经济深入发展带来的变化,要确保已经脱贫的地区不返贫,就必须有现代化的治理体系做保障。

党的十八大以来,全国农村实现脱贫的人口达 8 239 万人,2018 年实现脱贫 1 386万人。脱贫攻坚战取得如此伟大的成就,不仅有赖于党制定正确的方针政策,提供具有指导性的前进方向,而且离不开数万个农村基层党组织带领农民与贫困做斗争。农村基层党组织是打赢脱贫攻坚战的先锋,农村基层党组织能力的强弱,决定了农村脱贫工作的成败。绝大多数农村基层党组织的领导干部具备良好的理论素质,能够深刻地把握党中央和上级组织发布的扶贫文件、政策,有效利用政策开展扶贫工作,使农村脱贫步伐加快,农民生活水平得到较快提高。

农村基层党组织领导村民自治,完善乡村治理,促进农村民主化进程。农村扶贫工作并非一劳永逸的,守护好脱贫攻坚的战果,需要农村基层党组织领导村民不断完善村民自治制度,引导农村治理体系走向制度化、法制化,提高农民参与处理村民事务的积极性。

农村基层党组织是农村产业兴旺、生活富裕的政治保障。农村基层党组织建设的成败决定农村经济建设的成败。如果农村基层党组织能力过强,本领过硬,就能带领村民走上适合本村发展的产业道路,带领村民奔小康。如果农村基层党组织软弱涣散,缺乏凝心聚力的本领,党员贪图享受,不愿深入了解农民的诉求,又没有实现脱贫的专业知识,农村的产业自然就会衰落,农民的生活水平就难以提高。推动农村产业供给侧改革,实现农村一、二、三产业深度融合发展,提高农业生产现代化水平,提高农产品的产量和质量,将饭碗牢牢地端在中国人自己手里,需要农村基层党组织在实践中认真贯彻落实国家的方针政策,带领村民致富,推动农村经济建设。

农村基层党组织建设推动乡风文明建设。脱贫工作离不开思想、道德观念的转变。广大贫困农村处于边远山区,与外界接触少,信息闭塞,农民的眼界受到限制,思想观念落后。在扶贫工作中,农村基层党组织必须破除农民思想上的枷锁,帮助农民以现代化的思维面对市场经济。此外,农村长期存在的封建落后的文化制约着

农村脱贫工作的开展。赌博、宗族势力、封建迷信等影响着农村的民主化进程。农村基层党组织是党在基层的代表。农村基层党组织只有推动乡风文明建设,破除农民的思想枷锁,提高农民的文化素质,扶贫工作才能顺利开展。

二、农村基层党组织是实现乡村全面振兴的政治保障

产业兴旺、生态宜居、乡风文明、治理有效、生活富裕是新时代党对"三农"问题提出的总要求,契合农民对美好生活的向往。乡村振兴战略实现程度取决于农村基层党组织在农村发挥的作用的程度。农村基层党组织直接贯彻落实党和国家的方针政策,领导农民踏上乡村振兴之路。一方面,农村基层党组织引领的有效治理保证农村民主化,保障村民的民主权利,让村民真正做到参与本村的管理事务。党领导村民依法治村,为农村产业兴旺、生态宜居、乡风文明和生活富裕打下坚实基础,没有有效的治理,就不可能做到乡村振兴,没有党的领导就难以贯彻有效治理。另一方面,治理有效是农村基层党组织在乡村治理中的根本要求。国家治理体系和治理能力现代化是国家走向现代化的重要保障。党的十八届三中全会提出这一建设目标,在社会治理体系方面实现突破,建设服务型政府。乡村治理作为国家治理体系的重要组成部分,对保证社会安定有序、国家经济稳步发展起着压舱石的作用。乡村是国家治理的神经末梢,是直接处理农民关系、传达上下层声音最基础的单元。

三、农村基层党组织是连接党和农民的重要纽带

2019 年初,中共中央颁布新的《中国共产党农村基层组织工作条例》指出"农村基层党组织……努力成为宣传党的主张、贯彻党的决定、领导基层治理、团结动员群众、推动改革发展的坚强战斗堡垒"。农村基层党组织是党在农村最基层的组织,党的方针、政策需要依靠农村基层党组织宣传落实,党的决策需要农村基层党组织在农村贯彻执行。农村基层党组织对党中央的方针政策的解读水平、宣传能力、执行方式决定了党对农村领导的实现程度。如果农村基层党组织的领导干部理论学习能力差,对党和国家的方针政策一知半解,在给农民做政策解读的时候不到位,党的形象就会在农民心中受到损坏,党的威信就会减弱,党在农村的领导能力就会出现下滑现象。除此之外,农村基层党组织如果无法掌握正确的贯彻党的方针政策的方

式,就会遭到群众的反感。农村基层党组织要坚持从群众中来到群众中去的工作作风,把国家的方针政策落在实处,为农民谋取实实在在的利益。

农村基层党组织是反映农民呼声的重要途径。党中央制定方针政策不仅根据农村生产生活各方面的统计数据、专家学者的调研考察,而且十分注重来自基层的声音。知屋漏者在宇下,知政失者在草野。农村基层党组织只有充分融入农民的生活中,"了解农民的生活生产所需,了解农民的困难",才能向党中央汇报正确的信息,反映农民的诉求,有利于党中央做出符合历史发展的决策,使党中央出台的方针政策的针对性和有效性大大提升,乡村振兴更加有力。

农村基层党组织直接接触农民,代表着党的形象。新中国成立以后,传统的治理体系瓦解,基层政权深入我国农村的各个角落,实现了党对农村的领导,有利于农村经济发展、治安稳定。农村基层党组织直接面向农民开展治理工作,农民通过自身实际接触到的党的领导干部对党进行评价。农村基层党组织领导干部的言行、作风代表着党,也就是说,农村基层党组织的领导干部在农民面前呈现的精神状态、办事风格、治理能力、领导水平也体现着党的能力。如果农村基层党组织失去农民的信任,党的形象就会受到损害,党领导的乡村治理的现代化就很难推行,乡村振兴也很难实现。

四、农村基层党组织是乡村治理创新的核心

我国地域辽阔,地理环境复杂多样,社会经济发展层次有先发展与后发展之分,各地区的农村民族、习俗不同,造成各农村在实现乡村振兴的过程中面临着自身的特殊问题。因此,乡村治理体系的现代化内在地要求农村根据自身的条件,因地制宜,在党的全面领导下,坚持马克思主义、毛泽东思想、邓小平理论、"三个代表"重要思想、科学发展观、习近平新时代中国特色社会主义思想,调动广大农民在农村治理实践中的积极性,汇集农民在解决问题中的智慧。农村基层党组织在创新乡村治理体系,实现乡村治理体系现代化中扮演着乡村治理方案的创造者、乡村治理正反两方面经验的总结者、乡村治理优秀成果的推广者的角色。

农村基层党组织是提出现代化乡村治理方案的创造者。农村基层党组织的领导干部工作在农村的第一线,直接面向农民开展农村经济工作、政治工作、文化建设工作、社会和谐稳定工作、生态文明建设工作和党的建设工作。农村基层党组织的

领导干部能直接看到党的方针政策在贯彻落实过程中遇到的问题和困难,及时寻找解决问题的方案,确保农村产业兴旺、社会安定有序、农民增收幸福。"四议两公开"是农村基层党组织领导村民解决问题的重要方式。经过党支部提议,两委会商议,村民代表会议和村民会议决议。农村基层党组织的职责是提议,即提出解决问题的方案,这就要求农村基层党组织具有解决问题的能力,能够根据新的要求提出合理的解决方案。

农村基层党组织是乡村治理正反两方面经验的总结者。社会主义市场经济的发展不断深入,农村由单一的社会结构转变为多元主体参与。农村社会环境复杂、利益主体多元、价值观念多样,给农村基层党组织领导乡村治理带来许多挑战,这一过程必然包含着对乡村治理现代化的尝试,也存在治理过程的失败。农村基层党组织只有总结正反两方面的经验教训,将实践的成功与失误进行总结,并上升到理论的高度,乡村治理的现代化才具有有效性。

农村基层党组织是乡村治理优秀成果的推广者。党的基层组织在农村的实践中创造了有效的治理模式。这一模式需要推广到全国各个乡村。一个成功的治理方案离不开农村基层党组织的领导干部学习、领会治理方案的核心要点,也离不开对新治理方案的贯彻落实,更离不开基层党组织因地制宜地改造外来的治理方案,让它既发挥令人满意的作用,又符合当地的风俗习惯。

第二节 治理之困:广西农村基层党组织治理能力的现状分析

一、农村基层党支部建设及作用发挥的现状

总体而言,广西农村基层党组织为广西农村社会经济发展作出了巨大贡献。广西各地农村基层党组织带领村民提高收入水平奔小康,带领村民依托当地优势发展农业产业,集体经济得到快速发展,发挥了农村基层党组织在发展农村经济中的战斗堡垒作用。开展农村经济建设,农民生活水平明显提高,巩固了党在农村的执政物质基础,树立了农村基层党组织在群众中的威望,农村基层党组织得到了农民的拥护。农村党员在党组织的教育和领导下,从群众中来到群众中去,向群众宣传党的方针政策,了解群众的困难,为群众解决身边的问题。农村基层党组织领导广大村民落实村民自治制度,领导村民制定村规民约,有序进行乡村治理,努力推进乡村

治理走向现代化。

（一）农村基层党组织思想建设及其现状

思想是行动的指南，缺乏正确、先进的思想引导，我们的行动就犹如航船没有了方向。农村基层党组织是党组织结构中最基层部分，当党中央发布重要政策要由上而下地传达时，其效力呈现出逐级递减的现象，如果接触一线实践的基层党组织的领导干部的思想还停留在过去，没能跟上时代的步伐，往往就会造成农村基层党组织的执政能力不足，无法解决村民的诉求。

广西农村基层学习型党组织建设成效显著。首先，坚持以习近平新时代中国特色社会主义思想武装农村基层党组织的党员干部的头脑，坚持马克思主义学风，推进"两学一做"教育活动常态化。在乡村振兴工作中自觉运用习近平新时代中国特色社会主义思想分析问题，解决问题。其次，农村基层党员在脱贫工作中获得实践经验，反思总结形成宝贵的经验加以推广。最后，组织党员参加专业知识技能培训，学习能够带领村民脱贫致富的技能和知识，帮助农民适应市场经济的多样化需求。

思想的先进性可通过两个途径获得：一是通过实践发现问题，并深入研究获得解决问题的方案和最新认识；二是通过学习他人的经验获得先进思想。

目前，农村学习型党组织建设中存在的突出问题：

首先，学习缺乏自主性。就主体自身而言，农村党员的文化水平总体不高，自身缺乏学习意识。受教育水平低导致党员对学习理论知识缺少兴趣和积极性。另外，农村党员的二重身份影响党员的学习主动性。在市场经济的影响下，逐利成为市场竞争参与者首要考虑的条件，这种风气也被带到了农村，一些农村党员更愿意花时间在能给自己带来财富的农业上，即使到了农闲时节，一些农村党员也没有利用空闲时间学习理论知识，而是通过娱乐的方式消磨时间。

其次，学习流于形式，学习方法落后。一些农村基层党组织组织农村党员进行学习，但是流于形式，组织党员进行学习是为了应付上级检查，而非对农村党员进行思想理论教育。农村基层党组织缺乏教育资源，体现在提供给农村党员进行学习的场所简陋，管理不科学，以及师资力量不足。调研中发现，一些地方农村党员进行学习的场所简陋，学习方式单一，仅有图书阅读一项。这就导致农村党员缺乏学习的主动性。对图书的管理也存在一些问题，图书的类型不合理，现存图书过时，图书迟迟不更新，这些都制约着农村党员思想上的进步。农村地处偏僻，党组织又缺少足够的资金请专家学者来讲学,思想理论在农村基层党组织讲不清,农村党员学不透,农村基层党组织的思想建设面临重重困难。少数民族农村基层党组织的一些党员不会说普通话,给少数民族农村基层党组织建设增添了很多困难。农村基层党组织对农村党员的培训过程中存在"满堂灌"的方式,培训效果差,无法激发党员的学习兴趣,学习效果不好,在实践层面党员也难以根据具体情况把理论运用于实践中。

最后,农村党员学习缺乏制度化管理。对党员学习监督管理不到位,缺少制度化管理,缺少党员学习考核制度。一些党员的学习态度散漫,将学习视为一种负担,甚至反对学习。

(二)农村基层党组织执政能力建设及其现状

农村基层党组织执政能力是党顺利开展农村工作的基础。在理论宣传上,一些农村基层党组织存在宣传不到位,对党和国家的路线、方针、政策理解不到位的问题。农民对党和国家的方针、政策不理解,农村基层党组织对农民做思想工作存在困难,就出现了农民对基层党组织落实党和国家政策不愿意配合,对农村基层党组织的工作不够信任等问题。

农村基层党组织对人才的吸引力不强。农村基层党组织要想在精准扶贫和乡村振兴中发挥领导作用,人才必不可少。人是进行乡村治理的主体,高素质的农村党员可以为农村基层党组织的执政能力建设提供稳定的前进动力。当前,农村基层党组织面临人才外流严重的问题,一些本村的毕业大学生不愿意回到本村为本村发展贡献青春。另外,农村依靠自身条件无法吸引优秀人才,党和国家的政策虽然将一部分人才引入农村,并在精准扶贫、发展经济、促进农村和谐方面作出了很大贡献,但一些人在任期满之后就不愿意留在农村。

(三)农村基层党组织组织能力建设及现状

近年来,广西农村基层党组织在管党、治党的实践中探索出了创新性成果。其中"星级化"管理在 2016 年在全区推行。这是一种广西首创的,依靠明确评价标准对农村基层党组织建设进行荣誉性评价的制度。"星级化"管理考核指标细致明确,从农村基层党组织的工作思路、责任落实和组织建设等十个分类指标进行评价。评价结果直接影响各基层党组织的评奖评优。对村党组织书记和相关负责人来说,本村党组织的评级与年度表彰挂钩,直接决定村党组织的领导干部能否得到提拔。

"星级化"管理采取动态评价的方式。获得五星级党组织称号的基层党组织不能掉以轻心，保持评星定级的高要求要求农村基层党组织不断改善党组织建设，深入思想理论学习，增强党组织的凝聚力和战斗力。通过随机抽检的检查监督机制，对评上五星级党支部后出现精神滑坡、作风腐化、工作下滑的党组织给予降星或取消星级的处理。"星级化"管理提高了农村基层党组织创先争优的积极性，通过制度和考核评优的方式，倒逼农村基层党组织发挥脱贫攻坚、实现乡村振兴战略的作用，农村党员不得不发挥党员先锋模范作用，走到困难群众中了解群众的困难，为群众排忧解难。"星级化"管理方式的积极方面在于充分调动农村基层党组织领导干部的工作积极性。评星定级、动态评价为各层次的基层党组织留出了空间，优秀的农村基层党组织继续保持良好的工作态势，在思想、工作层面不敢松懈，后进的农村基层党组织有进步的空间。

"星级化"管理是广西党组织建设的创新之举，在基层党组织中营造出创先争优的氛围，改善了农村基层党组织的建设，有效治理了一批软弱涣散党组织，解决了农村党建边缘化、虚化的问题。但农村基层党组织建设问题依旧存在，一些农村基层党组织结构不合理，缺乏新鲜血液，思想陈旧，能力不足。

改革开放以来，东部地区以其自身经济发展基础、优越的地理位置和国家政策支持，在四十多年中取得了高速发展。许多西部地区在改革开放过程中在经济方面落后于东部。大量农村劳动力进入城市务工，特别是青年劳动力大量流失，留在村里的都是老人、儿童和妇女，造成了农村空心化，农村的行政能力、经济发展活力受到影响。第一批进城务工人员已经步入中老年，有一部分人在改革开放的浪潮中发家致富，最后选择在城市定居，另一部分进城务工人员在年老之后选择回到农村，这部分人虽然回到农村，但是其接受的教育有限，能力不足。而这部分人的后代大多在城市中成长，也选择继续在城市奋斗，农村基层党组织建设面临着"旧血液"缺乏活力、思想陈旧、能力不足，而"新鲜血液"难以进入农村党组织真正为乡村治理提供服务的问题。

现今社会上出现的一些不良思想给农村基层党组织的建设带来了一定的困难。对农村青年党员来说，外面腐朽、落后的思想在网络空间和生活空间中传播，农村党员如何抵制这种不良思想，对党员个人来说是一个严峻的考验。对农村基层党组织来说，如何在党员中做好思想政治教育，确保党员同志的纯洁性、先进性，值得深思。农村基层党组织要在乡村治理中保持活力和创新能力离不开年轻党员的加入。如何鉴定在城市务工的青年是否具备入党的资格,入党以后又如何对其加强管理,这些问题值得深思。

农村基层党组织的组织能力体现在农村基层党组织的凝聚力上。农村基层党组织的凝聚力对内表现在党组织内党员对党组织领导干部工作能力的认可,表现出高度的组织纪律性,对党的思想理论政策理解到位,党组织内党员在党组织领导干部的带领下团结一心,集中力量完成共同目标。农村基层党组织的凝聚力对外表现在对农民群众的号召力和吸引力上,党的方针政策得到农民群众的拥护,在实践领域得到切实有效的施行。农村基层党组织凝聚力的强弱关系到乡村治理是否有效,关系到乡村振兴战略能否实现。

首先,一些农村基层党组织领导能力不足,一些农民对农村基层党组织的支持率和信任度下降,一些农民对加入党组织的积极性降低,一些农民对农村基层党组织的相关事项漠不关心,对村干部不满意。农村基层党组织的领导干部是做好农村工作的"牛鼻子",是农村基层党组织实现治理现代化的关键。有较强综合实力的农村基层党组织领导干部班子开展农村工作,获得党员的认可,赢得群众的信任,该农村基层党组织的组织能力就会得到很大的提升。但是,一些农村基层党组织的领导干部趋于老龄化,不主动学习新思想、新政策、新方法,无法有效领导农村基层党组织。再加上一些农村基层党组织领导干部班子存在宗族化现象,村干部为了保持自己的地位和经济利益将自己的亲朋好友拉入领导队伍,任人唯亲的做法严重影响了党组织的形象。一些农村基层党组织在理论学习上有所欠缺,面对新的理论无法深刻把握,又怠于学习,导致政策宣传能力差,无法利用新的理论解决农村中产生的新问题。一些农村基层党组织的领导干部沿用老一套的管理办法,不能适应农村经济发展的要求,难以带领农民致富。

其次,党员未能发挥先锋模范作用,党员对自身要求下降。党员是党组织发展壮大最重要的因素。强大的凝聚力有助于盘活农村基层党组织的生命力和活力,为此,应当教育党员时刻发挥自身的先锋模范作用。但实际情况与此相反,农村党员在农村基层党组织中出现远离党组织的现象,农村党员对党内事务不关心,也不参与党内事务,即使参与党内事务也是走过场,完全不放在心上。例如,在召开党员大会和支部改选时,一些农村党员只是在发展新党员时进行表决,对农村基层党组织内部重要事务决策不关心、不过问、不参与,不行使党员权利,没能尽到党员义务。在农村基层党组织开展组织活动时,农村党员不积极参与,要给予一定物质利益才参加党组织开展的活动。

最后,农村基层党组织的凝聚力出现问题,表现在党群关系不紧密,对农民的号召力减弱。随着改革开放进程不断深入,多种所有制经济在农村得到快速发展。多元化的农村组织结构冲击了原先党政一元的农村管理模式,农民更喜爱能够为其带来经济效益的组织,从而削弱了农村基层党组织与农民的联系。党的十九大报告对我国社会主要矛盾做出了新的判断:我国社会主要矛盾已经变成人民日益增长的美好生活需要和不平衡不充分的发展之间的矛盾。农民需求呈现多元化的态势,农村社会的主要矛盾也发生了变化。农民的需求从较低层次的解决温饱问题上升到个性化需求。党组织难以满足农民的多样化需求,农民个体对农村基层党组织的依赖性降低。因此,党群关系渐渐变弱,农村基层党组织在农民中的影响力也被削弱。

二、农民党员先锋模范作用发挥的现状

中国共产党是中华民族的先锋队,是为中华民族谋复兴、为中国人民谋幸福的执政党。党员要发挥先锋模范作用,就要认真学习马克思列宁主义、毛泽东思想、邓小平理论、"三个代表"重要思想、科学发展观和习近平新时代中国特色社会主义思想,主动掌握党的路线、方针、政策,并在生活中给群众宣传党的路线、方针、政策,为群众消除困惑,解决困难,努力提高为群众服务的本领。在生产生活中,以自己的实际行动贯彻党的方针政策,在各方面起到榜样示范作用,积极参与到社会主义现代化建设中,提高对社会主义市场经济的适应能力,开拓创新,敢闯敢试,带领群众创业,使群众的钱袋子增加实实在在的重量。党员发挥先锋模范作用,应当在工作、学习和生活中注意自己的言行举止,筑牢思想道德底线,实践社会主义核心价值观,弘扬中华民族传统美德,与社会上腐朽、落后、封建的思想做斗争,不被腐朽、落后、封建的思想所侵蚀。

目前,农村党员大多数能够在生产生活中遵循党制定的路线、方针、政策,自觉履行党员义务,在发展农村产业,带领村民致富方面起到了模范带头作用。在政治上,大多数农村基层党组织发挥了战斗堡垒作用,在精准扶贫的道路上带领村民发展农村产业,提高农民生活水平。

广西来宾市对党员发挥先锋模范作用的管理方式进行了创新。来宾市通过分类管理的方式,根据党员的特点,因材施用、分类管理、量化考核。来宾市根据党员

的年龄、行业、特长、健康等情况，将党员群体划分为创业类、管理类、外出类等5种类型，并将管理标准和办法细化为5大类25个项目160条，使农村党员管理从模糊到具体、从集体到个人。同时，对5种类型的党员分别实行引领式、践诺式、跟踪式等管理模式。在分类的基础上，按类别制定评分细则，列出正负面清单，明确加扣分情形，使"印象分"变为"标准分"。来宾市分类管理采用季度考核的方式，结合党内和群众两头评议，最终得出年度总分，依照分数划分优秀、合格、基本合格、不合格四个等级。党员年度评分与党员自身利益挂钩，优秀党员有资格成为村后备人才的培养对象，而落后的党员将受到提醒教育。党员管理模式的创新激励着党员发挥先锋模范作用。农村党员创优争先成为普遍现象，"全市农村党员参加组织活动比例从70%提高到90%以上，主动及时缴纳党费的党员达到98%，外出党员与党组织联系率达到97%"。分类积分制的管理方式带动了农村党员创业，带动了当地农村经济发展。2017年，来宾市返乡创业农村党员达1 800人，创办各类经济主体1 100多个，由此带来的投资金额高达7.6亿元。

但是，农村党员在发挥先锋模范作用中存在一些问题，值得思考。（1）一些农村党员缺乏学习意识，对新理论、新观点的接受能力不强。一些农村党员自身受教育程度低，文化水平不高，对新鲜事物的接受能力较差，平时生活中缺乏学习的习惯，一些农村党员年龄偏大，思想保守，对新理论、新观点持保守的态度，更愿意采取老办法解决新问题。这些农村党员思想陈旧，难以跟上时代发展的步伐。一些农村党员用老办法、老观点解决不了村民的问题，自然难以在村民中起先锋模范作用。（2）一些农村党员缺乏适应社会主义市场经济的能力，很难带领村民致富。农村党员有发挥自身先锋模范作用的意愿，但由于自身能力有限，心有余而力不足，不能在实际工作中发挥应有的作用。一些农村党员不善于掌握市场经济运行规律，跟不上农业产业发展现代化、机械化、智能化的步伐，难以带领村民致富。

农村党员难以发挥先锋模范作用的原因：（1）农村基层党组织缺乏对农村党员的思想教育。一些农村基层党组织的思想建设流于形式，为了培训而培训，应付上级布置的学习任务，培训形式和内容单一，脱离实际，难以激发农村党员学习的兴趣。思想是行动的先导，一些农村党员在思想上对党员地位、作用认识不清，定位不准，对党的时代任务、党的性质了解不清，导致在实际的生产工作中难以自觉发挥先锋模范作用。农村培训资源相对匮乏也是阻碍农村基层党组织进行思想建设的重要因素。在农村基层党组织的培训中往往缺乏专业教师、专家对农村党员进行理论培训。农村地区偏远、资金不足等让农村基层党组织请专家、学者进行培训的难度较大。(2)农村党员自身素质偏低,难以发挥先锋模范作用。部分党员年龄偏大,文化程度较低,观念较为保守,对村中事务漠不关心。农村党员身份多样化,是党员的同时又是农民,或者个体户,或者农民工,影响了农村党员对自身的认识,放松了对自己的要求。(3)农村基层党组织管理存在缺陷。农村基层党组织的组织能力有待提高,党员教育制度不健全。农村党员部分在外务工,属于流动党员,农村基层党组织难以对其进行管理、教育。

三、第一书记工作机制的成效、问题及原因

(一)第一书记工作机制的成效

改革开放激发了城市发展的巨大潜力,我国城市化进程显著加快,城市居民的生活水平和生活质量得到了极大改善。相较于城市的发展,农村劳动力严重流失,导致农村空心化,发展乏力。党和国家非常重视农业、农村、农民问题,从 2003 年至今,连续十六年每年出台的"一号文件"都将关注点聚焦在"三农"问题上。其中,2015 年,中共中央组织部、中央农村工作领导小组办公室、国务院扶贫领导小组办公室印发《关于做好选派机关优秀干部到村任第一书记工作的通知》,为村党组织薄弱村庄,贫困村,革命老区、边疆民族地区以及灾后重建地区的一些村庄选派第一书记,解决"三农"问题,落实扶贫计划。关于选派优秀党员到农村基层担任第一书记的事例最早出现在安徽省,2003 年为大众所熟知的小岗村第一书记沈浩就是一个非常典型的例子。随后在江苏、河南、辽宁、广西等地都开始推广第一书记工作机制。

对于第一书记的选派有严格的要求,对政治、品行、工作能力各方面都有严格要求。良好的政治素养是选人的基本要求,第一书记要贯彻党的路线、方针、政策,具有较高的思想政治水平。农村工作能力是选派第一书记着重考虑的因素。第一书记要热爱农村工作,敢于担当,善于做群众工作,开拓创新意识强;有两年以上工作经验,事业心和责任心强,作风良好,不怕吃苦,甘于奉献。第一书记人选主要从中央和国家机关部委、人民团体、中管金融企业、国有企业和高等院校中选派。

第一书记的主要职责:(1)对软弱涣散的农村基层党组织加强建设,为其注入生机和活力,增强党组织的凝聚力,培育后备干部,防止农村黑恶势力对党组织进行渗

透,将村党组织建设成坚强的战斗堡垒。农村基层党组织是实现乡村治理现代化的领导力量,农村基层党组织加强思想建设,增强党员身份认识,改善农村基层党组织和农村党员在脱贫攻坚工作中的工作作风,带领村民致富。凝聚力、战斗力得到提高是第一书记进驻农村基层党组织的作用之一。农村软弱涣散的党组织都有共同的特点——组织涣散,党员的组织意识薄弱,不接受党组织的统一领导,各干各的,模糊党员身份,甚至将党员身份作为自己的负担。农村基层党组织不能把党员管理好,党和国家的方针、政策就难以在农村地区落实。部分党员思想保守,学习积极性不高,对新形势认识不清,很难发挥先锋模范作用。第一书记的选派要经过严格筛选,第一书记要具有良好的个人品德,过硬的政治素养,扎实的理论知识和较强的工作能力。第一书记能够有效提高农村基层党组织党员的组织化程度,培养农村党员现代化治理意识;能够有效改变农村基层党组织党员发展宗族化现状,为农村可持续发展培养有创新意识,符合新时代发展要求,服务农村发展的党员干部。(2)推动精准扶贫工作。推动精准扶贫工作,带领所驻农村摆脱贫困,改善生活条件,让村民的钱袋子鼓起来,过上小康生活,是第一书记在农村工作的首要任务,也是衡量第一书记工作成效的重要因素。(3)为民办事。第一书记不仅要在物质上让老百姓富起来,而且要让老百姓的生活环境好起来,乡村生活和谐起来。第一书记想民之所想,解民之所忧、民之所困。(4)提高乡村治理水平。首先,第一书记推进农村基层党组织建设制度化、民主化。提高农村治理水平,关键在于推进农村基层党组织治理现代化,让农村基层党组织建设有序推进,让党内事务有章可循。其次,第一书记保证村民自治,带领村民制定村规民约,培养村民的主人翁意识和制度意识,监督村民自治委员会依照村规民约管理村内事务,推动乡村治理走向制度化、现代化。

早在2012年,广西壮族自治区就已经开始选派企事业单位的优秀干部担任贫困村的村党委第一书记,借助第一书记这一外力推动贫困农村党组织建设,帮助贫困农村摘掉贫困帽子。第一书记工作机制在农村地区发挥了重要作用,农村基层党组织建设明显改善,农村政治民主化、乡风文明改善、经济得到发展、农民实现增收。

第一书记被选派到农村以后,凭借自己扎实的理论知识,先进的理念,开展"两学一做",在党员中进行思想政治教育,教育老党员,培养新党员,提高农村党员的理论水平,帮助其树立正确的理想信念,改变农村基层党组织领导干部的陈旧思想和工作作风。第一书记首先向社会筹集资金修建农村基层党组织活动场所,配套相关设施,为推进农村基层党组织建设活动提供了场所。第一书记切实推进村两委班子建设,增强了村两委班子因地制宜带领村民脱贫致富的能力,提高了村两委班子在群众中的威信和号召力。第一书记进入农村地区提高农村治理的民主化程度。一方面,由上级选派下来的第一书记对杜绝农村基层党组织发展家族化、宗族化起着监督作用;另一方面,第一书记能够解决农村两委班子"一肩挑"带来的权力集中问题,村民在第一书记的指导下进行村民自治,激发村民的主人翁意识和参与村务的积极性。

第一书记推动农村基层党组织建设。提高农村基层党组织的战斗力是第一书记驻村之后的首要工作。第一书记如果没有扎实的理论知识,就无法带领村民走上正确的脱贫道路,第一书记如果理想信念动摇,就容易走上贪污腐化的道路。第一书记要整顿农村基层党组织,以党建引领脱贫工作,引领乡村振兴。首先,第一书记完善农村基层党组织的基础设施建设。通过筹集资金修建农村基层党组织的办公、学习、活动场所,为党的建设提供相应的物质基础。其次,推动农村基层党组织的组织建设,通过理论学习和宣传,在实践中提高党员素质,增强党组织的战斗力、凝聚力和群众号召力。再次,第一书记促进农村基层党组织民主化,完善基层民主提议、商议、决策和信息公开制度,保障党员的发言权、监督权,激发农村党员参与党内事务管理的积极性。

第一书记推动贫困村发展集体经济,带领农民发展产生,实现增收。第一书记的根本任务是为贫困村寻找脱贫出路。第一书记依靠自身的专业知识、人脉背景和宽广的视野,帮助乡村改善基础设施,引进社会资本发展农村产业,大力发展集体经济,壮大公有制经济,为提高村民生活水平服务。第一书记利用村内自然资源、资金、劳动力资源,引导村民建立合作社,发展农业、林业、渔业、畜牧业和旅游业等,通过分红、带动就业等方式带领村民脱贫,增加村民收入,改善村民的生活水平。

广西推广第一书记工作机制最重要的目的在于实现精准脱贫,实现乡村振兴。要致富,先修路。第一书记领导村民完善基础设施,修建交通设施,打通农产品通往市场的通道。将本地农产品信息输出,自然就有了销路,这样就提高了农民生产的积极性。第一书记因地制宜,针对农村的优势和短板,给出实现乡村振兴,脱贫致富的策略。引进适合当地种植的农作物品种,发展特色产业,实现农村产业转型升级。在第一书记的带领下,乡村集体探索出新出路,农民生活极大改善。例如,钦州市浦北县金康村第一书记张倚华为贫困村找到了产业发展致富的道路——带领贫困户种百香果,请专家来传授百香果栽培技术,既发展了集体经济,又让贫困户获得可观的收入。在第一书记张倚华的带领下,2018 年金康村的百香果种植规模达到100 亩①,增加集体经济收入 8 万余元,共有 47 户农户在百香果种植产业中获得收益,平均每户获得分红 4 000 元。第一书记工作机制解决农村矛盾纠纷,维护乡村和谐稳定。农村基层党组织干部缺少解决村内矛盾的好方法,解决矛盾纠纷的效率低,村民越级上访事件时有发生。第一书记掌握科学、高效的解决矛盾纠纷的方法,在解决农村矛盾纠纷的过程中教会村干部使用好经验、好方法,维护乡村的和谐稳定,为乡村经济发展提供了良好的乡村社会环境。钦州市三合镇新村党组织第一书记陈文华组织村干部带头打扫农村垃圾,用实际行动教育农民保护绿水青山。陈文华也不忽视理论宣传,经常带领村干部到群众中宣传乡村清洁政策,提高村民的环保意识。在陈文华的努力下,新村的人居环境明显改善,村容整洁,空气清新,得到群众的肯定。

第一书记改善乡风文明,既扶贫又扶志。近年来,广西的第一书记大多数是从党政机关和高等院校中选派出来的优秀干部,具有良好的马克思主义理论素养。在工作中,第一书记扎根基层,近距离接触农民,了解农民的困惑和困难,第一时间为农民讲解党和国家的政策,破除农村的封建残留思想和小农思想。第一书记在工作中解决纠纷,化解农村矛盾,进行法制教育,宣传法律知识,带头学法、守法、用法。第一书记不仅要在物质上帮助农民实现脱贫,也要丰富其精神世界,根据当地的特色文化丰富村民的文化生活,帮助村民实现精神脱贫。

2017 年,自治区人民政府新出台八项第一书记管理办法,对驻村第一书记公开承诺、工作纪实、教育培训、定期汇报、考勤和请销假、巡回督导、召回撤换等做了全面、严格的规定,明确第一书记培训机制、工作职责、权责边界、考核制度、监督惩处,目的在于弥补第一书记在扶贫领域中的漏洞,切实发挥第一书记在扶贫工作中的作用。通过管理部门检查、考勤和年度考核等方式,及时发现第一书记工作消极怠慢、作风腐败堕落、违法乱纪等现象,并给予批评教育,严重的追究责任,做出召回撤换处理。被召回的第一书记将承担严重后果,取消评优资格和提拔机会,甚至追究刑事责任。

---

① 1 亩≈666.66 平方米。

（二）第一书记工作机制的困境

第一书记工作机制为广西农村注入了活力，为广西精准脱贫工作作出了很大贡献。但我们用辩证思维看待第一书记工作机制，其也存在着一些不足之处，主要是第一书记自身因素和外部环境因素。

有的第一书记思想不端正，对第一书记的职责理解存在偏差，对第一书记的工作认识不清，或将第一书记看作自己仕途的跳板，在开展农村工作过程中流于形式，不愿意解决基层一线棘手事务，不为农村长远发展考虑。有的第一书记将自己定位为农村工作的过客。广西选派第一书记到农村工作的期限是两年，这使一部分第一书记存在自己是过客的心理，认为自己在基层待两年就会调出农村。心存"过客"思想的第一书记难以完成党交给他们的任务。他们工作消极、被动，不愿意适应农村工作，不愿意深入农村、深入群众为群众解决问题，也不愿意处理好农村两委关系。还有一种"以我为尊"的第一书记，他们认为自己是上级选派下来的，就应该是村里的一把手，再加上自己有丰富的理论知识，对村子的发展按照自己的想法进行规划，不管村委和群众的意见和建议，长此以往，就会丧失群众基础。如果规划失败，更会在群众那里造成负面影响。

有的第一书记能力不足，无法应对问题多样化的农村。广西多山区，不同的地域有不同的地理环境、风俗习惯和语言，再加上广西是多民族聚居地区，一个乡村第一书记的治理经验在另一个乡村就不一定具有借鉴意义，这就要求第一书记针对不同民族采取不同的治理方式。另外，广西农村问题的多样性和复杂性给派选第一书记工作带来了很大的挑战。第一书记术业有专攻，不同农村面临的问题也不太相同，发展道路也不相同。如果派选的第一书记的专业与所驻村实际情况不相符，就会给该村发展带来很大的困难，第一书记工作很容易陷入僵局，打击第一书记和村民工作的积极性。

第一书记工作的规范性难以落实，考核机制有待完善。首先，第一书记对党的方针政策不熟悉。其次，由于缺少对扶贫工作的积极性，面对扶贫工作深入以后的"硬骨头"产生畏难、消极情绪。工作的不规范导致扶贫工作效率低下，影响扶贫工作质量。再次，第一书记考核机制烦琐，考核结果没有充分发挥作用。考评机制的烦琐给第一书记的工作增加了压力。考核多数以奖励为主，惩罚为辅，对第一书记的扶贫工作很难起到督促和约束的作用。

外部因素制约第一书记工作机制作用的发挥。农村基层党组织是乡村治理的中心,农村基层党组织的建设水平直接影响乡村振兴战略的实施。首先,农村劳动力外流,给农村基层党组织的党建工作带来了困难。农村基层党组织党员年龄较大,理论知识水平不高,思想落后,学习新理论的积极性不高。并且农村基层党组织党员流动性强,不利于发挥基层党组织在农村中的战斗堡垒作用。青年党员外流,形成党员的党组织关系在家乡,而党员个人在城市的局面。农村党组织难以深入了解流动党员的思想状况、学习情况,也难以开展党建工作,以及动员党组织成员为本村的工作贡献自己的力量。其次,第一书记进入农村工作,面对组织涣散的农村基层党组织时,要花大量的精力开展党建工作。再次,第一书记下乡,确定实现乡村发展规划后面临的第一个问题就是资金问题,也就是如何获得足够的资金以支撑村子的发展。派驻第一书记的村子大多是贫困村,村组织自身以及以农业和务工为生的村民很难出资支持建设。另外,负责派选第一书记的单位不够重视第一书记的工作。有的派选单位只负责将第一书记人选派出,对其后续发展不闻不问。这些问题只能由第一书记自己向社会组织、企业等寻求项目资金支持。最后,村民对第一书记提出的发展规划缺乏积极性。

第三节　推进农村基层党组织的治理现代化

一、加强农村基层党组织建设

(一)建设学习型党组织,提高理论能力

新时代我国主要矛盾的变化要求农村基层党组织在乡村振兴中成为党的主张的传声筒,同时领导村民团结一致推进改革深入进行。如果农村基层党组织成员拥有较高的思想理论水平,就能够在处理复杂多变的村务上游刃有余,在贯彻落实党中央的政策时更加顺利。基层党员要更加深刻地理解党的方针、政策,理论学习能力、理论解释能力、理论理解能力都需要加强。

对农村基层党组织学习进行制度化管理。对党员直接进行理论教育是切实提高其理论水平的有效方式。因此,要推进"两学一做"学习教育常态化、制度化,引导广大党员自觉运用习近平新时代中国特色社会主义思想武装头脑,在乡村振兴的治理实践中发挥先锋模范作用。完善党员学习奖励制度,对积极学习、善于学习的党员要给予精神上和物质上的奖励,同时以先进党员榜样,带领后进党员一起进行

学习。

推进农村基层党组织学习多样化。广西一些农村党员总体上年龄偏大,文化水平低,对学习的积极性不高。单一的学习方式容易导致农村党员学习兴趣低、学习效果差。党员可以通过多种方式学习党的思想理论,例如与艺术结合。要充分发挥农村地区和民族地区的特色与优势,将党的理论知识与农村的传统文化、先进事例结合起来,以小品、戏剧、民族戏曲、山歌的形式表现出来。这种教育方式能吸引广大党员前来学习,寓教于乐,达到润物细无声的效果。经常组织党员观看纪录片、爱国主题和关于党的电影,提高农村党员学习的积极性,减少农村党员学习的畏难情绪,促进农村基层党组织的学习建设。

充分利用现代信息技术进行学习。现代信息技术充分打破了原本受制于时间和空间的教育资源分配不均的局限,进行网络教育。农村基层党组织可以通过邀请高校专家视频授课、领导干部通过视频进行教育等方式,提高农村党员的思想理论水平和实践能力。

（二）加强农村基层党组织执政能力建设

进行农村基层党组织执政能力建设,关键在于加强思想建设,以习近平新时代中国特色社会主义思想为指导,改革党在农村治理的方式。乡村振兴关键在人,党员是先锋队员,农村党支部要培养出适应新时代的人才,就要制定严格的党员培训制度。要定期对农村基层党组织的领导干部和党员进行严格培训,防止培训陷入形式主义,要让培训的内容入耳、入脑、入心,让广大农村基层党组织的领导干部和党员在工作和生活中自觉践行党和国家的方针政策。加强思想道德建设,需要改变农村基层党组织的不良风气,形成从群众中来到群众中去的优良作风。农村基层党组织的领导干部和党员要主动学习,对工作中出现的问题勤于思考,寻找新的解决办法,提高农村基层党组织的执政能力,满足新时代人民对农村基层党组织执政能力的新要求。建立党员干部奖惩机制,农村基层党组织的领导干部在农村工作的一线,直接面对农村各项工作困难和问题,他们最了解农村工作。因此,要鼓励农村基层党组织的领导干部和党员发挥自身聪明才智,积极解决农村工作中存在的问题,因地制宜,探索适合本地区农村工作的体制机制。对于先进的党组织,对领导干部应当给予物质上和精神上的奖励,将其树立为典型,在各地进行宣传,发挥榜样示范作用,带动其他农村基层党组织向先进的农村基层党组织看齐。对于执政能力差、对执政能力建设采取消极态度的农村基层党组织采取惩罚措施。

做好制度创新,为提高农村基层党组织的执政能力提供制度支持。建立主要领导干部负责制,倒逼农村基层党组织领导干部进行执政能力建设。协调村民委员会和农村基层党委之间的工作,加强农村基层党委对村民委员会的领导。既要保证村民委员会在处理各项农村事务时保持独立性,又要保证农村基层党组织对村民委员会开展的各项工作总体方向正确。

吸引优秀人才到农村基层党组织工作,有利于为农村基层党组织注入活力,增添新动力。广西农村外出务工人口多,流动党员数量较多,留守的农村党员老龄化严重,文化素质不高,使农村基层党组织的执政能力建设不易进行。改善农村基层党组织党员队伍结构仅靠农村基层党组织是远远不够的,但农村地处偏僻,经济发展滞后,很难吸引优秀人才扎根基层。因此,国家应出台政策,通过经济支持和政策鼓励优秀党员扎根基层,吸引有能力的党员为农村发展、乡村治理现代化贡献智慧。农村基层党组织应当发掘村里的贤人能手,把医生、教师、优秀个体户、本村优秀大学生等发展成党员。农村各项事业的蓬勃发展亟须本地优秀人才做保障。同时,加强对农村党员队伍培训,引导农村党员抛弃陈旧、保守的思想,形成市场经济思维,结合本地区特点,利用市场经济思维为农村经济发展助力。提高农村党员带领群众脱贫的能力,提高农村党员在村民中进行政治宣传、解读党和国家方针政策的能力,培养农村党员的法治意识。

农村社会经济发展是农村基层党组织执政的基础。农村基层党组织要以建设美丽宜居乡村为导向,完善各项基础设施,打造美丽的乡村环境。着力改善村容村貌,根据当地特色科学规划乡村建筑布局,建设乡村道路和接入互联网,打通乡村与外界信息交流、产品交换的通道。农村基层党组织要因地制宜,发挥当地优势,推动农村产业深度融合,延长农产品加工链,获得更多增加值。有条件的农村,要依托自己的民族特色和优美的自然环境发展旅游业,实现农业和农村生态保护、休闲观光、文化体验和健康休闲等多种功能和多元价值。在把"蛋糕"做大的同时,也要把"蛋糕"分好,把农村经济发展红利更多地分给农民,让农民获得看得见、摸得着的好处。通过入股、分红、农民与企业共同营销等方式,把盈利部分更多地让给农民,提高农民的生产积极性,实现农村脱贫。鼓励农民自主创业、返乡创业,支持更多人才下乡创业。

(三)增强农村基层党组织的组织能力和凝聚力

改革农村基层党组织机构设置,转变党员管理模式。农村党员外出务工,导致农村常住人口结构不稳定,是农村基层党组织建设面临的棘手问题。根据对农村党员流入地的调查,与流动农村党员居住地附近的党组织建立合作关系,委托党组织了解流动党员的思想状态、组织学习情况。同时,加强对农村流动党员的信息管理,首先,为农村流动党员建立档案,了解农村流动党员的基本信息,保证农村基层党组织能够联系到农村流动党员。其次,农村基层党组织应通过电话联系等方式定期联系农村流动党员,了解他们的生活状况和心理状态,及时为他们提供帮助。向村民介绍具体情况,鼓励农村流动党员主动关心家乡,为家乡建设建言献策。向农村流动党员介绍村里的具体情况,鼓励农村流动党员心系家乡,为家乡建设出谋划策。最后,加强对农村流动党员的管理,组织农村流动党员进行学习,并对流动党员进行考核。农村基层党组织可通过互联网、手机 App 等方式督促农村流动党员进行学习,并要求在外农村流动党员通过视频通话定期向农村基层党组织汇报学习情况。

加强农村基层党组织民主化管理,发扬党内民主。要实现农村基层党组织治理现代化,就要在党内实行民主管理,增强农村基层党组织的组织能力和凝聚力。完善农村基层党组织民主选举制度,改进候选人提名方式,让更多符合条件和有能力的农村党员参与到候选人的提名中,提高农村党员参与农村党组织的公共事务的热情和积极性。通过差额选举提高农村基层党组织民主选举的竞争力,经过严格的筛选,让有能力、在群众心中获得认可的党员担任农村基层党组织的干部。完善监督举报制度。农村是人情社会,有时在选举时拉帮结派,导致民主选举出现问题,选出来的干部不是真正有能力、为群众办实事的干部。因此,要建立监督举报制度,开辟监督举报的渠道,保障举报人的利益和隐私,对扰乱民主选举秩序,私下进行权钱交易的党员应当给予批评教育,必要时给予党纪处分。加强党内信息公开,接受党员的监督和质询。完善党内基层民主决策制度,增强农村党员的主体意识、集体意识,把党组织的发展与自身利益联系在一起。通过多种形式建立提案制度,让党员群众可以表达意见。村党委应主动、及时了解农村党员的思想状况,经常开座谈会了解农村党员对村中各项事务的意见和建议。在开会前形成党员意见报告,对党员的意见逐一进行答复,对能够采纳的意见应当给予必要的重视,在党员会上进行讨论,在论证其科学性后进行表决落实。完善党内情况反映制度,要求党员按时向党组织汇报思想状态、工作情况以及党内的作风状态,让党员秉着惩前毖后、治病救人的原则进行批评与自我批评,增强党员的责任意识,在生产生活中发挥党员先锋模范作用。

提高农村基层党组织领导干部的领导能力和服务能力。对农村基层领导干部班子进行培训,加强对农村基层党组织领导干部的纪律建设、作风建设和反腐倡廉建设,培养一支综合素质过硬的农村基层党组织领导干部队伍。培养党员干部的思想理论素质,提高其理论素养,切实提高农村基层党组织领导干部的领导能力。培养农村领导干部的创业能力。充分提高农村基层党组织领导干部认识和利用市场规律的能力,有助于他们利用市场和发挥本地优势促进农村经济发展。

转变农村基层党组织领导干部的治理理念,让他们树立服务群众的观念,切实维护农民群众的利益,创新服务方式,为农民群众带来更多便利。农村基层党组织领导干部要多走访农户,向农民宣传党的路线、方针、政策,解开农民心中的疑惑,让更多农民建立起对农村基层党组织的信任,从而增强农村基层党组织的组织力和凝聚力。

二、发挥党员先锋模范作用

开展农村党员培训,创新党员培训模式。首先,党员培训要利用好信息技术。随着时代的发展,信息技术发展迅速,互联网已经进入普通老百姓家,农民也可以享受互联网带来的便利。由于农村缺少专业的理论人才,难以将国家最新的路线、方针、政策详细、清楚地介绍给农村党员,因此应当借助互联网将城市的优质教育资源引入农村,让农村党员学习。农村党员培训应与高校、党校等具有专家学者资源优势的机构建立合作关系,定期组织农村党员接受专家学者培训,使农村党员掌握党和国家的方针政策。同时,可以组织农村党员集体学习,如观看纪录片、电影等,以轻松的方式学习党的理论知识、方针政策,提高党员的思想理论水平,培养党员做好先锋表率的意识。其次,党员培训不仅要进行思想政治建设,而且要教会党员用马克思主义立场和观点看问题。在社会主义市场经济时代,更应该培养农村党员掌握社会主义市场经济规律的能力。教会一部分家庭困难党员掌握现代产业职业技能,因地制宜地组织党员学习养殖、农业、机械等技能。通过职业技能培训,一部分经济困难且没有工作的党员掌握了生存技能,获得了稳定的收入,实现了贫困党员脱贫。掌握一定职业技能的党员带领村民脱贫,带动农村经济发展。最后,完善农村党员培训考核机制。目前,一些培训流于形式,一些农村党员也没有将培训当作一回事,不够重视,使培训的效果大打折扣。所以,要建立和完善农村党员的培训考核机制,定期检查农村党员的学习情况。上级部门应当组织人员通过走访的形式进行全面检查或者抽查,对党员学习情况进行评估,对农村党员培训给出评价和改进意见。

改善农村基层党组织的党员队伍结构。一些农村基层党组织存在党员老龄化现象,一些党员文化程度较低、思想观念保守,缺少探索新问题、学习新理论的热情。在社会主义市场经济快速发展的当下,一些农村党员难以跟上时代发展的步伐,无法起到先锋模范作用。由此,调整农村基层党组织的党员队伍结构势在必行。改善农村党员队伍结构应当由被动吸收党员向主动发展党员转变。对于农村中的致富能手、知识分子、道德榜样等,吸引他们加入党组织。

农村劳动力外流的形势迫使农村基层党组织发展对象从村内转向在外务工的村民。农村基层党组织应及时了解在外务工人员的思想状况、生活状况,吸收优秀外出务工人员加入党组织。

同时,农村基层党组织要通过党组织建设提高对青年的吸引力。农村基层党组织要落实精准扶贫政策,因地制宜,实事求是,创新扶贫方式,带领村民实现增收。农村基层党组织带领村民维护好乡村治安,维护农村和谐稳定;建设积极的文化;保护好乡村的自然环境,让乡村环境成为年轻人留恋家乡的因素。乡村居住环境得到改善,乡村社会经济得到发展,乡村文明建设取得长足进步,乡村自然环境得到保护,增强乡村对年轻人的吸引力,让年轻人愿意扎根在乡村,为乡村的发展奉献自己的青春。

创建"产业+党支部",为农村党员发挥先锋模范作用提供平台。在实施精准扶贫的过程中,一些乡村实现了农业生产产业化,村庄发展出一村一项产业。农村基层党组织可以尝试将支部建立在农业产业组织上,鼓励党员发挥先锋模范作用,激励党员在农村农业产业发展中主动承担责任,学习农业生产知识,提高农产品质量,通过多种方式增加农产品附加值,拓宽销售渠道。这样既发挥了党员的先锋模范作用,又为农村经济发展带来了强劲稳定的动力。建立产业党支部(或党小组),适应了农村产业化的形势,有利于开展党员活动,增强对党员的教育和管理,进行农村基层党组织建设,提高党员队伍的整体素质。

保障党员经济权利,提高农村党员干部待遇。保障农村党员的经济权利;提高农村基层党组织干部的工作待遇;对因在扶贫领域做出贡献而影响个人和家庭的生产生活的农村党员进行补偿,对年龄大的党员和经济困难的党员给予物质上的帮助和精神上的关怀。

保障农村党员的政治权利。保障农村党员的知情权、选举权、监督权等权利,把党员的权利落到实处。要让广大党员有参与感,鼓励农村党员积极参与到农村干部选举、农村社会事务的决策中来,发挥农村党员的积极性。对乡村治理有重要贡献的党员应当给予相应的表彰和奖励。

为农村党员提供实现价值的平台。一些农村基层党组织建设落后,农村党员缺少发挥自身能力的平台。建立党群服务中心,让村民有问题可以直接到党群服务中心进行咨询,党员在第一时间帮助困难村民解开疑惑,解决困难。通过党群服务中心帮助村民办实事,建立良好的党群关系。党员在为村民解决村内纠纷、解决群众困难、解释党的方针政策、了解群众需要的过程中,提升党在群众中的良好形象,树立党员为人民服务的先锋形象。

三、完善第一书记工作机制

第一书记是进行乡村有效治理的关键人物。一位优秀的第一书记可以为乡村发展注入新活力,改善乡村面貌,增强农村基层党组织的凝聚力、号召力和行动力,协调好农村治理主体各方面的关系,促进乡村和谐稳定发展。如果选派的第一书记将这份任务看作自己仕途的"镀金"保障,不肯为村民谋利益,眼中只有政绩,不讲究工作方法,在工作中实行"一言堂",就会给乡村振兴工作带来极大的损害,严重影响党在群众心中的形象。

首先,完善第一书记选人用人机制。《关于做好选派机关优秀干部到村任第一书记工作的通知》中明确提出选人用人标准:"第一书记的基本条件是:政治素质好,坚决贯彻执行党的路线方针政策,热爱农村工作;有较强工作能力,敢于担当,善于做群众工作,开拓创新意识强;有两年以上工作经历,事业心和责任感强,作风扎实,不怕吃苦,甘于奉献;具有正常履行职责的身体条件。"应当严格按照该通知中的标准选派第一书记,对其政治素质、工作能力、个人品德等进行考察,最终确定第一书记的人选。建立健全第一书记人选以及其工作情况的公开制度。选派第一书记的机关单位应当向社会公开第一书记人选的情况,接受社会的监督。第一书记进入乡村工作后,其工作应当向村民负责,接受村民监督,以此保证选出来的第一书记符合条件,能够胜任农村工作。

其次,制定长效的第一书记培训计划,提高第一书记的工作能力。一部分第一书记对工作存在认识上的偏差,因此,应加强对第一书记的思想教育,通过培训、座谈会等方式帮助第一书记摆正自己的位置,认清自己的任务,做好本职工作,为乡村振兴做出应有的贡献。

最后,加大对第一书记工作的资金支持。乡村振兴,资金是关键。没有足够的资金很难引进先进的技术和优秀的人才。目前,第一书记用来实现乡村振兴的资金主要来源于政府扶贫资金、社会捐助、派出机关单位支持和村民捐款。其中,最主要的是政府的资金支持。政府要加大对第一书记工作的支持,简化相关资金审批程序,让资金及时用到需要的地方去。除了政府出资支持,第一书记也可以向社会寻求资金上的帮助。政府应当鼓励、支持第一书记向社会寻求资金支持。

四、加强扶贫领域的乡村腐败治理

近年来,党和国家为如期实现到 2020 年全面建成小康社会的目标,进行精准扶贫,针对扶贫领域重点发放资金,但是在扶贫过程出现少数村干部贪污腐败现象。村干部和农村党员代表着党和国家的形象,是党和国家方针政策的宣传者和施行者。如果村干部和农村党员在扶贫过程中出现贪污腐败的行为,就会对农民的利益造成极大的损害。

(一)完善相关法律法规

1995 年,广西壮族自治区出台全国第一个地方性扶贫开发条例。虽然全国有20 个省(区、市)出台了农村扶贫领域反腐治理的地方性法规,但是缺少一个全国性顶层设计的专门性法律。相关领域法律的缺失导致农村基层反腐治理存在重重困难。

法治是国家治理能力和治理体系现代化的标志,依法处理村干部贪污腐败的行为是法治国家建设在农村的重要体现。党的十八大报告中提出了"科学立法、严格执法、公正司法、全民守法"的 16 字方针,为建设社会主义法治国家指明了方向。科学立法是法治国家建设的基础,在一套健全、完善的法律体系中,村干部想贪而不能贪,想贪而不敢贪。因此,国家应当吸收扶贫领域的经验,充分考虑我国国情,加快完善有关反腐方面的法律。

(二)强化村干部的法治思维

一些村干部年龄偏大,受教育程度低,法治意识淡薄。一部分村干部缺乏法律知识,对于惩处腐败行为的法律了解不多,对自己侵占、挪用扶贫资金和集体财产的行为不认为是一种违法行为,而是将其当作对自己辛苦工作的一种回报。一部分村干部存有侥幸心理,认为农村地区消息封闭,监督机制不健全,自己能够瞒天过海,最后胆子越来越大,频频下手,腐败行为得不到及时制止。另一部分村干部缺少对法律的敬畏之心,在扶贫过程中缺少公仆意识,丧失敬畏之心。

在农村进行法治宣传,增强村干部的法律意识。农村基层干部在开展工作的同时也要兼顾家里的农活,学习积极性不高,对相关法律法规系统而深入的学习效果不理想。在农村进行法治宣传时应采用多种宣传方式,多管齐下,培养村干部的法治意识。第一,可以组织村干部实地参观反腐倡廉基地,吸取反面教材的深刻教训,给村干部打预防针。第二,观看廉政教育片,以村干部乐于接受的方式宣传反腐倡廉知识,培养村干部的法律意识。另外,乡镇政府可以和当地审判机关合作,组织村干部旁听反腐案件的庭审,通过案件让更多村干部了解村干部走向堕落腐败的过程。这样村干部对法律就有了敬畏之心,能够预测到违反法律带来的严重后果。第三,开展廉政村干部评比活动,并给予精神上和物质上的奖励。通过树立榜样,鼓励村干部向榜样学习。第四,相关政府部门应当安排村干部进行集中培训和学习,邀请专家学者、司法部门工作人员为村干部进行专门的培训,传授系统的法律知识。

(三)健全农村反腐监督机制

一些农村地处山区,信息闭塞,村民想要将村中的腐败信息反馈给上级有关部门存在一定困难。再加上青壮年劳动力外出务工,留在村里的大多是老人、妇女和儿童。外出务工的农民对村里的情况缺少了解,无法对村干部对扶贫领域资金的使用情况进行了解。老人、妇女和儿童虽然留守在家乡,但由于能力、知识等的局限,不了解党和国家在扶贫领域的方针政策,也不了解自己的权益,没办法对村中事务进行监督。即使想要反映村内腐败情况,也难以用合法的手段掌握足够证据。这样,外出务工的村民监督不到,留守村里的村民监督不了,导致村干部自以为能够瞒天过海,心存侥幸,从"小贪"变成"大贪"。

解决农村在扶贫领域的腐败问题,重点在于建立有效、健全、畅通的监督机制,让全体农民都参与进来,积极发挥监督作用。同时,保证上级部门能够接收到农民反映的情况并及时进行处理,绝不姑息任何贪污腐败分子。

建立农村监督机制首先在于培养村民的主人翁意识,让村民了解自己的地位和作用。村民是村子的主人,享有对村子中各项事务的知情权和监督权,而不是将各项事务统统交给村干部等少数人做决定。对于损害村子利益,损害村民个人权益的事情,用合法方式进行斗争,维护自己的权益。通过文艺演出,电视广播宣传,法院、检察院下乡宣传,村委宣传等方式培养村民的主人翁意识,让村民主动关注村内事务,主动掌握国家对农村的方针政策,利用自己的监督权对村委进行监督,做到学法、懂法、守法、用法。

建立监督渠道是健全农村反腐机制的重点。首先,完善基层农村监督方式,建立专门的农村监督机构,对村内各项事务进行监督,明确监督机构履行对村委、村干部的监督责任,规范监督机构履行监督责任的具体程序,划定监督机构的权力范围,监督机构委员必须与村干部没有直系的血缘关系,以保证监督机构在村委中能够保持独立性。在农村开通监督举报专线,鼓励村民通过电话对村中贪腐行为进行举报,同时保护举报人的隐私,保证其人身财产安全。其次,建立自上而下的监督管理机制。发挥财政部门、审计部门、纪检监察部门等机构的监督职能,对农村扶贫工作中的资金去向进行严格审查,保证扶贫领域的每一分钱都能在精准扶贫工作中发挥应有的作用。实行领导责任制,谁领导谁负责,扶贫领域出现贪污腐败问题时要让主要领导承担责任,促进主要领导担负起监督的责任,狠抓落实。

第三章

村民自治与乡村现代治理

乡村治则国家安。乡村治理改革是农村改革的关键领域,也是国家治理、基层治理改革的重要内容。村民自治是中国共产党领导亿万村民建设中国特色社会主义的伟大创造,是亿万村民行使民主权利、创造美好幸福生活的伟大实践。广西是中国村民自治的发源地。梳理广西村民自治的发展历程,全面回顾近四十年乡村治理的变迁,把握其发展的内在逻辑,有助于为新时代推进乡村现代治理改革创新提供启示与经验。

第一节　村民自治是中国农民的伟大创造

村民自治,是改革开放以来在中国共产党的领导下,中国农民在我国农村改革实践过程中的伟大创造,是对当代中国农村村级管理的基本制度的创新和发展。村民自治作为农村基层群众自治制度最主要的形式,是中国农民行使民主权利的重要途径,实现了中国农民进行自我管理、自我教育、自我服务的实践创新,体现了中国特色社会主义政治的不断民主化,拉开了中国政治体制改革的序幕。村民自治充分体现了现代民主的核心内涵和根本要求,是我国农村社会从传统价值向现代价值转化的重要载体,推动了我国农村社会的思想认识和价值理念的转变。同时,村民自治所蕴含的价值与方法论对当下各领域、各行业都有着深刻的影响。

一、村民自治是人民当家作主的重要途径和形式

基层群众自治是人民当家作主最有效、最广泛的途径。作为农村基层群众自治的最重要形式,村民自治是保障广大农民群众直接行使民主权利、依法办理自己的事情、创造自己的幸福生活的一项基层民主政治制度。村民自治体现了人民当家作主,实现了民主建设与法制建设的有机结合。推进乡村基层民主政治建设,是我国政治体制改革的重要方面,最重要的环节就是实行村民自治。村委会直接选举促进了农村基层民主的发展,推动了基层政治体制改革。村民自己的事情自己决定、自己办理,改变了过去政府包办一切的管理模式,改变了计划经济体制下的农村基层管理体制,推进了政治体制改革的深入进行。可以说,村民自治制度具有中国特色社会主义政治文明的重要内容和表现形式,它的发展与完善对社会主义政治文明建设影响深远。

二、村民自治是中国农民实现"三自"的生动实践

村民自治是农民当家作主,行使管理国家和社会事务民主政治权利,实现自我管理、自我教育、自我服务的生动实践。习近平总书记在庆祝全国人民代表大会成立 60 周年大会上指出,"发展社会主义民主政治,关键是要增加和扩大我们的优势和特点……我们要坚持国家一切权力属于人民,既保证人民依法实行民主选举,也保证人民依法实行民主决策、民主管理、民主监督"。村民自治充分体现了"国家一切权力属于人民",具体表现为"三自"原则。其中,自我管理是基础和核心。农民的事让农民商量着办,让农民自己"说事、议事、主事",强化农民的主人翁意识,提高农民主动参与村庄公共事务的积极性,凸显农民在乡村治理中的主体地位。因此,村民自治是中国农民当家作主、行使民主政治权利的实践创新。

三、村民自治是我国农村社会从传统价值向现代价值转化的重要载体

村民自治既是一种制度创新,又是一种实践创新,它充分体现了现代民主的基

本价值理念。亨廷顿曾指出,"在传统社会,政治和政府通常只与少数精英有关,而在现代化国家,政治参与扩大的一个主要转折点是农村民众开始介入国家政治"①。我国正处于社会主义现代化的关键阶段,村民自治在现代化和民主化进程中有着重要地位。这种现代化和民主化,不仅体现在管理社会的基本制度上,而且体现在人们的思想认识和价值理念上。村民通过自我管理、自我教育、自我服务来行使管理国家和社会事务的民主政治权利,使得国家对村民和农村基层社会的治理由原来的直接方式变为间接方式。作为村民自治的最基本组织形式村民委员会,是村民自我管理、自我教育、自我服务的基层群众性自治组织,这一组织制度集中体现了村民自治的基层性、群众性和自治性。实践证明,村民自治是符合我国国情的一个高效的乡村治理制度,体现了现代民主的核心内涵和根本要求,推动了我国农村社会的思想认识和价值理念的转变。

总之,村民自治是中国农民的伟大创造,是中国特色社会主义基层民主政治的基础。实践证明,村民自治已经成为中国民主政治建设的基础环节,是中国政治文明发展的前进动力,是团结各方面力量齐心合力共同建设更加富强、民主、文明、和谐、美丽的现代化社会主义国家的重要保证。

第二节　村民自治为何缘起于广西

一、广西村民自治缘起的背景

1980年,广西宜山县(今河池市宜州区)屏南乡合寨村民主选举产生的第一个村委会标志着中国村民自治的兴起。村民自治在其兴起和发展的过程中备受质疑,主要原因有两个:一是一些人认为中国农村经济文化落后,农民文化素质低,不适合搞民主自治,基层自治应先从城市开始;二是也有一些人认为,村民自治作为一种基层群众性自治,不仅在马克思、恩格斯、列宁、斯大林经典著作中没有,就是在政治学理论中也找不到其理论源头,因而是"一种理论上的怪胎"②。那么,村民自治为何在一个经济较为落后、地理环境又相对封闭的民族地区首先出现,究竟是缘于偶然,

---

① 王禹.我国村民自治研究[M].北京:北京大学出版社,2004:2.

② 徐勇.现代国家的建构与村民自治的成长——对中国村民自治发生与发展的一种阐释[J].学习与探索,2006(6).

还是具有历史必然性？要回答这一问题，就必须追根溯源，对村民自治制度产生时的社会生态环境进行分析。为此，我们试图对中国村民自治"第一村"的政治生态环境进行分析，对中国村民自治兴起之初的环境因素进行探讨。

（一）农村经济体制改革的兴起

任何政治现象或政治制度的产生都决定于一定的生产方式。因此，从根本上说，村民自治的产生源于 1978 年农村社会发生的经济体制变革。1949 年 9 月至 1953 年春第一次土地改革完成，之后不久便开始了农业合作化运动，国家引导农民走上集体化、合作化的道路。1958 年 8 月，中共中央颁布《关于在农村建立人民公社问题的决议》，决定把各地成立不久的高级农业生产合作社普遍升级为大规模的、政社合一的人民公社。到 1958 年 10 月底，全国农村基本实现了人民公社化。直到 1978 年，我国农村一直实行集体所有、统一经营的人民公社体制。在人民公社体制下，以队为基础的三级组织，成为农村唯一的经济组织与政权机构，过于集中的管理、单一的经营方式以及平均主义的分配方式严重挫伤了农民的生产积极性，给农业生产、农村发展和农民生活带来了严重影响。事实证明，人民公社并不是"通向共产主义大同社会的'金桥'"[①]，这一体制难以为继，因此必须进行改革。

1978 年，安徽省凤阳县小岗村的 18 个农民冒着巨大风险，以敢为天下先的胆识，立下生死状，搞起了"大包干"，由此拉开了中国农村改革的序幕。农村实行分田到户、包干到户后，农民的生产积极性极大提高，农业生产连年丰收，农民温饱问题很快得到解决。实践证明，以包产到户为核心的家庭联产承包责任制是符合农村发展实际的，成为中国改革开放的试验田。随着家庭联产承包责任制的逐步推行，人民公社体制越来越不适应农村社会生产力的发展，亟须改革。与此同时，在社会管理方面也出现了一些问题，比如，当时农村出现比较严重的党不管党的现象，许多农村工作处于无人过问的状态，农村封建迷信、赌博等活动重新抬头，农村社会治安恶化[②]，严重影响了农村和农民的生产生活。在此背景下，如何突破人民公社这一制度的束缚，建立一套与家庭联产承包责任制相适应的乡村治理体系就显得尤为迫切。

[①] 徐勇.现代国家的建构与村民自治的成长——对中国村民自治发生与发展的一种阐释[J].学习与探索，2006(6).

[②] 中共中央书记处农村政策研究室资料室.中国农村社会经济典型调查(1985 年)[M].北京:中国社会科学出版社,1987:38.

(二)人民公社瓦解后国家和农民寻求农村治理的新途径

人民公社逐步瓦解,乡村社会出现了旧秩序瓦解而新的制度尚未确立的真空,导致村庄管理出现失序状态。与当时中国的大多数农村一样,合寨村在1980年已经开始实行土地承包责任制。分田到户后,生产队的凝聚力和约束力逐渐弱化,村民个人主义迅速抬头,社会治安有所恶化。赌博、偷盗、砍伐集体山林的行为日趋猖獗。分田到户使得争水争地的纠纷也明显多起来,大队干部却束手无策。农民只得自己组织起来,寻求解决办法。1980年2月5日,合寨村召开全村大会,村民商量后决定成立一个管理公共事务的组织来解决治安问题,这个组织被命名为村民委员会。在组成人员和管理方式上,大家决定每户派一名代表以无记名投票的方式选出村主任1名、副主任2名、出纳员1名、会计1名,并制定村规民约来管理村务。农民通过村委会进行自我管理、自我教育、自我服务,在当时有效满足了农村秩序重建和维持的要求。

作为一项基层政治制度,村民自治制度之所以能够确立,不仅因为它具有稳定农村社会秩序的功能,而且在于它具有民主自治功能。实现社会主义民主是我们党和国家一直追求的理想目标,但是新中国成立以后相当长的一个时期里,民主的实现还只是一种间接民主,而"没有群众自治,没有基层直接民主,村民、居民的公共事务和公益事业不由他们直接当家作主办理,我们的社会主义民主就还缺乏一个侧面,还缺乏全面的巩固的群众基础"①。正是基于此,党和政府希望通过村民自治和农村基层民主实践,推进我国的民主化进程,走出一条中国特色的民主化道路。于是,合寨村民主选举村委会的做法很快就引起了中央的重视。1982年,国家相关部门赴宜山调研。在大量调研的基础上,村民委员会制度正式被载入宪法,并明确规定村民委员会是基层群众性自治组织。1987年颁布的《中华人民共和国村民委员会组织法(试行)》,正式确定了村民自治的原则及框架,标志着村民自治作为一项新型的群众自治制度在法律上被正式确立起来。因此,从这个意义上说,村民自治得以在20世纪80年代的中国兴起,是中国农村经济体制改革和国家民主化进程的必然产物②。

---

① 中共中央文献编辑委员会.彭真文选[M].北京:人民出版社,1991:608.
② 徐勇.中国农村村民自治[M].武汉:华中师范大学出版社,1997:31.

（三）壮族乡村悠久而独特的自治传统

村民自治的产生是农村经济体制和基层管理体制改革双重作用下的结果，中国的村民自治诞生在一个偏僻落后的壮乡小山村里，而非发起包产到户的小岗村，也不是在沿海地区经济比较富裕的农村。显然，村民自治的出现还与其发源地合寨村所具有的壮族乡村悠久而独特的自治传统密切相关。

广西宜山县（今河池市宜州区）屏南乡合寨村，地处宜山县、忻城县、柳江县三县交界处的大石山区。大石山区有"八山一水一分田"之称。合寨村的绝大部分人口为壮族。壮族是一个历史悠久的民族，很久以前，壮族先民就开始在我国西南边疆聚居了。特殊的地理环境使合寨村出现生产困难、匪患易生、与外界交流甚少等问题。并且由于地理环境的特殊和民族文化的差异，历代统治者意识到中原王朝的那一套制度在壮族地区无法适用，只能实行以夷制夷、因俗而治的政策，任用少数民族首领对壮族地区实施统治。如《文献通考》所云："越人大抵人物犷悍，风俗荒怪，不可尽以中国教法绳治，故羁縻之而已。"于是，千百年来，壮族人民在长期的生产、生活实践中，为维护乡村社会秩序，规约村民的行为，逐渐形成了一种特有的乡村自治制度——都老制。都老，又称村老、乡老、寨老、头人等，是传统都老制的负责人和核心。都老地位的获得不是世袭的，也不是官派的，而是由村民推举，公选出来的。一般由村内办事公道、作风正派、德高望重的成年男子担任。都老制对维护壮族农村的稳定，促进壮族地区发展发挥了重要作用。

都老依靠村规民约对村寨进行管理。村规民约的制定不是由都老或寨老等少数人说了算，而是由都老召集村民讨论通过的，有些则是沿袭传统习惯。上思县三科村制定村规民约，首先召开长老会议拟定草案，然后召开村民大会进行集体讨论，表决通过后才公布施行。一旦通过，全体村民必须遵守。村规民约的内容与村民的生产生活息息相关，主要包括严禁偷盗、赌博，维护生活秩序和社会治安，保护农业生产等内容。正是由于村规民约从制定到实施都充分体现民意，才使得都老能依"法"治村，村民能依"法"守纪，村庄管理井然有序。由此可见，壮族乡村在长期历史发展过程中所孕育出的都老制传统，是村民自治产生的一个重要文化因素。这些既是村民自治产生的政治生态因素，又是村民自治健康发展的关键因素。广西宜山县（今河池市宜州区）合寨村村民率先组织起来成立村民委员会，一定程度上是对壮族古老的自治传统的复归。这就不难解释为什么村民自治产生在偏僻的壮族乡村。这种创造不是偶然的，而是具有深刻的历史必然性的。

二、广西村民自治的发展历程

从 1980 年全国第一个村民委员会在广西宜山县（今河池市宜州区）屏南乡合寨村诞生起，广西村民自治的发展大致经历了四个阶段：1980 年到 1987 年，是村民自治从自发缘起到国家法律确认的时期；1988 年到 1998 年，是村民自治的探索与规范时期；1998 年到 2005 年，是村民自治推进与拓展的时期；2005 年至今，是新农村背景下广西村民自治的新发展时期。广西村民自治的发展历史是中国村民自治发展历史的缩影。探索广西村民自治的发展史，对新时代下推进乡村治理体系和治理能力现代化，夯实乡村振兴基础具有重要意义。

第一阶段，从 1980 年在广西宜山县（今河池市宜州区）屏南乡合寨村由农民选举产生中国第一个村民委员会，到 1987 年《中华人民共和国村委会组织法（试行）》颁布，是广西村民自治的缘起和自发探索时期。

20 世纪 80 年代初期，在家庭联产承包责任制施行的大背景下，国家权力在农村的缺失导致合寨村内社会治安环境急剧恶化，社会矛盾不断增多。同时，合寨村有11 个自然屯，41 个生产队，规模较大，又由于特殊的地理环境，使其难以管理。对此，时任果作屯的生产队队长韦焕能召集了原来的几个村干部一起商量，准备成立一个新的村庄管理组织来解决生产大队消失后农村事务无人管理的问题。之后村民一致同意，以无记名投票的方式选出了 5 位村民委员会委员，按得票多少确定村民委员会的职务。其中，韦焕能得了 85 票，当选为果作屯村民委员会主任。于是，我国第一个由农民选举产生的村委会——广西宜山县（今河池市宜州区）屏南乡果作屯村委会于 1980 年 2 月应运而生了。村委会的成立，取代了日益瓦解的生产大队组织，开创了中国基层民主政治建设的先河，且这一组织从一开始就体现了自我管理、自我教育、自我服务的群众自治组织性质，体现了民主选举、民主决策、民主管理、民主监督的精神。

村委会这一新生组织在广西创立后，立即得到了中央的重视，尤其是 1981 年 6 月 20 日广西区农委干部宋毅发表在广西区党委研究室主办的《调研通讯》第 4 期上的《宜山县冷水村建立村管理委员会管理全村事务》调研报告，引起了彭真等中央领导同志的高度关注，并专门派人到宜山县（今河池市宜州区）调查，调查得出了村委会在推动农村基层民主政治建设上是可行的。1982 年 7 月 22 日，彭真同志在全国政法工作会议上的讲话中谈道:"村民委员会过去是有的,中间一个时期没有,近几年有些地方又建立起来了,是群众性自治性组织,大家订立公约,大家共同遵守,经验是成功的,应普遍建立。"①这有力地表明了广西合寨村村民首创的组织形式得到了中央的初步认可,村民委员会组织形式开始在全国逐步推广。这一时期广西村民自治的特点表现为:一是村民委员会是村民自治的组织者;二是村民自治的名称尚未统一、程序尚待规范;三是民主选举、民主决策、民主管理和民主监督逐步在全区推行。

1982年4月,《中华人民共和国宪法修正案》正式将村民委员会作为国家农村基层组织写入宪法草案,由国家主导的乡村治理制度化建设也随即展开。1982年12月4日,第六届全国人大第五次会议通过了新宪法,肯定了基层群众的民主精神,将村民委员会规定为基层群众自治性组织,并明确规定了村民委员会的设立、村民委员会成员的产生办法、村民委员会的机构设置、村民委员会的主要任务等重大问题。这就为农村实行村民自治提供了法律依据。1983年10月12日,中共中央、国务院印发的《关于实行政社分开建立乡政府的通知》要求在全国范围内建立乡政府作为国家基层政权,实行政社分开。截至1984年底,全国99%以上的人民公社完成了政社分开工作,建立了9.1万个乡(镇)政府,并建立了92.6万个村民委员会。②至此,长达26年的人民公社体制彻底告别历史舞台,我国乡村治理进入乡政村治模式阶段。

1987年11月24日,中国第一部农村基层组织自治法《中华人民共和国村民委员会组织法(试行)》颁布,标志着村民自治正式走上法制化轨道,为保障农民群众当家作主提供了有力的法律制度支撑。

第二阶段,从1988年《中华人民共和国村民委员会组织法(试行)》开始实施,到1998年4月中共中央办公厅、国务院办公厅《关于在农村普遍实行村务公开和民主管理制度的通知》下发,是广西村民自治的自觉探索和逐步规范化发展时期。

《中华人民共和国村民委员会组织法(试行)》的颁布实施,标志着我国广大村民从此走上了依法自治的道路。与此同时,广西村民自治从合寨的一枝独秀推广到了广西的大多数地区,但是这一时期由于广西村民自治整体上还处于探索阶段,存在着一些不规范的地方,村级党支部建设有待加强,村民自治的行政规章、制度和档

①　中共中央文献编辑委员会.彭真文选[M].北京:人民出版社,1991:430–431.
②　罗平汉.农村人民公社史[M].福州:福建人民出版社,2003:412–413.

案管理尚待规范,对村民委员会组织法的理解和落实有些偏差。

对此,为了积极响应党中央的号召,更好地贯彻落实《中华人民共和国村民委员会组织法(试行)》,广西采取了一系列的有力措施来规范和完善村民自治的各项规章制度,"一是结合社教和村级组织建设,整顿村民委员会。1990年冬至1993年,全区共抽调12万多名干部,组成强有力的工作队,深入基层开展以党支部为核心的村级组织建设。1991年,百色地区先后派出5 700多名地、县、乡干部分赴12个县(市),对699个后进村、贫困村进行组织和思想整顿,调整充实了3 487名村干部,培训党员2.9万人,使村委会建设得到进一步加强。二是有计划分期分批派干部到软弱涣散的村公所、村委会挂职,加强对村民自治的指导。1987年以来先后共抽调276名县乡干部到贫困村和软、散村挂职,宣传党的方针政策和村民委员会组织法。建立和完善各种制度,帮助群众解决生产生活中的难题,指导村委会开展村民自治活动,使村委会的'三自'活动扎扎实实地开展起来。同时,这些挂职的干部还带有一定扶贫资金,帮助搞开发项目,使所挂职或联系的村,通过两三年的扶贫就解决了群众的温饱问题"①。

1998年4月,中共中央办公厅、国务院办公厅下发了《关于在农村普遍实行村务公开和民主管理制度的通知》,旨在更好满足村民自治的规范发展和促进农村基层民主政治建设的需要。村务公开制度的实行是民主选举、民主决策、民主管理得到落实的制度保证,保障了农民群众的知情权、决策权、参与权和监督权。广西率先在全国普遍实行了村务公开制度,使"四个民主"深入人心,更进一步地推进了村民自治的制度化、规范化。

第三阶段,以1998年10月党的十五届三中全会和新修订的《中华人民共和国村民委员会组织法》颁布实施,以及2001年12月颁布《广西壮族自治区实施〈中华人民共和国村民委员会组织法〉的办法》为标志,广西村民自治进入全面推进与深入拓展时期。

1998年11月,新修订的《中华人民共和国村民委员会组织法》颁布实施,提出"村民委员会是村民自我管理、自我教育、自我服务的基层群众性自治组织,实行民主选举、民主决策、民主管理、民主监督",对村民委员会在基层乡村自治中的职能和作用作出了更具体的规定。由此,乡村治理的制度化建设进一步完善,也为乡村治

---

① 白先经.村民自治是农村稳定与发展的必由之路——广西村民自治的回顾与前瞻[J].改革与战略,1995(1).

理的组织化建设确定了基本框架。广西依据本地的实际情况,结合党中央的政策,在推进村民自治实践,加强农村民主政治建设,扩大基层民主和保证农民依法直接行使民主权利方面做了大量工作。1998 年 11 月 13 日,在《中华人民共和国村民委员会组织法》正式颁布实施之后的第九天,广西壮族自治区人大常委会即召开了学习贯彻座谈会,并把制定《广西壮族自治区实施〈中华人民共和国村民委员会组织法〉办法》提上议事日程。自治区民政厅按照中组部、中宣部、民政部、司法部、国务院法制办联合下发的《关于学习宣传和贯彻执行〈中华人民共和国村民委员会组织法〉的通知》要求,对该法的学习宣传和贯彻执行进行了部署,提出了具体要求。在1999 年和 2002 年的两次村民委员会换届选举时,自治区民政厅还先后举办了各市和部分县、区的骨干培训班,先后培训学员 2 000 多人。还广泛征求社会各界特别是农村基层干部群众的意见,制定了《广西壮族自治区实施〈中华人民共和国村民委员会组织法〉的办法》。2001 年 12 月 1 日,广西第九届人民代表大会常务委员会第二十七次会议正式通过了《广西壮族自治区实施〈中华人民共和国村民委员会组织法〉的办法》,实施办法对《中华人民共和国村民委员会组织法》的具体条款进行了细化和补充。不仅把直接选举作为村委会成员选举的唯一方式,而且将村民代表、村民小组长的直接差额投票选举予以明确规定,使其更符合广西的实际情况。1999年 4 月,在全国村民自治经验交流会议上,武鸣、横县、贵港市港南区跻身"全国村民自治模范县(市)"光荣榜。次年,自治区人民政府命名表彰了武鸣、横县、岑溪、合浦、贵港市港南区、玉林市玉州区等 6 个"广西村民自治模范县(市、区)",100 个"广西模范村委会"。截至 2001 年,广西受命名表彰的村民自治模范县(市、区)已达 29个,模范乡镇 397 个,模范村 3 923 个。这些单位在村民自治活动中很好地发挥了典型引路、示范辐射作用,有力地推进了村民自治的全面开展。2003 年,"中国村民自治第一村"合寨村在深化村民自治工作的同时,探索开展村级党务公开工作,以此为突破口推进村级党内民主建设,成为全区乃至全国较早开展党务公开工作的村级党组织。

第四阶段,2006 年中央"一号文件"《中共中央国务院关于推进社会主义新农村建设的若干意见》提出"完善建设社会主义新农村的乡村治理机制"。特别是党的十八届三中全会提出全面推进国家治理体系和治理能力现代化,为新时代乡村治理提出更高目标和更高要求。

党的十九大报告提出实施乡村振兴战略,把"治理有效"作为乡村振兴总要求的重要内容,并要求加强农村基层基础工作,健全自治、法治、德治相结合的乡村治理体系①。这为我国推进乡村现代治理提供了坚强的政治保障,更加明确了新时代乡村现代治理的发展要求和发展目标,为实施乡村振兴战略指明了方向。为贯彻落实《中共中央 国务院关于实施乡村振兴战略的意见》精神,2018 年 4 月 16 日中国共产党广西壮族自治区第十一届委员会第四次全体会议通过了《中共广西壮族自治区委员会关于实施乡村振兴战略的决定》。这一时期,广西各级党委、政府从全局出发,努力探索乡村治理的方法和经验,基本形成了以农村基层党组织为核心,基层政府为主导,基层群众性自治组织为基础,多元社会力量为支撑的乡村治理结构,为推动广西乡村振兴提供了强有力的支撑,广西村民自治取得了新进展。

坚持两委换届的"两推一选"和公推直选,实行民主选举。"两推一选"是指产生村党组织候选人的方式,即党员推荐、群众推荐,党内选举。据统计,在 2011 年广西行政村两委换届选举中,应换届的有 1.4355 万个村和 1 716 个社区,村(社区)换届群众满意率在 98% 以上。换届后广西村(社区)两委班子结构呈现出两降两升的态势,即村干部职数下降、平均年龄下降,文化程度提升、女干部比例提升。特别是大学生村官中有 505 人被选进新一届村(社区)两委班子。② 这充分说明了广西区基层民主的扩大和公推直选的有效落实,对充分发挥农村基层党组织的领导核心作用,稳步推进社会主义新农村建设有着极为重要的作用。

2014 年 7 月至 9 月,广西区村(社区)两委进行了集中换届。此次换届选举按照 2013 年新修订的《广西壮族自治区实施〈中华人民共和国村民委员会组织法〉办法》和《广西壮族自治区村民委员会选举办法》两个法规进行,进一步完善了村民委员会成员的选举和罢免程序。③ 2017 年 7 月,广西区村(社区)两委换届选举工作全面启动,到 9 月底基本完成。据悉,为分析把握换届选举中的突出问题,为面上工作提供经验借鉴,确保当年全区村两委换届选举工作取得圆满成功,在全区 14 个设区市的 40 个县选择了 40 个不同类型的村开展两委换届选举试点工作。试点工作自 3 月启动以来,40 个试点村的工作各有侧重。④ 这充分说明,自治区党委对村(社区)两委换届工作高度重视,并且通过改革创新,深入贯彻落实习近平总书记关于大抓

① 习近平.决胜全面建成小康社会 夺取新时代中国特色社会主义伟大胜利——在中国共产党第十九次全国代表大会上的报告[N].人民日报,2017-10-28.

② 黄伟.广西市县乡村换届已圆满完成 风气更正满意度更高[N].广西日报,2011-10-19.

③ 蒋秋,陆炳强.今年全区村(社区)"两委"换届选举进行试点[N].广西日报,2014-05-05.

④ 桂组宣.全区村"两委"换届选举即将拉开序幕[N].广西日报,2017-05-22.

基层的新思想新要求,巩固党在城乡的执政基础和政权基础,推进自治区城乡改革发展。

这一时期,广西各地普遍建立健全村务公开制度、村务民主决策制度、村民会议制度、村民代表会议制度、村民代表联系户制度、两委联席会议制度、村财务管理制度、民主评议村干部制度、村务民主听证会制度、村务公开民主管理工作考评制度,简称村务公开民主管理十项制度。2009 年 8 月,合寨村率先探索推行村级重大事项"四提四议,两公开一监督"的"4421"工作机制。"四提":党员提案、群众提案、村民代表提案、村民理事会提案;"四议":党支部会提议、两委会商议、党员大会审议、村民代表会议或村民会议决议;"两公开":决议公开和实施结果公开;"一监督":村监督委员会监督。2012 年,广西贵港市覃塘区大岭乡金沙村良岭屯创造了屯级"一组两会"(党小组,户主会、理事会)协商自治机制,丰富和完善了村民自治制度的内容,弥补了村民自治实践的不足,在解决山林纠纷、化解社会矛盾、建设新农村、发展产业以及清洁乡村方面,发挥了很大的作用。目前,广西在 1.3 万个自然村建立了"一组两会"制度,通过户主会拓宽村民议事平台,通过理事会强化村民民主自治,实现村民自治与村庄管理的有机统一。为保证村务公开有效实施,监督到位,广西北海市合浦县还首创了村务公开质询制度,把村务公开内容和农民群众最关心的热点问题通过每半年召开一次的公开质询大会由村委会成员及有关负责人当场进行回答和答复。合浦县村务公开质询制度得到了全国人大的肯定,被列为全国六种民主监督形式之一。此外,广西梧州市郊区还把村务公开往下延伸到组务公开,所有村民小组均在村组公共场所建立规范的组务公开专栏。各村不仅把村规民约、村民自治章程编印成小册子发到每家每户,而且把村规民约和村民自治章程重要条款写在组务公开栏上,便于村民随时监督执行。

2013 年 11 月 1 日正式实施的《广西壮族自治区实施〈中华人民共和国村民委员会组织法〉办法》和《广西壮族自治区村民委员会选举办法》,进一步完善了村民委员会成员的选举和罢免程序,增加了村务监督委员会,完善了民主评议内容,明确了村务公开时效。① 这次修订,实施办法首次明确由村务监督委员会负责监督村务公开制度的落实,明确其是一个独立的监督机构,代表村民对村委会成员、村务、村账、村重大民主决策情况进行有效监督。关于怎样建立村务监督委员会,实施办法

---

① 蒋秋,陆炳强.今年全区村(社区)"两委"换届选举进行试点[N].广西日报,2014-05-05.

作了规定,村务监督委员会"由村民会议或者村民代表会议在村民中推选产生,可以连选连任";对于村务监督委员会的人员职数,规定"由3—5人组成……应当具备财会、管理知识……村民委员会成员及其近亲属不得担任……任何组织或者个人不得指定、委派或者撤换村务监督委员会成员"等。建立村务监督委员会,是对基层民主管理机制的实践创新,对于从源头上遏制农民群众身边的不正之风和腐败问题,促进农村和谐稳定发展具有重要作用。

2015年,自治区党委组织部和自治区民政厅联合印发了《关于加强和规范村务监督委员会建设工作的意见》,旨在深入贯彻落实党的十八大和十八届三、四中全会精神,建立健全基层党组织领导下的村务监督机制,加强全区村务监督委员会建设,推动农村基层治理规范化、法治化,对加强村务监督委员会建设工作提出了明确要求。意见主要明确了村务监督委员会六个方面的内容:一是明确了村务监督委员会的组织设置;二是明确了村务监督委员会的主要工作职责;三是明确了村务监督委员会的主要权利和义务;四是明确了村务监督委员会的监督内容;五是明确了村务监督委员会的监督程序;六是明确了村务监督委员会的工作制度。不断在村务监督委员会建设方面提出要求并细化权责,对进一步规范监督主体、内容、权限和程序,完善村党组织领导的村民自治机制,切实保障村民群众权益和村集体利益,提升乡村治理水平具有重要作用。

第三节 健全充满活力的村民自治制度

中国长期形成的历史和农村传统表明,以村民自治为基础的民主政治先行,在带动和促进新农村建设,推进乡村振兴具有重要作用。近四十年的村民自治持续发展所累积的民主存量,是新时代进一步完善村民自治制度,实现乡村治理现代化的基础。广西村民自治与乡村现代治理未来的发展,关键在于做好村务公开、政务公开,着力培育农村后备政治精英,提高村民自治的妇女政治参与。

一、完善村务公开、政务公开

2017年10月,习近平总书记在党的十九大报告中指出:"扩大人民有序政治参与,保证人民依法实行民主选举、民主协商、民主决策、民主管理、民主监督;维护国家法制统一、尊严、权威,加强人权法治保障,保证人民依法享有广泛权利和自由。巩固基层政权,完善基层民主制度,保障人民知情权、参与权、表达权、监督权。健全依法决策机制,构建决策科学、执行坚决、监督有力的权力运行机制。各级领导干部要增强民主意识,发扬民主作风,接受人民监督,当好人民公仆。"2018年1月,《中共中央 国务院关于实施乡村振兴战略的意见》指出:"坚持自治为基,加强农村群众性自治组织建设,健全和创新村党组织领导的充满活力的村民自治机制。推动村党组织书记通过选举担任村委会主任。发挥自治章程、村规民约的积极作用,全面建立健全村务监督委员会,推行村级事务阳光工程。依托村民会议、村民代表会议、村民议事会、村民理事会、村民监事会等,形成民事民议、民事民办、民事民管的多层次基层协商格局。"这就将我国村民自治的重要性提高到了又一个新的高度,将"推进信息公开、推行阳光工程、强化权力监督"作为促进我国基层村民自治的重要力量。

目前,村民自治实践中村务公开、政务公开依然面临着一些问题。一是村务公开的内容还不够全面、真实。简单来说,村务公开本质是要还干部一个"清白",给农民一个"明白"。但就目前看来,在村务公开过程中,对村民关注的重点、难点、关键问题,如村财务情况、村委会的收支情况、村土地租赁与分配、物资发放、宅基地审批等问题含糊不清、避重就轻,村民无法了解真实情况。二是村务公开的形式和时间不规范、不严谨。《中华人民共和国村民委员会组织法》第三十条规定:"一般事项至少每季度公布一次;集体财务往来较多的,财务收支情况应当每月公布一次;涉及村民利益的重大事项应当随时公布。"一些村委会为了在形式上完成任务,给村民和上级一个交代,在"村务公开栏"上公开的内容不规范、不严谨,自己想开设什么栏目就开设什么栏目,想公开什么内容就公开什么内容,完全不考虑民众的需求。另外,在公开事项的时间上很随意,栏目更新很慢,有的栏目只有在应付上级检查时才会更新。三是村民行使监督权没有实际保障。法律只明文规定了村委会要公开村务,但是没有规定应当如何公开以及没有公开应该怎么处罚,这种操作性不强的条款,使得村民行使监督权有一定的困难。四是广西民族地区贫穷落后,很多村民外出务工,很多村落都是空壳村,村级财政不宽裕,能够为村民提供的公共服务也不多,基本上没有什么村务存在,村务的空心化导致村民与政府的联系渐少,所谓的民主管理、村民自治也只能是流于形式了。

在农村推进政务公开是保障村民实现知情权、参与权、表达权、监督权的前提和基础,对此党和政府高度重视,对如何做好村务公开、政务公开做出了明确的指示和要求。党的十八大报告强调,"推进权力运行公开化、规范化,完善党务公开、政务公开、司法公开和各领域办事公开制度……让人民监督权力,让权力在阳光下运行"。党的十九大报告再次强调"保证人民依法实行民主选举、民主协商、民主决策、民主管理、民主监督……巩固基层政权,完善基层民主制度,保障人民知情权、参与权、表达权、监督权。健全依法决策机制,构建决策科学、执行坚决、监督有力的权力运行机制"。

第一,规范村务公开的程序和方式。

村务公开的基本程序:村民委员会根据本村的实际情况,依照法律和政策的有关要求提出公开的具体方案;村务公开监督小组对方案进行审查、补充、完善后提交村党组织和村民委员会联席会议讨论确定;村民委员会通过村务公开栏及时公布。但是,在实际操作过程中,还存在一些省略步骤和操作不当的问题。所以,针对这种普遍情况,各个村都应该根据各个村的具体情况,对村务公开的全部过程和细节作出明确的、具体的、操作性强的规定,促进村务公开流程化、有序化、正规化,实现村务真正公开,让权力在阳光下运行。各地村委会一定要充分了解民意,学会换位思考,明白村民真正关心、关注的问题是什么,对与村民切身利益相关的事项一定要及时、充分、全面地公开,对于村民重点关注的难点、热点问题,一定要清楚明了地公开,真正将村民自治落到实处。同时,也要注意将公开的每一件村务的整个过程公开,并且要在公开过程中保障村民的知情权、参与权和监督权,让村民真正参与到村务的决策、执行、监督、反馈的整个过程中来,实现当家作主。

第二,设立监督机构,强化对村务公开、政务公开的监督。

要加强农村基层群众性自治组织建设,建立包括村民委员会、村务监督委员会、群团组织、集体经济组织、农民合作组织、社会组织广泛参与的村级治理体系。要健全村务监督委员会,推行村级事务阳光工程,切实保障村民权益和村集体利益。村委会要负责通过村民代表大会等形式,让村民通过正规、合法的方式,在非村干部和非村干部亲戚中选举出热爱集体、作风正派、工作能力强的群众担任村务公开监督小组成员,对村务公开的情况进行落实和监督。在选举过程中要注意选举的公平性和公开性,选举出来的人员要认真履行职责,保证村民能够真正地监督村干部和村委会的工作。村务公开要做到"五规范一满意","五规范",即内容规范、程序规范、时间规范、阵地规范、管理规范,"一满意"就是要让群众满意。督促村委会建立公开栏,及时公开村务,将村务公开经常化、制度化,最大限度地提高工作的透明度,认真审查村务公开各项内容是否全面、真实,公开时间是否及时,公开形式是否科学,公开程序是否规范,并及时向村民会议或村民代表会议报告监督情况,对不履行职责的成员,村民会议或村民代表会议有权取消其资格。对于村务公开后出现的一些问题,村民有权提出自己的反馈意见,监督小组要起到中间桥梁的作用,保证群众反映问题的渠道畅通,反映的问题能及时得到处理。对于发现的问题,要结合村委会成员进行调查,对反映比较强烈的意见要及时给予答复,如果情况属实,要对其改正之后重新公布。

第三,重点在于落实财务公开。

《中华人民共和国村民委员会组织法》第二十四条规定,涉及村民利益的下列事项,经村民会议讨论决定方可办理:

(一)本村享受误工补贴的人员及补贴标准;

(二)从村集体经济所得收益的使用;

(三)本村公益事业的兴办和筹资筹劳方案及建设承包方案;

(四)土地承包经营方案;

(五)村集体经济项目的立项、承包方案;

(六)宅基地的使用方案;

(七)征地补偿费的使用、分配方案;

(八)以借贷、租赁或者其他方式处分村集体财产;

(九)村民会议认为应当由村民会议讨论决定的涉及村民利益的其他事项。

《中华人民共和国村民委员会组织法》第三十条规定,村民委员会实行村务公开制度。村民委员会应当及时公布下列事项,接受村民的监督:

(一)本法第二十三条、第二十四条规定的由村民会议、村民代表会议讨论决定的事项及其实施情况;

(二)国家计划生育政策的落实方案;

(三)政府拨付和接受社会捐赠的救灾救助、补贴补助等资金、物资的管理使用情况;

(四)村民委员会协助人民政府开展工作的情况;

(五)涉及本村村民利益,村民普遍关心的其他事项。

前款规定事项中,一般事项至少每季度公布一次;集体财务往来较多的,财务收支情况应当每月公布一次;涉及村民利益的重大事项应当随时公布。

随着国家乡村振兴战略的实施,中央和地方在扶贫攻坚方面给予农村的经费和项目越来越多。农村扶贫领域、涉农领域的腐败问题也呈现出高发多发状态。因此,做好村务公开、政务公开,关键在于财务公开。

各村委会必须严格执行村务公开的相关法律法规,及时将村民关心的问题,如农村低保、危房改造、扶贫、移民搬迁、救灾物资发放等,及时在公示栏上公示,确保村民能够监督村干部的行为,充分了解村财务情况和村集体资产收支情况。要推动财务管理制度规范化,对村财务的操作程序、收支管理等作出具体规定,做到有法、有规可依。同时,要针对违反规定的行为制定具体的惩戒措施,做到违法、违规必究。各村委会必须认真贯彻落实《中华人民共和国村民委员会组织法》,在村务监督委员会中建立财务监督小组,健全财务监督制度,保障财务监督小组充分履行职责,监督小组对村财务的管理、使用,以及对财务公开的真实性、及时性进行全面监督,努力使财务公开、财务监督达到良好的实际效果。推行财务检查、年度审计和干部离任审计公示制度,对在职的村干部理财用财情况、廉洁自律情况进行定时的专门的财务审查,并及时将结果向村民公开,督促村干部依法依章办事。

村民委员会应当保证公布内容的真实性,并接受村民的质询。村民委员会不及时公布应当公布的事项或者公布的事项不真实的,村民有权向乡、民族乡、镇人民政府或者县人民政府及其有关主管部门反映,有关政府机关应当负责调查核实,责令公布;经查证确有违法行为的,有关人员应当依法承担责任。① 在村务公开的所有内容中村民最关心的部分是财务情况,但村干部最排斥的也是财务公开。所以,我们一定要好好把握财务公开这个突破口,全面真实地将财务情况公开,让村民能够清楚地了解村里的收支情况。只有实现财务公开,村务公开才有实际意义。

第四,积极探索"互联网+政务公开"的新方式。

从全球范围来看,网络信息大爆炸的时代已到来,我们生活、工作的方方面面与互联网的联系越来越紧密。党的十八大以来,以习近平同志为核心的党中央高度重视以信息化推进国家治理体系和治理能力现代化,强调要加快推行电子政务,打通信息壁垒,构建全流程一体化的在线服务平台,建设人民满意的服务型政府。随着社会信息化程度的提高,运用"互联网+"思维推动政务服务改革已成为必然趋势。

近年来,随着移动互联网的快速发展,政务新媒体如雨后春笋般不断涌现。从大家熟悉的"两微一端",到短视频平台、知识分享平台、音频平台等,数量众多、类型多样的政务新媒体丰富了政务公开的途径,成为贴近群众、服务群众的新渠道。我们应该充分利用网络信息化的成果,建立官方网站主页,让村民足不出户就可以全面了解村务。另外,还可以借助 QQ 群、微信群、微信公众号等,实时公布并宣传村

---

① 胡荣.理性选择与制度实施——中国农村村民委员会选举的个案研究[M].上海:上海远东出版社,2001:209-210.

务,在网络上及时接收群众的意见,解答群众的问题。有条件的村甚至可以推广村务公开系统,利用现代科技手段打破时空局限,推动村务公开网络化、专业化、结构化、全面化、系统化。在政务新媒体的维护管理过程中应当实行"谁开设、谁管理"的责任制,专人专岗,按照法定程序工作,避免出现"建而不用,建而不管"的现象。同时,也要设定信息发布审核标准,政务公开应当严格按照标准和程序进行,不能随意发布信息,不得发布与政府工作无关的信息,不得发布虚假信息,发布者要对自己发布的信息负责。另外,可以通过数字、图表、漫画等多种群众喜闻乐见的方式来发布政府信息,在内容的编辑上要坚持原则性和灵活性,可使用幽默风趣的语言来解读政府政策,也可以使用新兴的网络语言来增强政务新媒体的实用性和对民众的吸引力。

二、重视农村后备政治精英培育

中国正处于城市化进程的关键时期,城市化加速了农村剩余劳动力向城市的转移。劳动力大量外出,导致农村政治精英缺乏,不仅对农村正常的生产生活造成严重影响,而且给基层民主自治造成了很大困境。广西农村人才流失的现象十分严重,亟待培育后备政治精英。

(一)加强精英回流的思想动力建设

政治精英一般都有着远大的政治抱负和良好的政治愿望,尤其是来自底层的政治精英,希望能够有一番作为,让村民过上好日子。因此,应该对流失的政治精英进行合理引导,使其能够回到乡村。

第一,强化政治精英的政治抱负。要做到强化政治精英的政治抱负,上级政府要给予政治精英足够的重视,减少对村民自治的干预,强化对这一过程的监督,对腐败问题坚决进行查处并严惩,为政治精英创造公平公正的参政环境。并且要完善村级自治组织和民主自治过程,防止村民自治流于形式,强化村民自治的政治功能,努力消除当前村级治理过程中比较普遍的重生产、轻管理的现象,提高村民自治在政治建设中的作用,为政治精英发挥力量创造更大的平台。例如,广西荔浦县委积极采取措施安置流动党员,举办就业培训班,培养了一批领导和管理人才,其中有人在工作之余利用在公司学到的种植技术,试种反季节蔬菜,收益1.5万元,在他的带动和帮助下,周边村民纷纷开始种植反季节蔬菜。这种带领父老乡亲致富的精神很容易激发当事人的政治抱负,使得他们能够更加踏实地扎根农村,为家乡作贡献。

第二,利用传统的落叶归根思想。"文化价值观念影响着人们社会流动的欲望和对社会流动的态度。比如,中国传统社会的'父母在,不远游,游必有方'的观念在传统社会中必然抑制人们社会流动的愿望。"①受这种传统观念的影响,农村许多精英在要不要走出去、要不要走回来的问题上有颇多纠结。"农民在外务工只是一种增加收入谋求生计的手段,乡土观念使得即使有能力在外地购买宅基地或住房的农民也依然会选择在家乡保留一处宅基地以求后用。"②由此可以看出,人们对于外出务工并不热衷,扎根家乡是村民普遍的愿望。

(二)加强农村引力机制建设

传统的城乡二元结构是城乡发展不均衡的根本原因,城乡差距过大也是农村政治精英外流的根源所在。城乡壁垒不打破,只会造成城乡差距越拉越大,农村精英更加难以留住。

第一,拓宽农民增收渠道,增强村集体凝聚力。要增加农业生产的科技开发和科研投入,提高农产品的科技含量和产出,开发新科技,采取新的生产方式,加强农副产品的产业化建设,加强多种经济作物的种植,为农民在农业生产上的创收提供科技和资金扶持,促进农业生产产业化发展,提高农民收入。

第二,规范村民自治实施过程,构建良好的民主政治环境。完善法律法规对乡镇政府监督权力的约束,保证村民自治的独立性。建立健全政治精英的选人机制,保证选举过程的公平性和选举结果的科学性,坚决打击霸选、贿选行为。引入竞争淘汰机制,使不合格的人员被淘汰,给其他政治精英提供合理流动的空间。

第三,加大教育投入,提高农民智力水平。加强对落后地区的人力投入,通过政策限制东部发达地区通过各种方式从西部地区抢夺人才。对赴农村支教的大学生以及回乡任教的本土大学生给予物质上、精神上的奖励,鼓励更多人回归农村,提高农村教育的整体质量和水平。在高等教育方面,要一改以前农村为城市培养高级专门人才的错误思路,"使高等教育在农村、面向农村、为了农村而进行,并且发展农村中面向现代农业和现代工业的高等职业技能教育"③。

---

① 彭拥军.高等教育与农村社会流动[M].北京:中国人民大学出版社,2007:200.
② 王余丁,赵邦宏,宗义湘,等.农村民生问题研究——基于河北省农户调查分析[M].北京:光明日报出版社,2009:8.
③ 彭拥军.高等教育与农村社会流动[M].北京:中国人民大学出版社,2007:286.

（三）建立后备政治精英的成长转型机制

第一，发挥技术能人的聪明才智和经济精英的创收作用，带动农村经济、政治建设。农业生产现代化、农产品质量和产量的提高都离不开科技的投入，离不开科研人员的努力。农村技术能人往往决定着农村农业生产的科技水平。所以，技术能人往往也是致富的带头人，不能简单地将经济能人和技术能人隔离开来。随着社会的发展，"农村经济能人迅速崛起，并随着农村民主政治特别是村民自治制度的发展而逐渐进入乡村公共政治领域，成为村庄领袖人物，在村庄整体运作中居主导或支配地位"①。这些经济能人大多是乡镇私营企业主，他们凭借自身的经济实力和丰富的社会资源，通过合理的竞争选举进入村庄管理系统，"成为潜入中国乡村治理过程的不可忽视的新变量"②。在村庄建设中应当发挥技术能人、经济能人的榜样带动作用，赋予他们一定的管理权，培养他们的管理意识和管理能力，使其能够顺利地管理村庄的大小事务。

第二，加强对文化能人的思想政治教育。乡村传统文化中的精华往往是维系农村生活秩序、稳定农村社会整体的聚合器。当前，乡村传统文化因受到外来文化和开放市场的冲击而逐渐消失，保留有传统文化习俗和民族特色的乡村成了宝贵的文化宝库，而这些传统文化已经超越了文化实体的层面，成为一种文化精神的象征。这些文化能人一方面承担着保护传统文化的重担，另一方面肩负着把传统与现代结合起来，将其创新发展的使命。如何在乡村现代化建设过程中更好地传承传统文化，如何维系村集体的文化凝聚力，是文化能人要考虑的问题，这也是文化能人转型为政治精英的一个契机。

（四）完善由外向内输入政治精英的方式

1.以大学生村官模式引导精英下乡

第一，要转变大学生村官的角色，让他们深入管理实际，真正成为乡村的管理者。在政策上要改变对大学生村官的培养目标设定，由原先的"从成长方向上，将来补充乡镇、街道干部的重要来源"的定位，转变为以优先选拔村级干部为主、补充乡镇和社区干部为辅的培养目标。同时，提高大学生村官的待遇，使其能够待得下去，改变现存的大学生村官在基层历练一两年之后把基层工作经验作为跳板离开农村

---

① 卢福营.论能人治理型村庄的领导体制——以浙江省两个能人治理型村庄为例[J].学习与探索，2005(4).
② 卢福营.能人政治：私营企业主治村现象研究[M].北京：中国社会科学出版社，2010：17.

重返城市的状况。

第二，完善相关配套政策和法律法规，建立健全各项机制，保障大学生村官的权益。完善大学生村官的考核标准和任用期满后的流转和保障机制，为大学生村官服务农村解决后顾之忧。相关制度的制定要合法、合理，符合大学生村官的需求，要在充分尊重个人意愿的前提下进行客观引导，通过保障机制的构建对大学生村官任用期满后的流向进行主观引导。

2.构建农村后备精英回流机制

第一，政府应该在引导农村后备精英回流的过程中发挥主导作用，有针对性地吸引农村后备精英返乡创业。针对农村后备精英的不同年龄层次、不同职业技能、不同性格和追求，合理引导农村后备精英回归农村，创造条件鼓励有能力的农村后备精英创业致富，优化乡村产业结构，改善乡村生产环境。

第二，加强对农村后备精英的政治、文化培育。对农村后备精英进行合理区分和鉴别，根据其不同性格和追求，筛选出可塑造的政治人才。对集体荣誉感强、有独立的政治见解、有较强的从政欲望和参政意识，以及有长远眼光和开放思维的经营管理人才给予重点关注和培育，使其能够在带领群众建设社会主义新农村、带动村民致富的过程中发挥自己的政治才能。

三、村民自治中的妇女政治参与问题

发展基层民主，保证最广大人民群众享有更多更切实的民主权利，是社会主义政治文明建设的目标和重要内容。而广大农村妇女参与村民自治，是落实和体现最广大人民群众当家作主、男女平等，加强基层民主政治建设的必然要求，是建设社会主义新农村的客观需要。党和政府历来高度重视妇女平等政治权利保障，鼓励支持农村妇女积极参与村民自治。尤其是改革开放以来，广大农村妇女在政治参与、民主政治建设方面取得了很大进步。但要清醒地看到，受历史和现实等各种复杂因素的影响，各地区农村妇女参与村民自治的积极性有待提高。

1.健全相关的法律体系，切实保障农村妇女的政治权利

改善农村妇女政治参与的状况是社会主义民主政治建设的一项艰巨任务。要保障农村妇女在村民自治中的政治权益，就要从源头上细化有关农村妇女政治参与的政策法规，加强相关法律、政策、制度的修订、实施与监督，切实为农村妇女的政治参与提供政策倾斜和制度保障。

目前,我国出台了有关保护妇女参政的一系列法律法规,如《中华人民共和国妇女权益保障法》《中华人民共和国村民委员会组织法》《中华人民共和国全国人民代表大会和地方各级人民代表大会选举法》等,一些地方政府也出台了一系列政策,保证农村妇女的政治参与。但是,在实际操作过程中,这些法律和政策规定往往没有得到很好的落实和实施。因此,需要进一步完善相关法律法规,制定出更具操作性的规定,切实保障农村妇女的政治权利。

健全农村妇女政治参与的相关法律体系,切实保障农村妇女的政治权利,是村民自治制度下农村妇女参与政治的基本条件。要制定和完善村委会民主选举制度和农村妇女参政的保护性政策;明确规定农村妇女政治参与的内容、方式和途径,以及妇女在村民委员会中所占的比例;根据法律法规的相关要求,加强对妇女进村委比例是否达标的监督检查,从根本上保障女性的政治权利。

一方面,根据农村妇女参政状况,在村委会选举办法中做了比如"村委会成员中必须至少有两名妇女"这样具体的规定,明确女性村民代表的量化比例,通过制定一系列配套措施保证该项规定落到实处,提高政策规定的可操作性。通过政策和制度保障,进一步促进农村妇女参与民主管理。另一方面,村委会要在日常的村务决策过程中充分听取女性村委会成员和女性村民代表的意见,将女性纳入管理的各个过程中。此外,加强农村普法教育,提高农村女性的维权意识,增强农村女性的法制观念。加强选举监督管理,重点看女性村民进村委的比例是否达到法定要求,选举过程中女性村民代表的选举权是否受到侵害,对选举中出现的性别歧视或损害女性候选人权利的行为严肃处理。

2.营造良好的农村社会氛围,优化男女平等的社会环境

当前,要破除制约农村妇女政治参与的环境障碍,就要积极构建先进的性别文化,营造良好的农村社会氛围,优化农村政治生态环境,这是提高农村妇女政治参与水平的前提条件。

首先,各级党委、政府要重视妇女进村委的问题。要从全面、协调、可持续发展和加强基层民主政治建设的高度,认识农村妇女政治参与的重要性。在研究基层组织建设工作时,要将性别意识纳入决策主流;在部署换届选举工作时,要大力向妇女宣传有关政策,动员广大妇女积极参政议政;要切实统一思想,密切配合,不断加强对农村妇女政治参与工作的领导。

其次,要想改变农村当前的文化环境状况,需要建立一种与社会发展相适应的有利于性别平等的先进性别文化。在承认男女性别、生理差异的前提下,积极探索

和制定有利于妇女参政的政策,进行基层性别统计和性别发展分析,对农村妇女参与村务管理的情况进行分析、评估,形成有利于妇女积极参与乡村事务管理的社会环境。消除一些不利于妇女解放和发展的传统习俗和社会性别意识,打消广大群众特别是妇女思想上的顾虑,唤醒女性的参政意识。鼓励广大农村妇女树立正确的世界观、人生观、价值观,使其积极参与村民自治。公检法司等有关部门要不断加大对农村妇女的司法保护力度,认真查处侵害妇女权益的犯罪行为。

最后,广播、电视、报纸、互联网等媒介要切实担负起向社会宣传先进性别文化的责任,使平等和谐的性别文化观念深入人心,真正发挥先进性别文化对人们思想和行为的引领作用。强化农村妇女的民主观念,培养她们的主体意识,使农村妇女实现从自然人向社会人和政治人的转变,成为政治上成熟的公民。与此同时,树立道德榜样,宣传示范性强的和谐家庭,让每一个妇女都有提升自我、超越自我的追求,身心愉悦地参与现代政治生活,相互关心、相互沟通,共同营造团结和睦、奉献进取的融洽氛围,促进社会和谐发展。

3.充分发挥妇联作用,规范农村妇女政治参与工作

农村妇联是广大农村妇女的娘家人,具有维护妇女权益、促进男女平等的基本职能,是联系农村妇女与政府的纽带,也是妇女政治参与的重要途径。然而,妇联的政治作用长期以来没有受到重视。农村妇联的作用发挥不够,就会导致农村妇女政治参与的组织化程度低,从而削弱农村妇女参政议政的积极性。所以,必须发挥妇联的作用,规范农村妇女的政治参与。

首先,农村妇联应加大男女平等基本国策的宣传力度,帮助农村妇女树立正确的世界观、人生观、价值观,消除农村妇女的自卑心理,增强她们的自信心,让她们认识到妇女也能顶半边天,妇女也可以走出家庭平等地参与政治、经济生活。

其次,农村妇联要充分发挥协调作用。由于农村的信息相对闭塞,很多农村妇女的想法很难被政府了解,这时妇联就要及时将农村妇女的想法和意见向上级汇报,争取在最短的时间内解决广大农村妇女最关心的问题,同时要将政府有关女性参政的政策普及给农村妇女,并给予相应的指导,让她们提前做好参政的理论准备。

最后,妇联要加强对妇女参政选举的监督,尤其要监督妇女参政的选举过程,保证选举的合法性、公平性和民主性,保障农村妇女的各项权利。同时,要妥善解答农村妇女关于参政方面的疑问,为农村妇女创造一个公平的参政环境,保证农村妇女在社会主义新农村建设中充分发挥作用。

第四章

乡村治理中的"德治"

乡村是社会主义新农村建设,全面建成小康社会,实现共享发展的重要载体,也是我国最基本的治理单元,在我国经济社会发展中起到基础性作用。"以德治国"的思想是中华优秀传统文化与时代相结合的治国经验,"德"在我国国家治理以及社会发展中起着重要作用。因此,将以德治国方略落实到以德治村这一微观层面之中,是新时代背景下构建乡村治理体系的应有之义,也是乡村振兴战略得以有效实施的本质要求。

第一节　中国传统乡村社会治理的乡贤德治文化

中国传统德治思想源远流长。它不仅是中华民族生生不息的强大精神支柱,而且对世界各国产生了深远影响。纵观历史,不难发现,我国自西周以来就开始重视德治,经过不断发展,以及历代统治者的完善,形成了一套独具特色的治国方略。在中国传统乡村社会中,士绅贤达作为地方自治的中坚力量,其地位特殊且重要。而乡贤德治文化作为中华优秀传统文化在乡村的一种表现形式,其运用乡村所特有的文化背景与传统,构建起村民自愿遵守的行为准则,从而提高乡村的治理水平,实现乡村治理现代化。

一、传统乡贤德治文化产生的社会背景

首先,从乡贤的发展历程来看,可以说儒家的伦理思想是乡贤传统治理的重要

文化基础。儒家学说是维护和支撑中国传统文化延续至今的重要支柱,而乡贤文化是在以儒家文化为代表的伦理文化基础上进行创新与发展的。传统意义上的德治思想是以儒家伦理道德为核心、道德与政治相融合的治理模式,强调以人为本,以德为先,是中国传统社会国家治理的重要方式和手段。孔子作为德治学说的代表人物,他主张以道德作为治国的基本准则,要求统治者用道德去教化百姓,用礼仪来规范百姓的行为,从而实现社会的良性治理。在传统的乡村社会,儒家思想深入人心,为乡贤文化的产生奠定了坚实的基础。传统乡贤也是在道德教化的过程中把道德逐渐演变为传统的习俗,使乡村社会的各种行为始终合乎道德礼数的要求。

其次,中国古代的封建制度为乡贤文化的产生提供了良好条件。封建皇权无法延伸至每个村落,因此"皇权不下县,县下唯自治"的社会环境为传统先贤及其文化的产生提供了条件。乡绅、族长、乡保等乡村精英作为连接国家与乡村的纽带来实现国家治理与乡村治理的有效对接,填补县以下的权力真空,确保乡村秩序和谐稳定发展。此时,乡村社会秩序的维持与矛盾冲突的调解依靠的是乡规民约的道德约束力,而不是皇权的威慑。同时,以血缘关系为基础的宗法制度,为乡贤文化的产生奠定了坚实的基础。广西的壮族历来就有聚族而居的习俗,以宗族为纽带,维系人们之间的社会关系。宗族以血缘关系为基础,依靠族长族规来进行管理。人们依靠血缘而连结成一个稳定的共同体,并在共同的文化和社会背景下形成共同的生活习惯、价值观念等。乡绅与宗族的关系是紧密相连的,宗族里需要有一名地位特殊、有影响力的乡绅来主持族务,管理和安排日常生活。作为宗族族长的乡绅也需要借助宗族力量来获取利益与荣誉。因此,在此基础上形成的宗法制度在我国乡村社会治理中起到了举足轻重的作用。

二、传统社会乡贤参与乡村治理

(一)古代的乡贤文化

传统的农耕文明孕育了以教化乡民、造福桑梓、泽惠乡里为主要内容的乡贤文化。乡贤文化作为一种主流文化,是连结故土、维系乡情的重要精神纽带,是建设和谐乡村的重要精神力量。

乡贤从最初产生到逐渐发展成为一个稳定的群体,经历了漫长的发展过程。在古代,乡贤大多是德才兼备、有威望,并为乡里作出重大贡献的贤达人士。乡贤文化的产生可以追溯到尧舜时代,据相关文献记载,舜是乡贤的最早典范。在尧舜时期,舜以孝敬父母闻名于世,因舜道德高尚、待人和善,乡人都愿追随他,后人便将其作为德治的典范。从西周开始增设乡师一职,主要负责所治之乡的教化工作、对各级官员的政绩进行监管以及核查乡中人口数量等。秦汉时期形成以孝廉为标准的人才选拔机制,强调以德为先。西汉时期,统治者目睹乡贤在民众中的影响力之后,便把乡贤收编到中央政府管控的范围内,推行"乡三老"的乡政治制度。乡三老是乡治层面的最高领导者,既拥有民间身份,又获得官方认可。人选要求年龄在 50 岁以上,修养高、能力强、威信高,有能力带领乡亲们向善。唐朝时,科举制建立,给了无数寒门学子考取功名的机会,人们无论贫富贵贱,都可通过考试获取功名。由于参加科举考试的人很多,因此一些无功名的秀才、举人、长期落榜的老童生以及辞官归乡的官员成了传统乡贤的主要来源。在此基础上便出现了乡绅这一群体。北宋的吕大临兄弟,经过潜心研究并结合儒家的伦理思想,在家乡蓝田制定乡约,即《吕氏乡约》,规定同约人要德业相劝、过失相规、礼俗相交、患难相恤。[①] 乡约的内容涉及家庭、邻里以及家族之间的关系,并将朝廷和精英阶层的价值观念融入乡里的日常生活之中,为的就是能够维持乡村良好的社会秩序,使乡风淳朴,村民安居乐业。从明清开始,国家为了加强控制,将由乡绅自发形成的道德自治组织纳入官僚政府的下属机构中,与保甲制度相结合,形成了我国古代所特有的乡贤治理。在这个时期,各州县开始建立乡贤祠,以此褒奖为乡村作出贡献的乡贤,并教化乡民以此为榜样,崇德向善。乡贤作为一股后备力量在公共事务中发挥着越来越重要的作用,他们根据实际情况制定村规民约,填补了古代政治制度的空缺。

壮族是我国人口最多的少数民族,其民族文化源远流长。壮族人在长期的生活、生产实践中,为维护乡村社会秩序,探索出了一种独特的村民自我管理制度,即都老制。在壮语中,"都"是"人"的意思,"老"是"大"的意思。都老又称村老、乡老,是管理乡村内部事务的主要负责人,当村里有事情发生或需要对一些事务做出决议时,都是由都老来主持会议,都老在村中起着重要的领导作用。因此,对都老的人选有特定的条件与要求。都老的工作一般是没有报酬的,不世袭,也不官派,一般情况是由村民自发推选为人正直、办事公道、德高望重、有一定组织能力的年长男子担任。都老制形成于原始社会时期,都老由氏族部落或乡村公社首领转化而来。进

---

① 陈俊民辑校.蓝田吕氏遗著辑校 [M].北京:中华书局,1993:563-566.

入阶级社会以后,都老逐渐向着权力、地位、财富相结合的方向发展。[①] 近代以来,伴随着政治、经济、文化的发展和村社的解体,从原始社会时期流传下来的都老制也必然在这之中遭遇了较大破坏。

(二)民国时期的消解

民国时期,帝国主义的侵略加剧、封建势力的长期统治,以及军阀混战与连年的自然灾害,使中国乡村治理处于一个大变动的时代。战乱、天灾等交织在一起,加速了乡村社会的衰落,使乡村经济遭遇了极大的破坏,乡村社会问题日益严重,造成乡贤严重流失。

随着乡村社会的衰落,乡贤流失主要表现在两个方面:一方面,因为国家权力的干预,由国家直接任命新的乡村代理人来征收税赋,取代乡绅成为新的乡村领袖。自科举制度建立以来,乡贤始终在乡村中占据着重要的地位。民国时期,乡贤因国家动荡而逐渐流失。国家的权力逐步向乡村下沉,试图通过对乡村的全面控制来实现对乡村资源的掠夺。南京临时政府、北洋政府都试图推行各种乡村自治运动,以此将乡村政权纳入国家管控之中,借着自治的名号来替政府最大限度地攫取乡村资源。在这一过程中,民间所认可的为民服务的乡村精英被为谋私利的新式乡村领袖所取代。这些新式的乡村领袖来源于政府的指派,而不是经由村民共同举荐。与一心造福家乡的传统乡贤不同,他们为当局政权行事,是政府压榨村民的帮凶,也得不到村民的认可。统治阶层想榨取乡村财富,将权力逐步下沉至乡村,并依赖新式的乡村领袖加强对乡村社会的控制,但又无法对新式乡村领袖进行有效监管,造成国家政权与乡村治理严重脱节的混乱局面,使得基层民众遭受基层政府和新式乡村领袖的双重欺压,导致国家政权开始遭受质疑,国家的威信降低。因此,民国时期各种政权推行的乡村自治运动,不仅未能保证国家政权在乡村的权威,而且造成乡村社会的混乱局面,传统乡贤被迫退出历史舞台。另一方面,乡贤文化遗产的流失在一定程度上造成乡贤文化的消亡。乡贤文化遗产大多是指乡贤在治理乡村的过程中,因贤德而被世人所称赞,世人为了纪念与传承乡贤精神而建立的祠堂或者族谱等物质文化遗产,以及约定俗成的乡规民约、民俗等非物质文化遗产。乡贤文化伴随着乡绅阶层的产生而产生,又在时代变迁中逐渐流失、消解。

---

① 方素梅.近代壮族社会研究[M].南宁:广西民族出版社,2002:118.

面对乡村社会危机,一些开明人士与知识分子也积极主动地投身乡村社会建设,梁漱溟是其中的代表人物。梁漱溟的核心观念是从组织乡村入手,在乡村建立新的社会组织,通过教育来提高村民的文化水平,通过农业改良等措施来振兴乡村。梁漱溟的观念得到当时山东省主席韩复榘的支持,将他的构想在山东付诸实践。这一构想的实施得益于韩复榘主政的政府赋予梁漱溟高于县份之上的自主权。这也正是其弱点所在,地方政权的支持很难持久,在主政的韩复榘离任之后,相关的乡村建设制度又被继任人取消。在国家政权体制没有革新的情况下,地方改革很容易成为孤岛,无法与外部制度相衔接,其持久性无法得到保证。

总之,民国时期时局动荡,导致国家政权制度下沉,传统乡村社会依靠乡贤来实现国家治理与乡村治理的有效对接,使得乡村社会治理陷入更加混乱的局面。伴随着国民政府的解体、中华人民共和国的成立,民国时期的治理模式也最终走向终结。

(三)新中国成立以后的乡村治理与当代乡贤文化

新中国成立以后,中国共产党重构了乡村社会与国家、乡贤、群众之间的关系。其中,给乡村带来巨大变化的是土地改革、人民公社制度的建立以及家庭联产承包责任制的实施。尤其是人民公社制度,颠覆了传统乡绅治理模式。乡村的基层干部,例如,人民公社的生产队队长、书记等,管理乡村的大小事务。土豪劣绅、农村地主阶级被打倒,传统的乡村秩序被瓦解,中国农村进入高度整合的控制型治理阶段。

党的十一届三中全会以后,乡村政治生活和经济生活随着现代化和市场经济的发展,发生了巨大改变。传统乡村治理模式已不能完全适应现代化治理的需要,特别是家庭联产承包责任制和村民自治的全面实施,使得国家政治权力逐渐从乡村收回,乡村的社会政治空间得到开放,这种社会结构的变革对新乡贤参与社会治理起着积极的促进作用。新乡贤积极参与乡村社会治理,一方面是制度的保障,特别是村民自治的实施,在制度上为新乡贤参与乡村社会治理提供了契机。国家对乡村的直接管理逐渐放宽,乡村的自治权重新回到乡村自身,广大农民可以凭借自身能力参与乡村社会的建设与管理。1987年颁布实施的《中华人民共和国村民委员会组织法(试行)》,更是以法律的形式为村民参与乡村社会治理提供了法律上的保障。另一方面,新乡贤受历史传统和社会文化的影响深远。我国由乡贤管理乡村社会治理事务的历史源远流长,这些传统乡贤掌握着乡村的公共权力,拥有较强的责任感和担当意识,怀有自己的社会理想与信念,并在实现社会理想的过程中努力感化和改造周边的人,是乡村社会的管理者与精神引导者,为我国乡村治理留下了良好的历史传统。随着乡村改革步伐的逐步加快,现今乡村治理更需要挖掘乡贤文化,依靠新乡贤来实现乡村自治,这是符合当前乡村政治、经济、社会发展的路径。新型农民、农村基层领导干部、知识分子、本土工商界成功人士,甚至大学生村官等都是当代的新乡贤人选。新乡贤的主体虽然与传统乡贤有所不同,但他们都关心乡村的发展,热心乡村公益事业,愿意用自己的思想观念、知识以及财富来帮助乡村发展,更重要的是,他们秉承了传统乡贤的家国情怀和担当意识。这些具备良好声望的新乡贤能够对新农村建设起到示范引领作用,成为乡村治理的重要力量。

(四)传统乡贤治理评析

中国传统的乡村治理实践给我们留下了宝贵的经验。传统乡贤在治理中主要在三个方面发挥积极作用:第一,传统乡贤治理丰富了乡村治理的主体。传统乡贤大多来源于乡绅,但并不是所有的乡绅都能被称为乡贤。只有那些志在奉献乡里、泽惠乡里,有威望的有德之士才有资格被尊称为乡贤。同时,乡村人情社会的特征为乡贤的存在提供了基础。在乡村社会传统价值观遭到外来价值观的巨大冲击时,在面临乡村社会秩序失控的危险局面时,基层政府无法将德治与法治有效结合起来处理问题,这时就需要有声望与说服力的乡贤来辅助基层政府治理乡村。乡贤积极参与乡村治理,不仅发挥自身优势,而且为乡村社会提供更好的公共服务,赢得广大村民的信任,成为乡村治理的重要力量。第二,乡贤传承传统德治思想,有利于提高村民的思想道德教育。在乡村治理中,乡贤作为体制外的管理人员,具有善治、德治的力量,起着重要的中介作用。在古代,传统乡贤作为国家与乡村之间的桥梁,对乡村社会进行直接控制与管理。日常生活中一些无法用法律来调解的矛盾,基层政府很难彻底地解决,而乡贤却可以利用自身优势,在村民之间、政府和村民之间进行调和,以道德教化来调解乡村社会的矛盾,维护乡村社会秩序。乡贤在乡村的指导教育作用,有利于村民树立正确的价值观,提高村民的思想水平,团结村民共同维护好乡村社会秩序。第三,有效提高乡村治理水平,促进乡村社会良性发展。传统乡贤深受儒家文化熏陶,使得德治在古代的乡村社会中占据重要地位。乡贤以身作则,对村民进行道德教化,积极向村民传播正能量,让道德深入人心,引领村民接受正确的乡村文化,提高村民的文化素养,推动乡村发展。同时,乡贤德才兼备,能够更敏锐地把握市场经济局势,再根据社会经济发展的需要,适时调整乡村产业结构,带领村民走上共同致富道路,全面提高乡村的经济水平。

　　当然,在看到传统乡贤治理的积极作用的同时,也要清楚地意识到其消极的一面。因传统的乡贤治理还不够完备,其精神可能会逐渐被忽视,让传统乡贤变质为伪乡贤,不断地操控选举,把控乡村资源,成了乡村恶霸。由于市场经济的不断深入,乡村社会的利益格局日益分化,极端的功利主义思潮、实用主义思想通过各种渠道涌入乡村,让一些村民信仰迷失,其中不乏一些受到腐蚀的村干部。在这样的社会环境中,面对各种不良思想,如果乡贤群体掌握太多权力,就会出现对其难以监管的问题,部分乡贤因思想立场不坚定,开始在生活、工作中出现追名逐利的行为。首先体现在纪律方面,大部分乡贤有时因自身原因无暇顾及村中的公共事务,从而降低工作的积极性,或者有些乡贤自身的思想作风较差,不愿积极主动地参与到工作中,对群众工作敷衍了事。这样不仅没有达到为村民服务的目的,而且浪费了公共资源,造成政府公共资源与服务供给上的断层。其次,容易造成乡贤对决策话语权的垄断,乡贤利用其权威剥夺其他村干部的话语权。在乡贤群体中,不乏一些披着乡贤外衣的伪乡贤,他们受个人利益驱使,无法处理好集体利益与个人利益的关系,利用职务之便中饱私囊,打着为人民服务的旗号谋取私人利益,在乡村监管体系尚未健全的情况下,很容易演变成乡村恶霸。比如,一些经济能人带领乡村发展产业,因财务监管制度存在漏洞,便心生贪腐的念头,从乡村集体产业中谋取私人利益。这样很容易损害村民利益,严重阻碍乡村发展。最后,一些村民的民主意识淡薄,政治参与度不高,让伪乡贤掌控了乡村管理权。因乡土社会中村民的人情意识与从众心理仍占主导地位,一些宗族能人为确保在选举中获胜,通过贿选、拉选票等方式动员村民行使选举权。这种看似群众的民主选举,实际是由暗箱操作的被动选举,普通村民受从众心理、金钱、面子等多重因素的影响,往往不会为自己发声,没有参政议政的主体意识,难以实质性地参与到乡村的政治生活中,这就为一些伪乡贤进入乡村政治中心提供了便利。在处理矛盾纠纷时,宗族能人往往会盲目地保护自己或宗族的利益,歪曲或蔑视乡规民约或法律,这种行为严重阻碍了乡村社会的发展,也影响了社会的稳定。

第二节　中国共产党对乡村德治的探索

　　乡村是最基本的社会治理单元,其独特的乡村传统在我国历史文化中始终发挥着不可替代的基础性作用。中国是一个农业大国,乡村社会的发展问题关系到整个国家未来的发展,乡村道德治理问题的探索是社会主义现代化的重要任务。中国共产党自成立以来就立足于乡村,寻找革命胜利的突破口。在不同的历史时期,有着不同的时代特征与现实环境,乡村道德治理目标、方式以及体制也会有差异。

一、民主革命时期乡村道德治理

　　中国共产党乡村德治的思想逻辑起点是以毛泽东同志为核心的领导集体对道德的探索。在社会主义改造中,毛泽东把马克思主义和中国具体实践结合起来,继承了传统德治思想的内核,强调人的思想品德,加强农村思想教育工作,重视整个社会的思想道德建设,并把德治作为治党、治国的重要方略。团结、教育农民树立正确的是非观念,抵制封建、腐朽、落后思想,并激发农民的社会主义革命热情,以此形成良好的乡村社会道德环境,加快农业社会主义改造的进程,为社会主义建设事业顺利发展打下良好基础。

（一）民主革命时期乡村德治思想的历史背景

　　民主革命时期,共产党的乡村治理有其特定的历史条件。建党之初,由于理论准备和实践经验缺乏,党虽然对农民问题给予过一定的关注,但并未充分意识到农民在民主革命中的重要意义。大革命失败后,党在不断地探索道路的实践中充分意识到,要想取得革命胜利就必须拥有自己的武装力量,而农民是革命的主力军。要想充分动员农民投身革命队伍,首先,要注重加强农民的思想教育工作,党深刻地意识到只有提高农民的思想政治觉悟,才能激发农民的革命热情,使他们积极地投身革命,壮大革命力量。在这之后,党对乡村道德治理问题的认识日趋成熟。其次,乡村道德治理要重视并满足农民的利益诉求。毛泽东在《湖南农民运动考察报告》中指出,中国革命的基本问题是农民问题,中国革命的主要力量是农民,他们是无产阶级的天然的和最可靠的同盟者。① 农民对土地拥有异乎寻常的情结,使得土地问题成了民主革命的主要问题。因此,在乡村治理中只有优先解决好土地问题,解决好温饱、生存问题,取得了农民的信任和支持,才能在农村建立革命根据地,乡村道德治理才能顺利推进,并且鼓舞农民自发地加入革命队伍中来。因此,在民主革命时期解决农民的土地问题是乡村道德治理的关键所在。

(二)民主革命时期乡村道德治理的发展历程

在民主革命的不同阶段,党始终坚持以马克思主义为指导,一直注重民主建设,在农村根据地、解放区内大力发展乡村民主,并根据实际制定了独特而灵活的治理制度,实现对乡村社会的有效治理。

1925 年到 1927 年的大革命中,党在领导农民运动的过程中进一步深化了对乡村问题的认识,逐渐积累了一些乡村社会治理经验。在土地革命战争中,党指派了多名党员下乡,深入农村对广大农民群众开展马克思主义启蒙的道德教育、反帝反封教育,唤醒群众的民族意识和道德意识。1931 年苏维埃政权在江西瑞金建立,紧接着,城乡基层苏维埃政权开始在根据地广泛建立,并组织开展了各种乡村治理活动,如开展土地革命运动、发展生产、兴办教育、提供医疗和社会保障等,与农民紧密联系在一起,解决了广大农民群众的诸多难题,在满足农民群众利益需求的基础上,强化了思想动员与道德教育,加强了对乡村社会的治理。直到 1937 年 9 月,中华苏维埃共和国临时中央政府更名为中华民国陕甘宁边区政府。毛泽东在《乡苏维埃怎样工作》一文中对乡苏维埃的设立、运作流程进行了详细阐述,并在《才溪乡调查》中指出,将乡的全境划分为若干村,依靠于民众自己的乡苏代表及村的委员会与民众团体在村的坚强的领导。民主的运作方式较好地改变了政府机构官僚化的倾向,体现了政府社会治理的民主特征。

1937 年全面抗战爆发后,中国社会的主要矛盾发生改变,民族救亡代替阶级斗争成为时代主题。中国共产党结合抗战形势继续推进基层建设,此时对乡村的道德教育主要围绕民族精神与爱国主义展开,并开始在广大乡村地区建立抗日民族统一战线,进行一系列乡村事业建设,加强乡村道德治理和农民群众的思想道德治理,促进以"三三制"为主的乡村治理模式的有效实施。"三三制"是指在行政机关或民营

---

① 毛泽东选集(第 1 卷) [M].北京:人民出版社,1991:8.

机关的组成人员中,中共党员、社会进步势力、中间势力各占三分之一。"三三制"的推行动员了一切可以团结的进步力量。其中,减租减息是"三三制"政权土地政策的重要内容。实行减租减息,一方面削弱了地主经济,减少了地主对农民的剥削,在一定程度上缓和了乡村社会矛盾;另一方面,减轻了农民负担,改善了农民的生活,激发了农民生产与抗日的积极性。中央强化对乡村道德建设的重视,引导农民群众正确认识与理解"三三制"政策,让各个阶层都积极参与抗战,为夺取抗战胜利奠定了坚实的政治基础,有效发挥了民主政治的作用,加快了抗战胜利的步伐。

在解放战争时期,为加强对乡村的道德治理,提高农民对共产党的政治信任与拥护,党适时重新改变土地政策和广泛开展整党运动,建立起健全的乡村民主政权。抗战时以及战后土地改革时期,党在农村根据地吸收了大量新党员,地方基层有一些地主和富农身份的党员干部,党和政府内部也存在一些非无产阶级的右倾思想,引起了中共中央高度重视和警觉,认为加强党的队伍建设迫在眉睫,需要提高党在组织和思想上的纯洁性,保持党同广大农民群众的血肉联系,让土改工作能够顺利开展。例如,各级党组织深入基层,通过标语、广播、板报、演讲等多种方式,宣传党的土地改革政策,以及对农民进行教育。同时,着手建立乡村民主政权,成立乡村人民代表会议及选出政府委员会,将权力逐渐过渡给乡村农民大会,保证农民的主导地位。虽然民主革命时期的乡村民主政权仍然不够规范和完善,但这在一定意义上保证了农民的政治权力,赢得了广大农民对党的拥护,为解放战争的胜利奠定了一定的阶级基础,也为新中国成立以后乡村道德建设提供了一定的经验借鉴。

二、社会主义革命与建设时期乡村道德治理

(一)过渡时期

新中国成立初期,中国经济落后,社会风气问题严重,存在丑恶的社会现象,这些问题在乡村尤为突出。意识形态领域面临着除旧布新的任务,为建立新民主主义文化,清除旧社会遗留下来的腐朽愚昧的道德习俗,党和政府大规模消除乡村旧社会遗留下来的丑恶现象。

第一,清除封建腐朽的旧道德。新中国成立以后,政府对旧社会遗留下来的愚昧、丑恶现象坚决予以消除,形成了乡村社会良好的道德风气。在禁毒方面,1950年轰轰烈烈地开展了一场禁烟运动。为保护人民身心健康,恢复与发展生产力,在

全国范围内收缴毒品,结合农村土地改革禁止种植罂粟,严厉打击贩毒行为,并大力开展戒毒活动。经过几年的努力,乡村地区基本上彻底禁止了毒品的流通。与此同时,禁赌运动也在乡村社会广泛开展,对各种公开的赌博场所予以查封,对赌徒进行劝导或制裁,及时刹住了乡村旧社会盛行的赌博风气,乡村社会以前因赌博而发生的打架斗殴等不良现象已基本消除。

第二,大力弘扬爱国主义、集体主义等新道德。革命取得成功以后,如何向社会主义过渡是共产党亟须解决的主要问题。为此,中央颁布了《关于党在过渡时期总路线的学习和宣传提纲》。乡村的道德治理与农民思想道德教育同样需要用爱国主义、集体主义意识形态进行指导。一方面,各地基层党组织详细地为当地农民宣讲和解释过渡时期党的总路线与方针,让农民群众真正接受与认可;另一方面,抽调部分党员干部到乡村开展形式多样的教育活动,如座谈会、报告会、读报、放电影等,使农民群众在潜移默化中接受思想、道德教育,提高思想道德素质。正是在爱国主义与集体主义的积极影响下,大批农村青年投身集体,动员更多人民群众建设新中国,农民有了高涨的劳动热情。这种奋发向上、积极进取的社会风气,改变了旧社会懒散、落后的面貌,乡村道德风貌焕然一新。这也说明了在新道德的倡导下,新中国乡村正在朝着积极向上的良好道德风尚方向发展。

(二)人民公社时期

人民公社时期,是新中国成立以后乡村发展史上一个十分特殊的时期。从1958年开始在全国乡村范围内普遍实施,到1983年废止,实行了26年。新中国成立初期,经过对农村的社会主义改造,社会主义事业发展迅速,全国各地的发展呈现出欣欣向荣的景象,中国共产党在广大群众中的威望与日俱增,但距工业化发展仍有较大差距。为改变落后的经济状况,共产党人审时度势,在工业极度羸弱的情况下,确立优先发展重工业的战略方针。为实现国家初级工业化的目标,政府选择从农村地区获取资源,而人民公社制度成为必然选择。

人民公社设立"三级管理制度",将人民公社划分为公社、生产大队和生产队。公社作为上级单位,既是国家政权的基础组织,又是负责日常生活的社会组织。在行政方面,公社几乎监管了辖区内的一切大小事务,包括地方财政、教育、卫生等;在生产劳动方面,根据国家下达的经济规划任务,公社统一向生产大队下达生产计划、活动等各项命令,农产品的买卖由国家统购统销;在分配方面,则实行平均主义,并建立公共食堂制度。生产大队是中间层次的组织,存在着对上与对下两种关系。在公社的领导下,各个生产大队负责自己管辖范围内的生产队的生产及行政工作。为防止出现生产大队治理失控的局面,在生产大队之下设立生产队,生产队是生产大队的基本组成单位,具体负责组织社员进行集体劳动、集体分配等。可见,在这样等级分明的组织体系中,每一层次之间都受到严格控制,人们基本没有自由与自主性。人民公社实现了生产资料的高度公有化,除原本集体所有的生产资料外,社员自留地生产资料也归集体所有。

这一时期,受"左"倾错误思想的影响,社会主义建设道路出现曲折,与之相应的乡村道德治理工作也不可避免地陷入曲折发展的局面。在人民公社时期,国家政权加强了对乡村社会的控制,忽视了农民的生存与生活需求,生产活动不再是农民因经济利益而产生的自发行为。为了大力发展重工业,农村资源被过度开发,乡村社会发展缓慢。在人民公社制度之下,广大农民的主体性没有得到充分尊重,农民逐渐丧失农业生产经营自主权。在分配过程中近乎绝对平均的集体平均主义,打击了农民从事生产活动的积极性与主动性,活干得多少、好坏都得到同样的分配,一些农民以平均主义为借口逃避生产劳动,致使农业生产效率低,农业普遍萎缩。同时,也禁锢了农民的思想,把一切问题与政治挂钩,导致乡村社会发展政策得不到落实。

三、改革开放时期乡村道德治理的发展

(一)邓小平对乡村道德治理的发展

1978年召开的十一届三中全会,重点讨论了农村改革问题,对农村、农民、农业问题的认识进一步深化。农业作为国民经济的基础,更应该重视农业的生产与发展。十一届三中全会以后,党和政府更加重视乡村社会治理。邓小平继承与发展了毛泽东对道德建设的思想,立足于中国是农业大国以及经济、文化较为落后的现实基础,经济建设与道德文明建设两手抓,确立了乡村改革的首要地位,指出:"改革首先要解决农村问题。"[①]因为乡村的发展与村民的生存状态直接关系到国家现代化事业的发展进程。

人民公社制度使农民自主的生产经营权力丧失,严重阻碍了乡村社会经济发

---

① 邓小平文选(第3卷)[M].北京:人民出版社,1993:77.

展。为了加强乡村道德建设,充分调动农民的积极性,扭转农民的错误价值取向,促进农民群众解放思想,打破旧体制的束缚,将原来由国家包揽的乡村基层政权下放给群众,并广泛进行家庭联产承包责任制的经济体制改革。一方面,让农民群众获得经济自主权,激发他们对生产的积极性与主动性,打破农业生产停滞不前的局面;另一方面,为乡村道德建设奠定了基础。只有让农民享受到经济改革带来的成果,其切身利益有了保障,生活质量有所提升,他们才会积极主动地参与到乡村道德建设中来,也只有提高农民的思想道德水平,才能更好地为社会主义现代化新农村建设提供保障。

(二)江泽民对乡村道德治理的丰富

实践证明,道德对维护市场经济秩序正常运行有着不可低估的作用。此时的乡村虽然已经发生了翻天覆地的变化,但在发展过程中仍面临一系列困难与挑战,始终未能彻底改变落后的面貌。因此,在乡村发展的过程中,不仅要大力发展乡村生产力,而且要加强乡村道德建设。以江泽民为核心的第三代中央领导集体高举邓小平理论伟大旗帜,更加重视德治在治国方略中的重要作用,并把社会主义精神文明建设摆在更加突出的地位。江泽民在《开创农业和农村工作新局面》中指出:"必须大力加强农村精神文明建设、民主法治建设和基层组织建设。只有两个文明都搞好,经济社会协调发展,才是中国特色的社会主义新农村。"只有乡村形成良好的道德风气,才能促进乡村经济繁荣发展与乡村社会稳定。

农村精神文明是社会主义精神文明的重要组成部分,党的十四届六中全会通过的《中共中央关于加强社会主义精神文明建设若干重要问题的决议》,对加强精神文明建设予以高度重视。2000年召开的全国思想政治工作会议中明确使用"德治"这一概念,要求努力提高全民族的思想道德素质,促进人的全面发展。因为精神文明建设是当前的重点,忽视精神文明建设,物质文明也会遭到破坏,只有当人全面发展,精神文明随着物质文明的提高而不断提高时,才能创造出更多的物质文化财富,提高人们的生活水平。在2001年召开的全国宣传部长会议上提出"以德治国",将依法治国与以德治国紧密结合起来。实施以德治国方略就是要把道德规范作为治理国家的重要手段,建立与社会主义市场经济相适应的法律体系和思想道德体系,完善社会主义道德秩序。同年,由中共中央印发颁布的《公民道德建设实施纲要》作为中国公民需要遵守的道德规范,强调农民伦理道德建设对农业发展、乡村治理起着重要作用,也标志着德治思想进一步贯彻落实,这一纲要对乡村道德建设同样具有深远意义。

(三)胡锦涛对乡村道德治理的充实

以胡锦涛同志为总书记的中央领导集体继承和发扬了党历来重视"三农"问题的思想,提出了许多关于新农村建设的思想与观点,切实加强乡村思想道德建设。在2005年10月通过的《十一五规划纲要建议》中提出了建设社会主义新农村的重大历史任务。2006年,国家全面废止农业税后,揭开了社会主义新农村建设的序幕。在社会主义新农村建设的进程中,乡村治理体制也相应地进行变革,通过乡村社会再组织化,实现乡村治理体制进一步完善。党的十六届五中全会提出建设社会主义新农村。要努力改善乡村生产与生活条件,提高农民的生活质量,改变乡村的整体面貌。社会主义新农村建设的全面推进,使得农业发展持续向好,实现了粮食连年增产,乡村基础设施、村容村貌以及社会保障等各方面都取得了重大进展,乡村道德治理也有了重大突破。

一方面,为了更好地加强乡村的思想道德建设,切实提出了一系列惠农举措,如农村税费改革、建立新型农村合作医疗制度、实施种粮补粮政策等,经济建设与提升思想道德两手抓,乡村建设进入一个新的发展阶段。在税费改革之前,我国由农民税费负担问题引发的矛盾日益尖锐。从2000年起,为减轻农民负担,促进乡村经济社会发展,中共中央、国务院连续发布有关开展税费改革试点工作的通知。同年,以安徽省为试点,在全省范围内实行农村税费改革,通过规范税费来减轻农民负担。2003年3月,国务院发布《关于全面推进农村税费改革试点工作的意见》,开始将降低税率的方案广泛地在全国农村地区推行。直至废止《中华人民共和国农业税条例》,废止农业税的方案开始在全国范围内实行。农业税费的全面废止,一定程度上减轻了农民群众的负担,相对缓解了乡村社会中的部分矛盾与冲突,我国乡村治理也相应地进入重大转型期。此后,为了化解乡村治理中存在的问题,党中央、国务院决定在全国范围内开展社会主义新农村建设。国家通过粮食直补、义务教育等各种惠农政策,有效改善农民的生存状态,加速了农业发展,乡村社会有了很大改观。由此,农民更加坚定地相信党和政府,提高了国家政权在乡村地区的威信,为乡村思想道德建设提供了强大的推动力,有力地维护了乡村社会稳定。

另一方面,从经济方面入手的同时加强精神文明建设。西方的个人主义、享乐主义等不良思潮对我国的传统文化造成了一定影响,而长期生活在较为封闭的环境中的农民,面对这些突如其来的思想的冲击,难免在思想上受到浸染。为保障中国特色社会主义事业稳定发展,胡锦涛结合时代特点,提出了"社会主义荣辱观"并将其作为农民思想道德建设的重要内容,引导农民形成正确的道德观念,逐步形成和谐的人际关系和健康向上的社会风气。同时,加快农村教育事业发展的步伐,加大对农村教育的投入,提高农民素质。农民素质的培育要从思想觉悟出发,从教育入手。随着教育质量的提高,农民的思想道德水平会有所提高。

乡村市场经济的发展给农民带来了可观的经济利益,但农民由于受教育程度不高,思想觉悟也不高,在乡村社会的道德体系还未完全建立的情况下,不乏有些农民被利益所驱使,忽视了道德底线,做出一些伤害他人与社会的事情。因此,在新时代乡村建设中,需要依靠德治来营造良好的道德氛围。以习近平同志为核心的党中央更加注重道德领域的治理,并在十九大报告中第一次把德治纳入乡村治理的范畴,为新时代中国乡村的发展指明了方向。随着乡村振兴战略的不断推进,德治必然成为今后乡村治理中的关键一环。为此,政府相继出台了一系列完善乡村社会德治的方针政策。2015年中央"一号文件"提出了要创新乡贤文化,将传统乡贤文化进行创新性发展,吸引了各方面的乡村能人返乡发展;2016年,在《中华人民共和国国民经济和社会发展第十三个五年规划纲要(草案)》中又提出了"新乡贤文化"概念;2018年中央一号文件中提出"积极发挥新乡贤作用"[1]。国家的有效引导为新乡贤的复归提供了强大的支持与保障。

在传统乡村的熟人社会中,主要还是依靠传统乡贤来维护乡村秩序。当代乡贤的复兴,不是完全的传统乡贤的回归,而是要实现新乡贤与当代社会的有机结合,是现代化治理在乡村社会的有效落实。

时至今日,根植于乡土民情的乡贤文化,对解决当前乡村社会中存在的诸多问题仍然有着不可或缺的作用。新乡贤作为当地有能力、有较高声望的贤德之人,可以为村民树立正确价值观起到表率与引导作用。一方面,他们扎根于乡土之中,对当地的实际情况十分熟悉,并得到大多数村民的认可。新乡贤可以利用自身的号召力与组织力,用村民易接受的方式来传递新知识和新观念,充分调动村民参与乡村治理的积极性,并为乡村社会治理建言献策,调解乡村社会矛盾与纠纷,为乡村的发

---

① 本书编委会.中共中央国务院关于实施乡村振兴战略的意见[M].北京:人民出版社,2018:21.

展注入生机与活力。另一方面,新乡贤一般都具有较高的学历水平和一定的文化素养,掌握新的价值观念和新的知识,能够适应当前社会的发展,使得新乡贤成了连接传统与现代的桥梁。他们可以结合当地的乡村资源与实际情况,利用自身财富、知识来支持家乡的发展,带动乡村经济发展,带领村民脱贫致富。新乡贤充分利用自身所具备的责任心、号召力、感染力与亲和力等,更好地参与到乡村社会治理中,作为乡村德治的一支重要力量回归大众视野中。

第三节　提升乡村德治水平的重大意义

中国共产党自成立以来,就非常重视道德教育,始终秉持全心全意为人民服务的宗旨,以马克思主义为指导,批判地继承了中国优秀传统德治思想,形成了中国特色社会主义德治思想。当前,中国特色社会主义已经进入新时代,社会主要矛盾的深刻变化对新时代的乡村治理提出了新的要求。在实施乡村振兴战略过程中,要妥善解决当前乡村治理中面临的各种现实问题,必须积极发挥乡村治理中的德治功能。坚持乡村社会的道德建设,通过对村民的道德教化,实现乡村的有效治理,让村民形成共同的道德信仰。

一、新时代中国特色社会主义思想道德建设的重要内容

道德是通过人们的理想信念、传统习俗以及社会舆论力量来调节人与人、人与社会关系的重要精神力量,是一种非强制性约束的法则,在社会治理中发挥着重要的作用。新时代的到来,在建立与完善法治建设的过程中,德治越来越凸显其重要性。

中国是一个传统的农业大国,在农耕文明中所形成的传统道德伦理、人情和习俗观念影响着人们的行为、生活、价值观等各个方面。费孝通先生在《乡土中国》中指出,"从基层上看去,中国社会是乡土性的",乡土社会"是一个熟悉的社会,没有陌生人的社会"①。在熟人社会中,费孝通先生以差序格局、礼治秩序、长老统治、血缘等来解释传统社会的结构秩序和治理方式。在传统道德体系中,诚实守信、邻里

---

① 费孝通.乡土中国[M].上海:上海人民出版社,2013:6.

团结、孝老敬老等传统观念是村民共同遵守的基本行为准则,道德在维系乡村秩序、规范村民的行为以及道德评价方面发挥着重要作用。在现代乡村社会治理中,不仅要利用法律法规来进行管理,而且要充分利用传统乡村社会所传承下来的治理方式——德治,来弥补法治的空缺,将两种治理融合起来,并结合实际情况进行创新,在创新中实现互补,共同成为乡村治理的重要力量。充分发挥道德的力量来影响与教化社会,是新时代强调以德治国的应有之义。

但是,伴随着自然经济向市场经济的转化,加之乡村相对偏僻、信息闭塞,传统乡村伦理道德的规制力量逐渐减弱,人们更加追求个人利益,使得传统乡村道德体系遭受猛烈冲击。目前,乡村存在空心化、道德滑坡、传统文化断裂等现象,使得乡村道德建设难度加大。面对这些情况,我们需要加强乡村道德建设,推动社会主义核心价值观等主流价值观走进乡村,将以德治村作为一个专门的内容,针对乡村特色、村民特点进行合理布局与完善。近年来,广西非常重视乡贤文化和乡村道德建设。例如,广西玉林市北流市为促进乡贤文化繁荣,修建了乡贤文化主题公园,以此向人们展示北流乡贤的精神风采与文化涵养,是北流乡贤文化的重要载体,打造了市民学习乡贤文化的教育基地。广西南宁市宾阳县大力弘扬新乡贤文化,每年开展评选与表彰先进典型人物的活动,树立起新乡贤的模范典型,让新时代中国特色社会主义思想扎根于乡村,有效推动广西乡村建设。在乡村社会德治建设过程中,最重要的就是要对村民进行道德教育,培育村民良好的社会公德,提高村民的思想道德水平。尤其是在改革开放的过程中,农民的经济状况、生活方式、思想道德、价值观念等都发生了很大变化,对乡村治理也提出了更高的要求。这就更加迫切地需要我们充分挖掘中华民族的传统美德,大力弘扬社会主义核心价值观,发挥道德引领作用,建立起扬善抑恶的道德体系,形成良好的社会道德风尚,为中国特色社会主义思想道德建设打下基础。

二、解决"三农"问题的动力源泉

乡村振兴战略的提出,让"三农"问题被放在了新的历史起点上,习近平总书记在党的十九大报告中指出:"农业农村农民问题是关系国计民生的根本性问题,必须始终把解决好'三农'问题作为全党工作重中之重。加强农村基层基础工作,健全自治、法治、德治相结合的乡村治理体系。"①农业发展、农民增收、农村繁荣三个环节紧密相扣,环节与环节之间相互促进、相互保障。没有农业的稳固,我国的独立自主与工业的发展就难以实现;没有农村经济的全面发展,社会的发展进步就很难实现;没有农村的小康,尤其是贫困地区、少数民族地区的小康,就不能全面建成小康社会。同样,如果占全国人口大多数的农村人口的思想道德素质没有得到提高,那么全体人民的思想道德素质就不会有所提高。只有乡村生产力得到发展、农民的生活得到全面改善,才能实现更大范围的小康,才能充分体现社会主义的本质。

广西受历史、社会、自然环境等多重因素的影响,与沿海发达地区相比,经济、文化发展相对落后,城市化进程相对缓慢,基础设施建设落后,贫困面广、程度深。"三农"问题的解决仅依靠政府为主体的扶贫很难适应现今广西贫困山区的需求,获取能动性发展机制难度相对较大。因此,要从广西贫困山区的实际出发,深化对广西乡村治理的认识,形成具有广西贫困山区特点的乡村治理体系,把更多的人力物力投入扶贫工作中。因新乡贤群体具有广泛性与多样性特征,可以利用丰富的经济、技术等资源,以及他们对当地的资源与文化充分了解的优势,通过投资兴业、回乡办厂、发展旅游业等来带动当地产业发展,或者通过捐资助学、修路建桥等公益性事业造福乡村。整合新乡贤群体力量实现多元主体的扶贫方式,是脱贫的必要选择,也是解决"三农"问题的动力源泉。广西玉林市北流市罗政村为了能更好地完善村里的基础设施建设,组织了乡贤能人募捐会,收到了多位外出乡贤能人的捐款。还有多位乡贤能人对侯山村进行捐资,支持建设小学,解决侯山村及其周边村的孩子的上学问题。因此,要加强对新乡贤群体的领导,使其充分发挥自身在精神激励、促进乡村和谐、助推乡村发展等方面的优势,将乡村治理与德治有效地结合起来。大力弘扬团结友爱、互帮互助等优秀传统美德,树立典型,有效调动乡村中积极的力量,全方位开展扶贫工作,带动村民提高自身发展能力,为乡村社会的安定和谐贡献力量。

三、实施乡村振兴战略的重要助力

改革开放四十多年来,乡村发展的速度和质量落后于城市,这与党中央提出的

---

① 习近平.决胜全面建成小康社会 夺取新时代中国特色社会主义伟大胜利——在中国共产党第十九次全国代表大会上的报告[M].北京:人民出版社,2017:32.

全面建成小康社会的要求不符合,也与实现中国特色社会主义现代化强国的目标有差距。提高乡村德治水平,不仅是乡村治理的必然要求,而且是社会发展的根本诉求。广西作为西部地区,存在着产业结构不合理、农村基础设施较为落后、贫困户较多、农民收入水平整体落后于全国平均收入水平、乡村空心化趋势愈发明显等问题,乡村建设的各个方面都有待加强。因此,乡村振兴战略是中国共产党在新的历史时期提出的关于乡村全面建成小康社会和实现现代化目标的新思路、新战略,是一个推动中国经济社会持续发展、实现现代化强国的重大课题,也是解决广西不平衡不充分发展问题、加快补齐发展短板的必然要求。

没有产业的发展,乡村就难以振兴,但在乡村振兴的过程中,要注意避免过去只注重农业生产和经济发展,而忽视文化和精神文明建设的问题。新时代下的乡村振兴战略,已经不仅仅是一个单纯的经济现代化课题,它包含了经济、政治、社会、文化、生态等多个领域的治理,而乡村治理的好坏,决定了乡村振兴战略实施的成败。我国传统乡村社会人口流动性较小,乡村更多的是依靠传统礼俗、村规民约来规范村民的行为。随着乡村经济活动的日益频繁,不能仅仅依靠传统礼俗来调节村民的矛盾纠纷。在深刻认识现代乡村建设的重要性与紧迫性中,积极探索现代乡村治理中的德治功能,要将以德治村融入乡村的经济、政治、文化、社会和生态建设之中,注重德治的引导作用,强化道德的引领、规范、约束作用,弘扬乡村优秀传统文化,提高农民的综合素质,提高乡村的文明程度,达到物质与精神层面的双重富裕。2018年广西贵港市罗碑村引进了湖北的小龙虾养殖来发展当地的养殖产业,需要征用村民1 000多亩农田,但部分村民对此持怀疑态度,不愿意签订租地协议。在这关键时刻,部分新乡贤自发地邀请村民代表到基地实地考察和参观学习,并与村干部一同多次上门做村民的思想工作,顺利签订500多亩土地,破解了村里产业发展难题。2019年,共青团广西区委和中国慈善联合会乡村振兴委员会决定共同实施广西乡村振兴"领头雁"培养计划,招募一批青年骨干进行集中培训与授课后返乡发展,为广西农村注入新鲜血液。"德治"的引导和新乡贤的参与,可以有效地解决当前乡村社会中存在的各种矛盾,能够对乡村中的不良行为起到规制作用,并把现代法治、自治和传统道德融入乡村治理之中,有效地破解我国现代乡村治理中所面临的现实困境,推进社会主义新农村建设,重构乡村社会新秩序。

四、有利于增强村民自治的有效性

村民自治是法治下的自我管理,但自治不能代替德治,自治一般只在基层民主政治领域发挥作用,德治却可以为自治提供有效支撑,增强自治的效果,其作用范围更广一些,辐射到人们日常生活的点滴之中。

实行以德治村的一个重要原因是自治主体的非权威性,村民自治因没有强大的权力作为支撑,所以不能通过政权力量来强制推行主张,村干部在自治过程中时常会因村民的冷漠而产生无力感,所以在自治中需要村干部以自身的声望或者强有力的个人手段来推进,这些能人就是当代的新乡贤。新乡贤治理虽然可能会达到较好的治理效果,但是赋予新乡贤过于集中的治理权力会导致普通民众对乡村公共事务的参与度较低,也缺乏有效监管新乡贤的机构。因此,村民自治仍然依赖新乡贤自身的道德水平。如果新乡贤的道德水平较高,乐于奉献,甘愿为村民的整体利益放弃一己私利,就会得到大家的称赞,赢得较高的声望,乡村治理就会顺畅,反之,如果新乡贤在自治中道德水平较差,又缺乏外部监管,就极有可能把乡村的公共资源作为私有财产,为所欲为,这样的恶性治理严重损害乡村社会秩序。

当前,在村民自治制度下通过自主选举产生的村委会往往在民主决策、村务公开等方面的作用还不太完善。随着村民民主意识的觉醒,村民逐渐对村委会产生信任危机,影响了自治制度在乡村治理中作用的发挥。而有了德治,就能够让自治发挥出更好的效果,范围也更广,更具有普遍的道德和舆论约束力。例如,当村民理事会在筹备一些公益性活动时会具有较大号召力,原因在于这些理事会的组织成员都是村里德高望重的人,大家都支持、尊重他们,这也是德治的一种表现。德治所具有的舆论监督作用,在一定程度上对村委会起到约束作用,更加能够有效发挥村民自治的作用。另外,德治可以减轻政府机构的负担。无论哪一个社会阶层,矛盾都存在。村民之间产生矛盾与纠纷是不可避免的,如果没有用道德来调解矛盾,仅仅依靠法律,那么大量的民间纠纷将交给司法机关进行处理,会造成极大的治理负担,甚至有村民会因救济没有得到满足而对政府产生不满,积累一些社会矛盾。因此,我们可以充分发挥德治的优势,让乡间矛盾能够直接在乡间解决,在解决问题的同时提高村民的自治水平,维护乡村稳定发展的同时也节省管理成本。

五、弥补法治不足所造成的治理缺陷

在乡村治理体系中,德治与法治是相辅相成的,两种治理共同致力于促进乡村治理水平的提升。法治是维系乡村秩序的基本道德底线,法律必须建立在道德的基础之上,一些重要、根本的道德要求直接在法律中得以体现。而德治则是乡村治理的基本要求,与乡村道德文化的培育息息相关。在乡村治理体系中,村民自治已经推行至法治化的轨道,但其发育并不完善。在广大农村地区,一些封建思想根深蒂固,加之一些村干部法律意识淡薄,法律信仰缺失,尤其是在缺乏相关监管机构的情况下,一小部分村干部会出现按照自己意志行事,不愿依法办事,甚至一些乡村因家族势力盛行,存在拉票与贿选等问题,这在无形之中阻碍了民主选举以及村民自治的推进。完全依靠法律来进行管理是不足以有效、全面地进行乡村社会治理的,需要依靠德治来弥补法治的不足。德治提倡用道德来感化人,是乡村自身在历史发展过程中不断磨合产生的民间规则体系,并得到了村民的普遍认可和接受,也是乡村治理重要的辅助工具。以德治村的治理方式在这样的历史背景之下应运而生,成为新时代乡村治理的重要着力点。

目前,乡村基层民主政治的发展虽然提高了村民自我管理的能力,但在具体实施过程中,部分地方仍存在一些问题。例如,村民主动参与公共事务的热情不高、村委会因事务繁杂负担过重、外部监管较为困难等。法律是立法机关将部分道德上升为具有强制性的规范。法律的性质也决定了不能生搬硬套法律来解决乡村治理中的一切大小事务,这对于乡村社会所形成的规则体系来说过于刚性,此时就需要通过道德来进行调节,借助道德手段来进行乡村治理。

六、有利于提高乡村道德文化水平

乡村治理的最终目的是实现善治,把农民培养成社会主义新时代的新型农民是实现善治的本质要求,不仅要提高农民自身的生存能力与发展能力,而且要使农民具备符合新时代要求的道德文化水平。面对价值观日益多元化的社会,乡村社会在从传统向现代化转型的过程中,市场化、工业化以及城市化对乡村社会产生了巨大冲击,乡村的传统道德观念因乡村社会的巨大转型遭到很大的挑战。乡村生活方式随着时代的变化发生了改变,在解放生产力、增加农民收入的同时,乡村社会道德环境日益复杂。因缺乏理论层面的道德知识的学习,农民难以形成正确的道德观念,使得传统的道德价值体系遭到质疑,道德建设出现滞后现象,农民的道德文化水平依旧不高。

乡村深受传统道德观念的影响,与城市相比,更加依赖人与人之间的道德规范约束,道德危机的背后是乡村文化发展的落后,使得乡村社会出现浮躁现象。一是少数原本淳朴的村民变得唯利是图,缺乏人与人之间基本的信任,为了谋求更多的经济利益,违背社会道德与法律准则;二是伦理道德观念淡薄,养老观念淡漠,子女对父母置之不理,相互推脱,老人赡养问题日益严重;三是人与人之间的关系冷漠,乡村美德逐渐被消磨;四是乡村精神文化匮乏,乡村文化建设滞后,导致一些落后、腐朽文化入侵,淳朴的乡土民风受到侵蚀,乡村出现黄赌毒现象,封建迷信思想在乡村蔓延。从现实状况来看,目前我国农民的受教育水平仍普遍较低,政府大力提倡的社会主义新型道德观念无法在短期内让广大农民有效接受,无法很快融入农民的日常行为当中,更谈不上自觉遵守,不利于乡村治理的推进。

针对目前乡村社会所面临的问题与困境,需要加强乡村基础建设,更要注重道德建设。发挥德治的积极作用,营造乡村德治良好氛围,是优化乡村生活环境,促进乡村各项事业发展的重要举措。德治不仅能够有效提高村民的道德素养,构建完善的乡村道德体系,而且可以有效维护正常的社会秩序,让中华民族的传统美德在广大农民中得以弘扬。广西柳州市三江侗族自治县积极开展道德模范评选表彰活动,宣讲道德模范的先进事迹,有效发挥道德模范的示范带头作用,开创了乡村道德建设的新局面。广西还有很多地区大力弘扬当地的特色民俗文化,加强当地乡村文化建设,为乡村社会德治建设提供内生动力。如广西河池市罗城县举办的戏曲下乡活动、广西百色市右江区改造农村义务教育薄弱学校、广西桂林市恭城瑶族自治县举办的孝义文化艺术节等。通过德治让村民逐渐认识到乡村社会所蕴含的价值观念、道德准则等,在这个过程中逐步提高自身的道德认知水平,理性地看待、评价道德现象,不断修正自己的观念与行为。

第四节　建设新乡贤文化,完善现代乡贤治理

党的十八大以来,以习近平同志为核心的党中央大力提倡建设美丽乡村,积极建设新乡贤文化和乡村文明。2013 年至 2018 年间,中共中央、国务院连续发布 6 个中央"一号文件",对乡村治理提出新的要求,特别是十九大报告中提出"实施乡村

振兴战略……加强农村基层基础工作，健全自治、法治、德治相结合的乡村治理体系"①。在新时代，乡村振兴是乡村的全面振兴，是关于中国全面建成小康社会和实现现代化发展目标的战略构想。在乡村振兴战略的实施过程中，坚持以德治为支撑，以法治为保障，以自治为核心，形成乡村政治、经济、文化各个方面治理体系和治理能力共同发展的良好局面。

在新时代，新乡贤被赋予了新的时代内涵，要实现乡村全面振兴，就要充分认识与发挥新乡贤的作用。壮族是全国人口最多的少数民族，拥有优秀的传统乡贤文化与熟知乡规民俗的贤能之士。在广西乡村的新乡贤文化建设中，我们需要再次立足优秀的传统文化，对传统乡贤文化进行创造性发展，构建与培育既扎根于传统又富有时代气息的新乡贤文化。以乡村经济发展、村民安居乐业为目标，契合国家现代化要求，将中华优秀传统文化与现代文化融合起来的一种新的文化形态，是推进乡村振兴战略的重要内容。

一、古为今用，继承与创新传统乡贤文化

法安天下，德润人心，时至今日，古代德治思想仍然值得予以重视。将传统德治思想发展为对优秀文化、公益事业和社会主义核心价值观的传播，是对中华优秀传统文化的继承与创新。

（一）挖掘传统乡贤资源，加强新乡贤文化建设

重塑传统乡贤文化有助于继承和弘扬中华优秀传统文化，深入挖掘传统乡贤文化中所蕴含的人文价值，在此基础上结合时代要求进行创新性发展，让广大民众认可、接受乡贤文化，并能真正做到内化于心、外化于行。

传统乡贤文化在构建和谐社会、传承民族精神与培育社会主义核心价值观等方面发挥着重要作用。我们必须重新审视传统乡贤文化，对传统乡贤文化进行深入挖掘与保护，提炼出传统乡贤文化的内涵，从优秀传统文化中找到现代文化与传统文化的结合点，合理开发利用传统乡贤文化，利用历代乡贤的文献、文物等文化资源，发展乡村旅游业，提升本土文化素养，形成良好的社会氛围，促进乡村经济发展，帮

---

① 习近平.决胜全面建成小康社会　夺取新时代中国特色社会主义伟大胜利——在中国共产党第十九次全国代表大会上的报告[M].北京：人民出版社，2017：32.

助村民脱贫致富,构建新时代的新乡贤文化。

一方面,加强对历代乡贤的故居和遗迹的开发、抢救和保护。由政府组织,充分挖掘广西当地乡贤文化资源,重点对一些传统村落、古代书院、乡贤故居等古建筑进行修缮、保护,增强地区文化的亲和力和感召力,还可以收集整理族谱宗规、历代乡贤留下的真迹等,挖掘先人的事迹,抢救濒临消亡的文化遗产,为发展广西的地方文化、旅游文化等提供珍贵的历史文献。例如,广西北流市积极传承乡贤文化,保护、修缮现存的书院、宗祠。为了将著名的扶阳书院遗址完整地保留下来,北流市政府向社会各界募资,对扶阳书院进行了整体修缮与维护。广西各个地方政府都在积极地为当地优秀的传统文化赋予新的时代内涵,广泛宣传乡贤精神,凝聚共识,共同推进传统乡贤文化的传承与弘扬。

另一方面,充分利用非物质形态的各种乡贤故事、传说或者各种文化活动,让村民在日常生活中对乡贤的道德精神耳濡目染。近几年来,广西来宾市象山县充分依托自身所拥有的人文资源,大力实施文化旅游兴县战略,积极举办各种弘扬乡贤文化的系列活动,设立乡贤文化旅游节,开展歌咏比赛、书法比赛、摄影展、民俗文艺汇演、广场舞大赛等特色活动,让参加活动的民众深刻感受乡贤文化。

(二)加强对新乡贤的情感认同和荣誉认可

在古代,"乡贤"一词是对贤达人士的奉献精神的肯定,是一种荣誉的认可。在古代,人们通过建造乡贤祠、编纂史籍来铭记乡贤的功绩,也让更多人以此为榜样,主动投身于乡村建设之中。在当今社会,对新乡贤中具有典型性的道德榜样进行认可,定期开展"优秀新乡贤"评选活动,对为乡村作出突出贡献的新乡贤进行激励,可以更好地突出新乡贤的榜样带头作用,凝聚乡村道德共识,共同建设美丽的社会主义新农村。

如今,随着社会转型,乡贤主体也发生了一些改变。传统的乡绅已经退出历史舞台,现代新乡贤群体逐步扩大,包括了农村基层党组织的现任领导干部,本土的政府官员、知识分子,工商界成功人士,本土具有很大威望、口碑好的道德模范,非本土出身,但志愿奉献乡里的有识之士和大学生村官等。我国城镇化进程加速,为谋求更大的经济利益与发展空间,大量的人口涌入城市,使得乡村人才流失、"空心化"、环境复杂化等多种问题出现。因此,要想吸引更多的新乡贤回归,提高其参与乡村治理的热情,就必须通过多种方式对新乡贤进行激励和认可。

例如,创建有关乡贤文化的园区、协会、纪念馆,以历代和当代乡贤的事迹为主题的展示厅等,宣传乡贤的生动事迹,还可以出版关于乡贤事迹的图书,发挥新乡贤文化的作用。广西来宾市象州县为了让古代乡贤文化焕发出新的时代价值,在当地政府的协助下建立了乡贤馆,成立了乡贤研究会等社会组织,武宣县则组织出版了《武宣古韵》等,记载了从古至今当地 900 多名乡贤爱国爱家乡、廉洁奉公、乐于奉献的感人事迹,大大增强了民众对乡贤的认同感与自豪感。

(三)创新新乡贤文化宣传载体

文化的发展离不开宣传教育,新乡贤文化的宣传工作同样需要坚持以先进理论为指导,认真研究,总结经验,以人民群众易于接受的方式来弘扬,以乡情为纽带,以乡愁为桥梁,吸引各行成功人士用其所长为家乡作贡献,建设美丽乡村。

要想有效地开展新乡贤文化的宣传工作,首先要用群众喜爱的方式传播乡贤文化。结合乡贤文化的精神内核,将文化元素融入乡村人文景观之中,以碑刻、楹联、雕像等多种方式向群众展示乡贤文化。如广西来宾市象州县政府开展的"美丽广西"乡村建设活动,将公共建筑与人文景观结合起来,以碑刻、雕塑等形式凸显乡贤文化,在村中人群密集的地段张贴乡贤榜、善行义举榜,宣传新乡贤文化。

增加途径多样化的宣传方式,充分利用互联网、手机、电视等媒介大力宣传新乡贤文化。随着智能时代的到来,信息技术飞速发展,智能手机和互联网的普及推广使得新兴媒介的传播效率更高。如今,大多数乡村的村民都用上了手机,也有不少乡村已经被互联网覆盖。因此,新乡贤文化的宣传教育在具体实施中要充分运用互联网、智能手机和电视来达到宣传的目的。例如,选取具有代表性的新乡贤的典型事迹,制作成纪录片或小短剧,通过电视进行播放,让村民在看电视的过程中增加对乡贤的了解,还可以利用微信这一新兴媒体,推送有关新乡贤文化的文章,或者利用电子屏这一新型广告牌,每天在电子屏上轮番播放乡贤的生动事迹,用榜样的力量来激励人们学习乡贤文化,将新乡贤文化渗透到民众生活的点滴之中,让新乡贤精神激励更多村民投身于乡村建设。

二、构建崇善向德的新乡贤文化体系

(一)切实发挥基层党组织的核心领导作用

中国共产党在乡村治理中的领导地位是在历史中形成的,也是由中国的社会主义性质决定的。农村基层党组织是中国共产党在乡村的组织,作为乡村管理制度的主要制定者和核心领导者,不仅是推动乡村社会治理的根本力量,而且是促进社会秩序安定的有效保证。在乡村治理体系中,基层党组织一边与国家权力相联系,一边又与广大人民群众密切联系在一起,因此,基层党组织是党凝聚民心的主要力量。

一方面,坚持党对乡村治理的领导,切实发挥基层党组织的核心领导作用,为党在基层执政打下良好基础,在构建与时俱进的新乡贤文化体系中发挥引导职能,确保党的道德建设在乡村能够得到有效的贯彻落实,让新乡贤成为党和国家各项方针政策的有力执行者和新农村建设的典型代表。另一方面,抓住基层党员领导干部这一关键少数,充分发挥其良好带头作用。基层党员领导干部作为乡村治理的具体执行者、现代的新乡贤,要具有坚定的共产主义理想信念,发挥先锋模范作用,通过自己的言行举止引导群众树立正确的认同意识,自觉执行有关乡村振兴战略的各项改革举措,有效推进乡村治理。例如,来宾市风沿村的党支部书记陈全庆为帮助当地村民脱贫,特地从福建引进特色红心柚,带领村民种植,发展特色农业。红心柚的年产量颇丰,村民的年收入也有所增加。陈书记因踏踏实实为人民服务,被村民举荐为当代的新乡贤。所以,基层党员干部队伍建设问题对乡村治理至关重要,应该予以充分重视。

(二)牢牢掌握主流意识形态在乡村的领导权

随着改革开放的不断深入,我国乡村社会进行转型,在快速发展与变迁中,矛盾和问题也逐渐显现。乡村社会仍然存在部分封建思想以及西方拜金主义、享乐主义和个人主义等负面思潮,人们开始趋"利"避"德",导致出现不同程度的道德滑坡、传统美德缺失以及人际关系变得冷漠等问题,危害乡村思想道德建设,直接影响乡村社会安定。在乡村振兴战略实施的过程中,要妥善解决当前乡村社会中存在的各种矛盾和问题,就要在乡村治理过程中积极传播主流意识形态,特别是弘扬社会主义核心价值观。因此,在新乡贤文化建设中,要牢牢掌握社会主义意识形态在乡村的领导权。

新乡贤作为典范,要在广大人民群众中保持积极向上的精神风貌,有坚定的理想信念,帮助村民树立正确的价值观,以地方基层党组织为核心,大力开展形式多样的宣传活动。如广西"星级文明户"创建活动与创建文明村镇活动相结合;开展文化、科技、卫生"三下乡"活动并举办知识讲座、技能培训;开展"道德模范""最美家庭"等评选表彰活动,向广大群众传播主流价值观。这些工作的积极开展,使得主流意识形态在乡村社会传播,维护乡村社会的稳定与和谐。

(三)积极倡导和践行社会主义核心价值观

社会主义核心价值观作为社会意识形态的主体和灵魂,对一个国家的意识形态、道德规范有着强大的道德引领作用。当前,一些个人至上、利己主义思潮泛滥,严重影响了我国的社会风气,迫切需要一个正确的价值观来强化我国的主流意识形态,需要积极通过各种渠道、方式在人民群众中倡导与弘扬社会主义核心价值观,使之成为社会普遍认同的道德品质,从而推动社会主义现代化事业的发展。新乡贤文化所拥有的精神内涵恰好与社会主义核心价值观相契合,有着同样的目标与追求。因此,在乡村治理中,要把倡导和践行社会主义核心价值观落实到治理的各个方面。

在乡村治理中,首先要解决好农民群众的生存需要,只有解决好广大农民群众的生计问题之后,他们才会去考虑温饱问题之外的精神需要;只有让他们在物质方面得到保障的前提下,他们才会认同社会主义核心价值观。因此,要着重促进乡村经济发展,巩固社会主义核心价值观的物质基础。其次,将传统乡贤文化与社会主义核心价值观联系起来,以两者之间的契合点为指导,对新乡贤文化进行构建与优化,使新乡贤文化成为当前新农村建设的重要精神动力。最后,以新乡贤为重要载体,弘扬社会主义核心价值观。新乡贤不仅是中华传统文化的传承者,而且是传播社会主义核心价值观的践行者。新乡贤的存在,使得广大群众能够以一种更具体、现实的方式理解社会主义核心价值观,提高村民的思想道德修养,营造积极向上的道德舆论氛围,使得乐于助人、与人为善的良好社会风气,成为民众的内在精神需求与价值追求。

三、丰富礼法结合的乡村治理方式

礼法结合是我国传统社会治理的宝贵经验,对现代社会的乡村治理有着重要作用。在中国农村,礼依然是调节人际关系和社会秩序的基本准则,但仅仅依靠传统的道德力量和个人信仰,是难以构建和谐的乡村社会的。因此,要搭建一个礼法结合的基层治理结构,在传统礼俗与法律之间找到最佳平衡点,最大限度地发挥这个平衡点的作用,从而真正实现乡村治理现代化。

（一）建立新乡贤的培育与激励机制

当前，我国乡村治理的困境很大程度是由于治理资源和人力匮乏。其中，乡村地区面临的人口流失，尤其是专业精英大量外流问题最为突出。要使新乡贤文化在乡村治理中发挥积极作用，就必须加强新乡贤队伍建设，完善培育与激励机制，吸引更多新乡贤回归，以此增强新乡贤力量。

一是建立新乡贤的培育机制，鼓励和支持新乡贤参与地方基层组织建设。注重新乡贤群体在新乡贤文化体系建设中的作用，如实施新乡贤培育工程，培育一批有胆识、有声望、有奉献精神、乐于为家乡作贡献的新乡贤队伍。广西的部分地区开展"寻找身边乡贤"活动，由政府部门组织，村民自发推举，公平公正地评选出有能力、受人尊重的新乡贤。

二是加强激励机制建设，积极鼓励和引导有归乡意向的乡村外流人才，也就是现代社会的新乡贤返乡发展，增加乡村治理中的人力资源储备。地方政府根据实际情况出台专门的优惠政策来创造制度环境，用优惠的信贷、税收等政策收入来扶持返乡创业的新乡贤扩大创业规模，积极为乡村建设贡献力量。广西北流市将乡贤工作与精准扶贫工作整合在一起，研究制订了《北流市动员民营企业参与精准脱贫攻坚活动实施方案》，积极带动企业中的商业精英或乡贤参与到扶贫攻坚活动中来。同时，还可以适当地让新乡贤加入基层政府，提高基层干部的整体素质和乡村治理能力。

三是依托当地特色与政策，打造更多吸引新乡贤回归的发展平台。在培育新乡贤和发展新乡贤文化的过程中，积极利用广西当地相关政策，如新农村建设、"美丽广西"乡村建设重大活动、乡村公共体系建设等，吸引更多乡村精英回乡创业。随着相关政策的出台，这几年广西新乡贤回乡发展的趋势直线上升，仅玉林市回乡投资的新乡贤就有300多人，而整个广西也开始呈现出外出务工人员回流现象，许多外出务工人员选择返乡创业、就业。

（二）强化村规民约的整合功能

村规民约是中国传统乡村文化的重要组成部分，也是乡村最主要的非正式制度，其源于道德传统，是国家法律的重要补充。村规民约大多都是围绕乡村社会生活和相似的道德要求而共同协商约定的。广西大部分地区都制定有村规民约，一般由有威望的村老拟定,然后召集大家讨论通过,通过之后全体村民都必须遵守。如1980年广西宜山县(今河池市宜州区)合寨村村民自发选举产生村民委员会,自行商定村规民约,以此来整顿不良风气,农村偷盗现象减少,社会治安逐渐好转。同时,村委会还主动为村民办实事,比如修建码头和机耕路,集资解决村民的用电问题等。与法律相比,由村民自行协商拟定的村规民约对村民行为的约束力更强,它能够直接影响当地村民的思想行为,对整个乡村社会的发展有着至关重要的作用。

在强化村规民约的作用时,第一,认真挖掘符合主流价值观的村规民约和各种道德准则,推进社会主义精神文明建设。将村规民约与社会主义核心价值观融合起来,让村规民约成为群众价值取向的标杆。第二,加强法治教育。首先,要强化村干部的法治意识,要求村干部学习相关法律法规,提高依法治村的能力。其次,要加大对村民的普法力度,提高普法工作的实效性。第三,强化村规民约的规范作用。让道德规范逐渐融入村规民约,让其内化于广大村民的心中,增强村民的责任感、认同感和荣誉感。塑造与时代相适应的乡村德治秩序,构建全新的新乡贤文化,营造乡村德治的良好氛围。

四、动员新乡贤力量参与乡村治理

全面建成小康社会的关键在农村,而新乡贤在乡村治理中发挥着极其重要的作用,是推动我国乡村治理工作的重要力量。

(一)以新乡贤群体助推乡村经济发展

国家推行的以城市带动乡村的经济战略,一方面依靠国家财政资金与政策的扶持,另一方面也有外部资金的投入,其中大部分是经济领域的新乡贤给予的。他们有较强的资源整合能力和雄厚的经济实力,能够促进乡村与外界联系,让乡村经济的发展水平和质量有所提升。

第一,鼓励有雄厚经济实力的新乡贤回乡参与乡村经济建设。新乡贤返乡不仅是人才的回流,而且是信息、资金与技术的回流。广西贵港市港北区庆丰镇罗碑村的基层干部积极探索"党建+乡贤"的乡村治理模式,鼓励乡贤反哺家乡。近年来,乡贤自发捐款为乡村修路、修水利等,还主动破解乡村产业发展难题,带领村民根据土地优势扩大富硒优质谷种植等优势产业,全村实现人均纯收入1.2万元,与同期相比增长 19%。第二,新乡贤可以通过引进先进技术,根据当地特色来调整乡村产业结构,带领村民脱贫致富奔小康。第三,带领村民走绿色发展道路。积极发挥新乡贤的作用,呼吁村民保护乡村生态环境,建立以绿色生态为导向的发展理念与制度体系,推行绿色生产方式,为持续推进"美丽广西"乡村建设活动奠定良好基础。

(二)完善服务导向,注重服务意识

站在新的历史阶段,农民群众的需求发生了改变,这就要求新乡贤在基层开展工作时,要明确以服务来团结群众,深入了解广大群众的想法与困难,实实在在为群众办实事。

第一,探索"不在场"新乡贤新的服务方式。对于在城市各行各业工作的新乡贤,利用各种方式让他们为乡村建设作贡献,提供智力、技术、资金等各方面的支持。广西北流市积极发挥新乡贤的优势,指派专业技术人员到贫困村为村民培训,提高贫困群众致富的技能,为群众服务。广西崇左市天等县作为国家扶贫开发工作的重点县,创新实施"乡愁党建工程",引导外出党员返乡参加脱贫攻坚工作,在春节期间召集返乡党员开展组织生活会,进行交流学习,提升业务技能。第二,搭建服务平台,招揽新乡贤以自身专业特长来指导乡村建设,带动村民致富,促进经济发展。比如,在 2019 年,广西组织成立乡村振兴战略实施的博士服务工作站,招揽区内各领域的高端人才深入农村基层开展服务工作,为广西各区县乡村振兴战略的实施提供有力支持。

(三)成立乡贤组织,凝聚群体力量

现代乡贤组织是新乡贤群体得以维系的重要纽带,也是基层政府与民众的重要沟通桥梁。2015 年中共中央国务院在《关于加大改革创新力度加快农业现代化建设的若干意见》中提出:"创新乡贤文化,弘扬善行义举,以乡情乡愁为纽带吸引和凝聚各方人士支持家乡建设,传承乡村文明。"[①]此后,各地方政府开始高度重视乡贤治理问题,并建立了乡贤理事会、乡贤参事会等社会组织。这些组织坚持党的方针政策,积极处理乡村事务,投资乡村经济,广泛传播先进文化。广西北流市创建理事会、公益基金会等社会组织,使新乡贤文化得到广泛传播。

---

① 中共中央国务院关于加大改革创新力度加快农业现代化建设的若干意见[M].北京:人民出版社,2015:16.

通过积极组织乡村中有威望和有经济实力的能人、退休干部、退役军人等新乡贤组成新型社会组织，让新乡贤广泛参与乡村治理事务，充分利用其影响力，为乡村治理充分发挥新乡贤的道德引领与规范作用。

第五章
法治乡村建设

实施乡村振兴战略是解决新时代"三农"问题的重要举措,也是全面建成小康社会的必然要求。建设法治乡村,完善乡村的法律法规,不仅是依法治国方略的重要组成部分,而且是建设美丽乡村的内在要求。

第一节　依法治国与依法治村

一、依法治国与依法治村

(一)依法治国与依法治村的含义

我国依法治国基本方略最早出现在党的十五大报告中。1999 年 3 月"依法治国"基本方略被写入宪法,成为宪法原则。党的十八届四中全会更是把"依法治国"作为会议的主题,并通过《中共中央关于全面推进依法治国若干重大问题的决定》,把建设中国特色社会主义法治体系和建设社会主义法治国家作为依法治国的总目标。我国提出依法治国的目的就是总结过去的经验教训,加大制度建设,减少人治给国家和人民带来的负面影响,从而实现国家健康持续发展。依法治国就是广大人民群众在党的领导下,依照宪法和法律,通过各种途径和形式管理国家事务,管理经济文化事业和社会事务,保证国家各项工作都依法进行,逐步实现社会主义民主的制度化、法治化。其核心就是以宪法和法律作为治国的最具权威的标准,树立依法治国理念。党的十八届四中全会提出了"科学立法、严格执法、公正司法、全民守法"的依法治国"十六字方针",赋予了依法治国新的内涵。

依法治村是依法治国的衍生，是将依法治国的任务和举措落实到基层的过程，在全面推进依法治国的进程中不断前进。依法治国最早是由党的十五大提出来的，1999 年被正式写入宪法。党的十八届四中全会审议通过了《中共中央关于全面推进依法治国若干重大问题的决定》，全面推进依法治国的思路越来越明确，在全国的农村范围内将实行依法治村。习近平总书记指出，要努力把全面推进依法治国的工作重点放在基层。

所谓依法治村，指的是根据宪法和法律的规定，通过各种途径和形式对基层单位进行管理，对基层干部的行为进行规范，从而加强基层事务的公开化、民主化和法治化，进而保障村民的自治权利，从而调动广大人民群众的积极性，更好地为社会主义现代化建设作贡献。依法治村的实质和核心是村民自治，其主要内容是民主选举、民主决策、民主管理、民主监督和依法决策、依法管理、依法办事。具体而言，包含以下几个层面的意思。

首先，依法治村致力于乡村法治理念的建设。当前，我国农村实行村民自治制度，由村党支部和村委会一起管理村务。要求村两委在职责范围内各司其职，按照《中华人民共和国村民委员会组织法》和《中国共产党农村基层组织工作条例》中的规定，村委会领导班子在群众中选举产生，并负责组织村民自我管理、自我教育和自我服务；村党支部受乡镇党委领导，由基层党员选举产生，主要职责是依法领导、支持和保证村委会的工作。依法治村要求村两委在村务处理过程中，严格走法律程序，运用法律手段管理农村的矛盾和纠纷，牢牢树立法治理念，所有的行为都应该在法律范围内进行。

其次，依法治村致力于村民民主自治治理模式的建设。依法治村的实质和核心是村民自治。其主要内容包括民主选举、民主决策、民主管理、民主监督和依法决策、依法管理、依法办事。对于村民来说，要树立主人翁意识，充分利用宪法赋予的监督权力，在决策过程中表达自己的意见。第一，依法治村要求村民在法治化进程中，积极地学法、懂法、守法、用法，对于与农村政治、经济相关的法律多看多学，例如《农村土地承包经营纠纷调解仲裁法》《中华人民共和国土地管理法》《中华人民共和国农业法》等。第二，依法治村要求村民学会用法，法律是维护自身权益的有力武器，在生活中遇到纠纷时，要学会运用法律手段与恶势力作斗争。

最后，依法治村致力于乡村和谐秩序的构建。依法治村以法律为主要手段，通过全民学法、懂法、守法、用法的方式，达到建设社会主义和谐社会的目的。当前，我国的农村受封建文化的影响,"黄赌毒"等现象也在农村出现,农村的犯罪率呈上升趋势。经济水平提高的同时农村社会的情况也变得复杂起来,所谓的"村霸"和"关系户"依靠势力谋取村内的各种利益,宗族关系影响村委会的换届选举。依法治村致力于在农村社会领域建立起法的规则和秩序,真正实现法律面前人人平等。

(二)依法治国与依法治村的关系

法治是人类现代文明的成果,是现代社会治理的经验总结。在中国这样一个超大规模的发展中国家建设社会主义法治,实现国家治理现代化,是人类政治文明发展史上的壮举。在中国国家治理和法治建设的进程中,农村法治建设占据着至关重要的地位。农村是依法治国的基点、重点和难点。

1.依法治村是依法治国的重要组成部分

依法治村是依法治国的重要组成部分。依法治村就是要大力加强农村法制宣传,增强农村干部群众的法制观念和依法办事的能力,依法建制,以制治村,把农村的各项事业纳入依法管理的范围,不断提高农村的法治化水平。农村作为基本的社会单元,其法治化程度直接影响整个社会的法治化水平。第三次全国农业普查结果显示,2017 年全国有农村人口 57 661 万人,占比 41.48%;乡 11 081 个,镇 20 844 个,村 596 450 个,其中 556 264 个村委会,40 186 个涉农居委会,317 万个自然村。党的十八届四中全会提出要推进基层治理法治化。全面推进依法治村,对于规范村级权力行使,落实基层民主,优化基层治理政治生态有重要意义。2015 年中央"一号文件"《关于加大改革创新力度加快农业现代化建设的若干意见》中首次提出了加强农村法治建设:"农村是法治建设相对薄弱的领域,必须加快完善农业农村法律体系,同步推进城乡法治建设,善于运用法治思维和法治方式做好'三农'工作,同时要从农村实际出发,善于发挥乡规民约的积极作用,把法治建设和道德建设紧密结合起来。"文件把农村法治建设提高到空前高度来强调和部署,抓住了破解"三农"新困境的关键。

2018 年,党中央和国务院颁布了《关于实施乡村振兴战略的意见》。该文件强调坚持以法治为本,树立依法治理理念,强化法律在维护农民权益、规范市场运行、农业支持保护、生态环境治理、化解农村社会矛盾等方面的重要作用。只有重视乡村的法治建设,才能保障村民的合法权益。因此,乡村的振兴离不开法律的保驾护航。实施依法治国战略能够为乡村经济的发展提供一个安全的外部环境。今天,国家进入全面深化改革的新发展阶段,进入全面建成小康社会的冲刺阶段和关键时期。新一轮的农村改革必然涉及利益调整,因此更需要用法律来为改革保驾护航。无论是进一步健全村民自治组织体系,还是完善农村林地、土地承包经营权确权工作,都必须严格遵守宪法法律,充分吸纳村民意见。依法规范村内"小微权力"运行,强化村务监督,让"小微权力"在阳光下运行;广泛推行村务公开、民主理财,推动村民自我管理、自我教育、自我服务、自我监督机制不断优化。

在广大少数民族地区进行社会治理现代化实践既不是一个简单的抛离乡土社会,仅仅依靠国家强制力推进的运动式过程,又不是一个等待乡土社会和村民自身慢慢地成长到理想的治理现代化的消极过程,而是一个以国家为主导,以社会为基础的积极合力推进过程。推进依法治村,建设法治乡村,必须把政府各项涉农工作纳入法治化轨道;坚决维护村民委员会、农村集体经济组织、农村合作经济组织的特别法人地位和权利;深入推进综合行政执法改革向基层延伸,创新监管方式,推动执法队伍整合、执法力量下沉,提高执法能力和水平。加强乡村人民调解组织建设,建立健全乡村调解、县市仲裁、司法保障的农村土地承包经营纠纷调处机制;健全农村公共法律服务体系,加强对农民的法律援助、司法救助和公益法律服务。深入开展法治县(市、区)、民主法治示范村等法治创建活动,深化农村基层组织依法治理。

当然,最根本的基础性工程是做好农村法制教育。只有人人树立了法律意识,才能形成全社会敬畏法律、按法律办事的氛围。但是,农民的法律意识不会自发产生,必须培养,要始终把学法普法作为农村法治建设的基础工程来抓,建立健全农村普法教育的长效机制,让法律成为人们的一种信仰,让法治思维、法治方式成为现代乡村社会生活的一种常态。

2.依法治村是依法治国的必然要求

依法治国是我国确立的基本治国策略,任何组织和个人都必须在宪法、法律的范围内活动。村民和村干部作为我国公民的组成部分,必然受到宪法和法律的约束,必须在宪法和法律的范围内活动。因此,贯彻依法治国理念必然提出依法治村这一要求。

3.依法治国与依法治村之间的良性互动,确保农村地区长治久安

我国农村地区之间经济发展的不平衡和农村地区人与人之间的贫富差距,容易引发矛盾和纠纷,各种违法犯罪行为也随之增加。因此,要通过依法治国,利用各种手段,正确处理农民内部矛盾,加大对违法犯罪分子的打击力度,进而解决源头上的

矛盾,在依法治村下实现个体利益的调和,有效促使农村地区的和谐稳定和长治久安。

二、改革开放以来我国农村法治建设的成就及存在的问题

改革开放以来,我国农村法治建设取得了巨大进步,先后制定并实施了 20 多部涉及农业方面的法律,出台的行政法规更是超过了 60 部,还有大量的部门规章以及地方性法规。这些法律法规的实施对我国农村法治化建设起到了决定性作用,如农民的法律意识明显提高、村民依法维权意识显著增强、农村矛盾纠纷解决措施更加理性等。但是仍然存在比较突出的问题,这些问题会严重影响我国农村法治化建设的进程,从而影响国家法治化建设的高度。相对于城市,农村的法治化建设水平相对较低,如农民的法律意识相对较低、法治观念相对落后、依法维权意识不强,村干部对农村法治建设不够重视等。总之,农村法治建设还存在一些困境,加强农村法治建设刻不容缓。

(一)成就

第一,完善了农村立法,做到有法可依。1978 年十一届三中全会召开以后,随着我国改革开放的逐步深化,农村法制建设的步伐也不断加快。近年来,随着改革开放的不断深入,一些不适应时代发展的法律法规如农业税的相关法规已经被废止,逐步构建了以 2002 年修订的《中华人民共和国农业法》为中心的农业法律体系框架。这些法律法规涵盖了农业宏观调控、农业水利建设、农业生产经营、农业税收、保障农民权益、农村环境与资源保护、农村科技教育等基础生产经营管理活动和农村社会发展的方方面面,农业的产前、产中、产后各个环节,以及农、林、牧、副、渔等各个农村产业,基本保障了农村各领域有法可依。正是在农村法规的引导和保障下,我国的农村农业经济取得了巨大成就,推动了整个社会主义现代化建设顺利进行。

第二,强化农村执法,维护农民权益。农村执法的发展是伴随着农村法制体系的健全而发展的。改革开放以来,我国的农村执法体系建设初见成效,在维护农民权益、保障农村经济发展等方面发挥了积极作用。一方面,农村行政执法行为逐步规范。自 1996 年《中华人民共和国行政处罚法》颁布实施以来,有关部门大力规范

各级执法行为,对农村执法队伍进行了清理、整顿,进一步明确了执法主体。特别是《农业行政处罚程序规定》的颁布,进一步规范了农业行政处罚行为。另一方面,加大执法力度,切实依法治农。在执法本身纳入法制化轨道的同时,建立执法人员资格管理机制,把农村执法人员的经费开支列入财政预算。农村执法工作日益规范,有力打击了坑农、害农行为,较好地保护了农民的权益,为生产发展、生活富裕新农村建设提供了法律保障。

第三,农村执法监督成效显著。我国的农村执法监督,伴随着改革开放的深入,经历了一个从无到有、从忽视到重视、从感性到理性的发展过程。农村执法工作面对着千百万农民,有效的执法监督确保了农村执法的公平、公正,树立了政府和执法机关在农村群众中的良好形象。目前,我们已经建立起了包括权力机关、司法机关、行政机关和社会监督主体在内的相对完整的监督体系。各级涉农行政机关在接受人大监督、群众监督、媒体监督的同时,也完善了内部专项监督机制,建立了行政执法考核制和评议考核制,推动行政机关合法、公开、公正、高效执法,进一步营造了健康、和谐的农村法治氛围。

第四,司法保护有力,彰显人文关怀。针对我国农村对司法的特殊需求,基层法院努力降低诉讼费用。最高人民法院制订了《经济纠纷案件适用简易程序开庭审理的若干规定》《关于适用简易程序审理民事案件的若干规定》等相关规定,简化了诉讼程序,提高了诉讼效率,降低了诉讼成本。不断完善人民法庭解决矛盾纠纷的体制,大力提倡调解机制,适应农村经济社会发展需要,在保证程序公正的同时,不断强化实体公正,使法律意识深入人心。最高人民法院注重加强法庭建设,突出巡回法庭的重要作用,通过巡回法庭的公开审理,农民能够近距离地感受法律,并能够更有效地利用司法资源。设立司法救济制度,为贫困农民提供司法救助,体现了司法为民,彰显了司法的人文关怀。

第五,农民的法律意识逐步增强,基本权利得到保障。改革开放以来,广大农民投身到市场经济的大潮之中,法律意识逐渐增强,农村普法教育成效显著,农民学法、守法、用法、护法习惯逐步形成。农民对自身的政治权利、经济权利、社会权利的认知有了进一步提高,很多地方的农民都开始拿起法律武器来维护自身的合法权益。解决问题的方式也由过去的私下解决或暴力抗法转变为司法解决,避免了大规模群体事件的发生。随着农民法律意识的增强,全国各地侵害农民权益的情况正在逐渐减少,农民的基本权利得到了有效保障。

（二）问题

改革开放以来,随着普法工作的开展,我国广大农村地区开始有了法律的身影,农民开始接触到法律,有了一定的法治观念。但总的来说,我国依法治村的全面推行仍然面临一些问题,农村法治建设落后,问题突出。

1.农村法制建设滞后,立法不足

建设法治社会的号角已经吹响,广大农村地区的法制建设取得了实质性的成效,带动了农村经济的发展。然而,总的来说,农村地区不管是法制建设还是法治建设,与城市相比,差距还是相当明显,特别是我国农村当前处于转型期,法制建设落后于法治化进程。农村人口总数大、结构复杂,城乡差距大,贫富差距明显等导致"三农"问题难题化。法制建设对于法治管理来说必不可少。有法可依才能做到有法必依,这就与立法关系重大,若法制不健全,将导致法制缺失,那么依法治国、依法治村便无法实现。

几十年来,我国农村的立法虽然有了很大进步,但目前农村正处于转型发展时期,现有的立法体系无法满足农村社会发展的需要。

第一,农村立法相对滞后。

在中国特色社会主义法律体系中,与"三农"问题相关的立法在国家立法中仅仅占10%左右。立法进度落后于农村发展。在我国这样一个农业大国,农村立法占比远远落后于国际平均水平,立法的水平滞后于农村社会的发展。

第二,农村相关法律效力不足。

我国大部分农业立法来自行政法规、地方性法规以及地方政府规章,与上位法相比,稳定性差,立法主体依据上位法制定法律时,更多强调与上位法的要求相吻合,易忽视农村的实际情况,或者直接引用上位法的条文,缺乏可执行性和可操作性。

2.农村执法难度大,司法工作基础薄弱

健全和完善的法律,都是通过人的具体操作来实现其价值的。在我国的农村执法工作中,公正执法存在的阻力因素很多,司法体制也还不尽如人意,滥用职权的现象时有发生,间接影响了法律在农民心中的形象。

第一,农村执法人员素质偏低,因流动人口数量大而加大了执法难度。

目前,我国农村执法人员文化水平不高且年龄偏大,对专业的法律知识也不是很熟悉,执法的方式有时较粗暴。因此,在执法过程中,容易因为方式方法使用不当而引起不必要的纠纷。

近年来，我国经济快速发展，大量农村务工人员进入城市务工。据国家统计局数据资料显示，2018 年，我国农村流动人口达 2.53 亿人，人户分离人口 2.98 亿人，与历年相比，呈上升趋势。农民工进城是普遍现象，以"候鸟"方式生活，只有春节的时候才回家过年，其余时间都在城里打拼。留在农村的大部分是老人和小孩，他们对国家的政策和法律并不十分了解，影响了法律在农村发挥作用。

第二，执法监督机制有待完善。

执法行为只有在阳光下运行才能保证其公正性，而目前农村没有专门针对农村执法监督的机构，乡镇工作人员的执法行为受上一级机关监督，但有的乡镇离县城十几公里，上级机关很难发挥监督作用。事实上，最主要的监督主体是广大农村群众，而现实却是只有当村民的权益受到侵犯时，他们才会采取相关的方式进行维权，村民起到的监督作用也不大。随着国家"反腐倡廉"活动的开展，很多政府网站都开通了网上信访通道，网络舆论发挥了很大的监督作用，但是农民利用现代化信息技术的能力有限，老一辈的农民甚至排斥网络，认为网络是年轻人用来玩游戏的工具，有效的监督方式没有起到作用。

第三，农村司法力量较弱，人才缺乏。

基层法院是审理农村案件的主要机构，只设到县一级，因此全县相关的民事案件、刑事案件都由基层法院处理，基层法院的工作人员一般是 80—100 人，多的也不到 200 人，专门从事审判业务的就更少了。少数经济较发达的乡镇，会由法院下派1—2 人设基层法庭，但起的作用也不大。每个乡镇都设了司法所，但工作人员基本就一两个人，有的乡镇司法所人员由其他站所人员兼顾，缺少独立的办公楼和专业的人才。

3.农民法治观念淡薄，农村组织建设不到位

通过查看一些案例，可以看出一些农民的法治观念不强，例如斗殴事件，某些农民漠视法律的权威，本可以走法律程序来解决，却采取了斗殴的方式发泄内心的不满，法治观念淡薄。加上少数村委会在选举过程中存在贿选、拉选票等现象，这样的村两委很难全心全意站在村民的立场办事。

第一，农民法治意识落后，存在"权大于法"的错误观念。

农民的权益受到公权力侵害时，他们的第一选择是找当地政府说理，或者用上访的方式来解决，很少有人会选择用法律的方式来解决，甚至有的人忍气吞声，自认

倒霉。这反映出了部分农民的法治意识落后,仍然偏向以"私了"和"拳头"的方式解决纠纷。

第二,农村组织建设存在不足。

一是在村委会换届选举中存在不民主现象。相关法律明文规定,我国实行村民自治制度,我国农村事务的决策由村民共同做出,在决策过程中要保证民主。然而,一些村委会在换届选举中存在拉票、贿选等行为,加上农民的权利意识不强,对自己的选举权不重视,导致农村基层组织领导人选举不民主,影响了村民自治的实现。

二是村委会在村级事务决策中存在不民主现象。《中华人民共和国村民委员会法组织法》中明确规定,对于关系到村民利益的重大事项,必须召开村民代表大会,通过民主的程序决策。但是,一些村没有明确规定什么样的事情为重大事项,有些事情农民甚至都不知情。

三是民主监督机制不健全。依法治村要求村务公开,保证村民对村级事务的监督权。然而,一些农村的现状是,部分村民不清楚村里是否有村务公开,对村干部的监督更是无从谈起。小部分村民通过新闻知道自己有通过村务公开来监督村干部的权利,但是村委会没有公开,自己也不敢要求村级组织公开。村委会没有在村民的监督下进行村务管理,容易发生暗箱操作、滋生腐败,村民的权益难以得到保障。

4.农村经济落后,依法治村缺乏物质支持

农村经济发展受地理位置、自然条件、物产资源等因素的影响,存在差异性,但总的来说,我国农村经济发展落后于城市。

第一,使用法律维权成本高,农民现有的经济条件无法承担。

农村的经济状况极大地影响着农村的法治化建设,农村经济的落后导致农民很难通过法律的途径保护自身权益。成本包括时间成本、影响农业生产成本、经济成本等,经济不发达的农村,农民很难承担诉讼的成本。

第二,农村经济薄弱,导致法律教育缺失。

在经济落后的农村地区,教育比较落后,这必然影响法律的教育,农民的法律知识远远达不到法治化的要求。落后的经济,也使得农民必须通过繁重的体力劳动来改善自身的经济状况,学习法律知识的时间很少。

三、推进依法治村进程的途径

(一)新农村法制建设的原则

新农村法制建设的指导思想具体到法制建设的实际活动中,需要明确以下几个原则。

一是法制统一原则。作为现代法治的一项基本原则,法制统一原则强调法律必须由具有立法权的机关制定。这既有利于群众法律意识的增强,又有利于进一步实现法律公正。我们在新农村法制建设过程中,要做到一切从农村的实际出发,在与国家的基本法律制度不抵触的前提下,及时把改革中的经验、成果用法律条文的方式确定下来,逐步实现农村政策的法律化,使法律真正成为农民普遍遵守的基本活动原则。

二是公平正义原则。公平正义原则是法律的基本原则,在新农村法制建设中有着特殊意义。

三是体现农村特色原则。我国的新农村法制建设,必须坚持从农业、农村的实际出发,因地制宜。从农业的发展来看,我国农业目前还处在发展落后、资源分配不均匀、地区差异大的阶段,农村立法必须从这个实际出发,妥善解决农村各种复杂的经济社会关系。

(二)推进依法治村的措施

乡村的法治建设是新时代新乡村建设的要领,是实现广西乡村振兴的关键,也是全面推进依法治国和全面建成小康社会不可忽视的问题。要使党的各项方针政策落到实处,就必须推进乡村法治建设,让农村各项事业有法可依。以基层民主法治建设为基础,保障农民的权益,为农民的生活提供法律保障,建设美丽乡村,实现国家经济、政治、文化健康发展。

1.完善普法宣传机制,加强农村普法制度建设

虽然农村法治建设有了长足进步,但还面临一些困难,要加快农村法治化建设,就要妥善解决好这些问题。

法律意识不是天生的,而是通过后天不断学习形成的,针对当前村干部和村民法律意识不强等问题,应该完善农村普法宣传机制。首先,建立一个完善的村干部

法治学习培训机制。要想加强农村法治建设,就要提高村干部的法律意识。村干部只有自身具有较高的法律意识,才能在普法宣传和解决村民矛盾纠纷时通过法律手段来维护村民的权益。比如,乡镇政府可以定期组织村干部进行法律学习,聘请专门的法律人员来讲解法律等。其次,制定一套完善的农村法治宣传方案。比如,规定村干部进行普法宣传时采取什么样的措施;对村民进行普法宣传时,聘请一些专业的法律人员在一旁专门负责讲解,用通俗易懂的语言进行详解。最后,针对农村的实际情况,选择合适的时间、地点来进行普法宣传。比如,村民在逢年过节时都会回家,此时村里的人口比较集中,可以把村民召集在一起,以聊天的方式进行普法宣传。

2.提高司法人员的司法、执法素质

司法人员在执法或者司法时,一定要文明执法、公正司法。司法人员要提高自身的能力,给村民留下好的印象,使村民不再对其工作产生畏惧感。针对个别司法工作人员不合法的司法、执法活动,一定要按照具体行为采取相应的惩罚措施。只有村民对司法机关产生信任感,遇到矛盾纠纷时,他们才会选择用法律手段来维护自身权益。

3.培养农村法律服务人才,完善农村治安管理制度

村民不愿意选择采取法律手段来解决矛盾纠纷,很大原因是农村缺乏法律服务人才,使得在矛盾纠纷发生时,村民不能第一时间得到专业的法律服务人员的指导和帮助。针对这些问题,政府可以在农村附近建立专门的法律服务机构,比如驻村司法所等,这样可以使村民就近接触法律,也可以使村民在发生矛盾纠纷时最快得到法律的帮助,提高村民依法维权的意识。此外,加强和完善村民治安管理制度,使村民在遇到矛盾纠纷时敢于通过法律途径来维护自身权益。政府可以通过组织民警进行不定期的下乡巡逻来加强农村治安。

4.加强农村基础设施建设,大力发展农村经济

经济基础决定上层建筑,加快农村法制建设,必须大力发展农村经济。只有村民的收入增加了,在物质文明满足的情况下才会追求精神文明。村民在遇到矛盾纠纷时之所以很少选择通过法律手段来维护自身权益,其中一个重要原因是村民的收入水平不高,可预期收入较低,而诉讼成本对他们来说是比较大的,并且诉讼时间较长,这些都导致了村民很少愿意选择诉讼来解决矛盾纠纷。在加强农村法治建设的过程中,一定要加强农村基础设施建设,大力发展农村经济,提高村民的实际收入与

可预期收入,使村民有经济能力通过法律途径来维护自身权益。这样既可以增强村民对法律的信任感,又能提高村民的法律意识。

5.完善关于"三农"问题的法律法规

虽然我国已经制定了一些涉及"三农"问题的法律法规,但是还不能满足当前农村法治建设的需要。"三农"问题一直以来都是事关国家发展的根本性问题,十八大以来国家更加重视农村法治建设,进行相应的政策扶持,因此,需要完善关于"三农"问题的法律法规,使农村法治建设有法可依、有法必依。

第二节　民族习惯法与法治乡村建设

广西壮族自治区是我国五个少数民族自治区之一,作为壮族的主要聚居地,广西有着悠久的历史,壮族经过长期的发展,形成了本民族的习惯和习惯法。由于各民族文化存在差异,经济发展不平衡,自然地理环境不同,各个民族形成了具有浓厚民族色彩的习惯和禁忌。民族习惯法产生于民间,代表了一定地区和族群的人们的需要,维护着本民族地区的社会秩序。民族习惯法具有很强的惯性。目前,我国的法律制度不断完善,各方面做到有法可依。法治乡村建设是法治国家的有机组成部分,广西作为少数民族聚居地,各民族地区有着各自的习惯法,这些习惯法对法治乡村的建设是一个不可忽视的因素。一些民族习惯法对建设法治乡村起着辅助作用,但一些与时代不相适应的民族习惯法则对法治乡村建设起着阻碍作用。因此,在进行法治乡村建设的同时要对民族习惯法进行变通,使民族习惯法适应社会的发展,推动当地法治乡村建设,也使民族习惯法成为法治社会和法治中国建设的助推力,营造稳定的社会环境。因此,必须根据时代的要求对民族习惯法进行选择性适用。

一、广西民族习惯法的基本问题

(一)民族习惯法的含义

习惯法作为一种古老的社会规范,广泛地存在于世界各国,对社会的发展有着不可忽视的作用。那么什么是习惯法呢? 恩格斯曾指出,"在社会发展某个很早的阶段,产生了这样一种需要:把每天重复的生产、分配和交换产品的行为用一个共同规则概括起来,设法使个人服从生产和交换的一般条件。这个规则首先表现为习惯,后来便成了法律"①。《中国大百科全书·法学》中解释"习惯法指国家认可和由国家强制力保证实施的习惯……在国家产生以前的习惯并不具有法的性质。"②这里的习惯法带有国家意义,是由国家认可的习惯。高其才教授认为:"习惯法是独立于国家制定法之外,依据某种社会权威和社会组织,具有一定的强制性的行为规范的总和。"③

综上所述,关于习惯法的定义主要有两种:一是非国家意义的习惯法,在这个层面上,习惯法不以国家的认可为前提,习惯法是独立的,在国家还没有产生以前所存在的习惯法也具有法的意义;二是国家意义上的习惯法,在这个层面上,习惯法的存在以国家的认可为前提,如果国家不认可,那么习惯法也就不存在,从这个定义我们可知,习惯法是国家意志的体现。但是在现实生活中,习惯法并不完全是国家意志的体现,也具有社会规范的作用。如果采用国家意义上的概念,就会把习惯法的范围缩小,就会忽略习惯法具有的社会规范作用,也与习惯法在现实生活中的作用相矛盾。

根据研究的需要,本书所讲的民族习惯法是非国家意义层面的习惯法概念,具体就是存在一定民族内的,经过历史的发展慢慢形成的约定俗成的禁忌、习惯和风俗,为本民族所了解和公认的,并被视为对本民族成员具有约束力,用来维护民族内部关系的规则,并且独立于国家法律之外。

广西是壮族的聚居地,当然还有其他一些少数民族,这些少数民族有本民族约定俗成的一些规则,用来规范本民族的行为。民族习惯法属于民族文化的一部分,"是人类生活的样法"④。民族习惯法的功能是维持民族内部的和谐稳定。民族习惯法是一个民族生活的印记,体现本民族文化的发展。一些经济不发达的地区,生产力比较低下,人们的思想还没有完全解放,民族习惯法仍然被用来处理本民族的事务。

（二）民族习惯法存在的原因

1.自然环境的影响

俗话说一方水土养育一方人。一个民族的文化必然与这个民族生存的自然环

---

① 马克思恩格斯选集(第3卷)[M].北京:人民出版社,2012:260.
② 中国大百科全书·法学[M].北京:中国大百科全书出版社,1984:87.
③ 高其才.论中国少数民族习惯法文化[J].中国法学.1996(1).
④ 梁漱溟.中国文化要义[M].上海:上海出版社,1949:20.

境有关。因此,分析民族习惯法存在的原因必须从该民族的生存环境入手。地理环境是人们赖以生存的基础,为人们提供日常生活和生产资料。地理环境是影响一个民族发展的关键因素。一般来说,好的地理环境,资源丰富,交通便捷,农业发达,商业贸易比较繁华,文明的程度也比较高。恶劣的地理环境则会对本地居民的生活造成影响,人们无法及时与外界进行信息交换,信息闭塞,使得人们的思想也比较落后。人们对外界文明的接受程度也影响着本地区法治思想的传播,人们对民族习惯的依赖程度也比较大。

2.本民族信仰与本民族文化的影响

在古代,大自然对人类来说充满神秘感,人们利用对鬼神的信仰来赋予自己反抗恶劣的自然环境的信心,摆脱内心的恐惧,久而久之,对鬼神的信仰就成为本民族的习惯和文化。

3.本民族的共同利益

民族习惯法是在本民族产生和形成的,自然是为了维护本民族的利益。经过历史的筛选,不断地沉淀,民族习惯法已经潜移默化地影响本民族人的日常生活,成为本民族的价值观和行为准则。民族习惯法的形成是为本民族利益最大化服务的。当有人触犯这一习惯法时,自然也就是触犯了本民族的利益。

(三)民族习惯法存在的必然性

卢梭曾说过,有一种条令既不用印在岩石上,又不用铸造在器皿上,而是被人心所铭记,它产生了真正意义上的宪法,它每时每刻均能创造新生的力量;当其他制度开始崩溃,它能够让此类制度再次获得新生,它能够让一个民族始终具有创新能力,同时能够在逐步感染和同化中逐步替代政府的权威。在这里所说的条令就是风俗习惯,尤其是被普遍接受的风俗习惯,而且说明了习惯法存在的必然性。我国自古以来就是农业大国,农业文明占据着重要地位,因此,乡村的法治化建设对全国的法治化建设具有重要作用。广西是少数民族聚居地,各民族在历史发展中慢慢形成了本民族约定俗成的习惯法。国家制定的法律不能完全覆盖到社会的每一个角落,调整生产生活的各个方面,在一些国家法律无法调整的范围,使用民族习惯法来调整也无可厚非,并且民族习惯法从古传承到今,也有其自身的价值。

（四）广西民族习惯法存在的必然性

第一，法律的形成主要是经验的积累和理性的建构。民族习惯法正是经验的积累，是特定群体在日常生产生活中慢慢形成的具有约束力的规范，是人们应对外部危害，维护内部稳定的保障。早先的民族习惯法带有权威的色彩，当权力和权威集中到一定的程度后，为了维护本民族的长久发展，就会制定一些习惯法，这也是成文法产生的源头。

第二，本民族特定的文化习惯需要。习惯法也是一种文化，每一个民族都有本民族特定的习惯、风俗、礼仪，这些是民族能够不断发展的内在动力。为了能够传承本民族的文化，实现民族区域的长治久安，就需要将一些被人们普遍接受的规范固定下来，形成了习惯法。同时，在一些少数民族人民心中存在着耻讼的心理，而习惯法已经成为少数民族人民普遍接受的规范，因此习惯法能够满足少数民族的发展和心理需求。

第三，维护本民族的利益。没有规矩，不成方圆，如果一个民族内部没有调整本民族生产生活的行为规范，本民族就会涣散，就无法凝聚每一个人的力量，也就无法实现民族利益的最大化。民族习惯法是本民族成员的行为规范，维护着本民族的利益。当有人触犯民族利益时，就会依据习惯法对其进行惩戒。

第四，民族习惯法实用性强。民族习惯法是少数民族在长期的生产生活中形成和发展的，体现在人们的言行举止中。而且一些习惯法本身就存在着公平、正义的思想，这也是习惯法存在的一个条件。一些少数民族居住的地理环境比较差，经济不发达，交通条件落后，如果要采用国家法来维护权益，则需要耗费不少的人力物力，但民族习惯法就弥补了这一缺陷，能够有效便捷地解决人们的矛盾和纠纷。

第五，民族习惯法适用的范围特殊。根据相关数据，目前我国的农业人口仍然占总人口的40%以上，广西区的城镇化率为50.22%，也就是说在广西还有将近一半的人口为农业人口，因此，习惯法在农村也还有需求。并且民族习惯法的适用是有特定范围的，调整着一定范围内群体的生产生活，其适用范围的特殊性就决定了其有继续存在的价值。

二、民族习惯法的价值

广西的民族习惯法对调解广西少数民族的社会矛盾，维护广西少数民族的社会秩序,维护民族团结,使广西少数民族的成员安居乐业,具有重要的作用。直到现在,民族习惯法在少数民族地区仍然具有一定的影响力,调整着少数民族内部的社会关系。对于少数民族人民来说,他们除了生活在各种国家法所构成的法律环境中,还生活在由习惯、习俗和禁忌所构成的本民族的习惯法的隐形法律环境中。民族习惯法所蕴含的传统文化是难以割断的,其对法治乡村的建设也具有积极作用。

三、民族习惯法在广西法治乡村建设过程中的阻碍作用

(一)民族习惯法与国家法存在冲突

民族习惯法是一个民族文化的反映,对本族人的日常生活有着约束和规范的作用。法治乡村的建设是为了维护社会的稳定与和谐,但是一些地区的民族习惯法的内容已经不适应时代的要求,与国家法存在一定冲突,不利于乡村法制建设。

(二)一些落后的民族习惯法阻碍法治乡村的建设

习惯法是传统的延续,一些少数民族地区经济发展落后,与外界的联系不是很紧密,思想观念比较保守,不愿意接受新鲜事物。一些习惯法表现出封闭倾向,还存在抢婚、包办婚姻等现象,保留着一些落后的习俗。在社会治理法治化的背景下,现代性必然会对传统进行消解。习惯法在其发展中是代代相传的,有着严重的路径依赖,这就导致了习惯法相对于现代性的落后。

(三)习惯法比较松散

习惯法是人们在长期的生产生活中形成的,比较松散,缺乏系统性。同时,习惯法还缺乏强力的保障机制,习惯法的遵守和实施主要靠人们的自觉。面对现代社会关系,习惯法缺乏权威主体或组织来实施和监督。在当下,现代性的嵌入,使得一些村庄传统被消解,村民因受现代性的影响,也疏离了以传统为根基的习惯法。

(四)管理手段比较传统

习惯法的管理手段比较传统,随意性比较大。习惯法用于维护村庄的秩序,主要靠调解来解决纠纷。在一些少数民族地区,存在要求过错人请全村人吃饭的处罚制度。有的人还牵走过错者的牛、羊、猪等。有的少数民族习惯法采用神明裁判的

方式来解决纠纷,难免会造成冤假错案。

四、广西民族习惯法与法治乡村建设的深度融合

广西区内的少数民族比较多,各个民族在其历史发展过程中,为了本民族的可持续发展,渐渐地形成了本民族内部的习惯法。法治乡村的建设是为了实现国家的法治化、现代化,民族习惯法有其存在的价值,而且在一定程度上能够对国家法进行补充,推动国家的法治化进程,实现法治中国的目标。因此,对待民族习惯法不能一概否定,而应该根据其价值和社会的需要有选择地适用。

民族习惯法是推进法治乡村建设的重要举措,民族习惯法是一个民族文化的体现。习近平总书记曾说:"抛弃传统、丢掉根本,就等于割断了自己的精神命脉。"因此,对于民族习惯法我们不能一概否认,而应该有选择地适用。在一些少数民族地区,民族习惯法有其价值,也有其局限性。经济的发展,时代的进步,美丽乡村和法治乡村的建设,都需要习惯法不断发展,以更好地适应时代的发展。民族习惯法与法治乡村建设的融合,既是对依法治国的推进,又是对民族习惯法的扬弃。法治乡村的建设,必须从国情、乡情和民情出发,对民族习惯法进行革新,让其适应时代的需求,体现民族习惯法在法治乡村建设过程中的价值,维护地区和谐稳定。

(一)民族习惯法和国家法的协调

民族习惯法可以和国家法相协调。一是民族习惯法的内容当中包含了公平、正义的因素。这一点与国家法内容包含的要义是一致的。二是二者的目的是一致的,民族习惯法是为了维护本民族的秩序和利益,而国家法是为了维护整个社会的秩序,保障每一个公民的权益不受侵犯。三是国家法所禁止的一些事情,民族习惯法也包含在内。民族习惯法要与国家法相协调,应当遵循以下几个方面的原则:

第一,坚持统一性原则,维护国家法的权威。对于国家法,每一个人都应当遵守,各个地区所制定的法律法规都要以宪法和法律为依据,不能有背道而驰的情况。

第二,在当前一些地区国家法空白的情况下,可以借鉴民族习惯法,并且在国家法的框架下制定本地区的法律法规。

第三,在具体的操作过程中,可以借鉴民族习惯法的准则。在遵守国家法的同时,也可以参照民族习惯法。

（二）推动民族习惯法创新发展

民族习惯法具有维护地区秩序的作用，但随着社会的发展，民族习惯法的一些内容已经不适应时代的发展。如何做好民族习惯法与现代法的衔接工作，周恩来总理曾说："人家的风俗习惯是建立在自己的生活条件的基础之上的。风俗习惯的改革，要依靠民族经济基础的发展，不要乱改。"①因此，对习惯法的改革与发展，要立足当地的现实情况，对于其优秀部分，应当继续适用，让乡村的法治体系更加完善。

民族习惯法是一个民族的文化象征，对民族习惯法全盘否定，只会拔掉民族的根。我们要取其精华，去其糟粕。对民族习惯法的精华部分要加以保留和吸收利用，对糟粕部分要抛弃，让习惯法重新焕发时代的活力。在进行民族习惯法的创新发展时，我们不能纸上谈兵，应当根据实际情况进行改革，并积极鼓励农民参与进来，发挥国家的主人翁精神。

对于民族习惯法的创新发展，应当遵循以下几个原则：

一是以人为本。社会主义的发展目标就是实现人的自由全面的发展。民族习惯法要保障本民族的和谐发展，就不能忽视人的需求。在创新发展民族习惯法的过程中，要坚持"从群众中来到群众中去"的工作方法，体现以人为本的原则。

二是因地制宜。对于民族习惯法的创新发展，我们不能一刀切，要根据不同的乡村实际因地制宜地进行。

三是追求公平正义。民族习惯法是维护本民族的社会秩序和民族利益的行为规范。民族习惯法所蕴含的民主、公平、正义等价值应该保留。

（三）增强民族习惯法执法过程的规范化

乡村法治建设是一个庞大的工程，不仅需要制定法律法规，而且要落实到具体层面。依法治国落实到乡村层面就是依法治村。习惯法是调节人际关系，维持地区稳定的规则，但在执行的过程中必须规范化，才能让人信服。

应当建立相应的组织机构来保障习惯法的实施。以前，习惯法的实施主要依靠村中德高望重的老人或者能人。习惯法靠的是大家的认同和共同遵守，但触犯习惯法时比较多的是舆论的谴责。习惯法除了村民的共同遵守，还应该有相应的机构来保障其执行。

---

① 周恩来.关于我国民族政策的几个问题——1957年8月4日在青岛民族工作座谈会上的讲话[M].北京：人民出版社，1980.

（四）建立民族习惯法的评价机制

实践是检验真理的唯一标准。通过实践检验，我们可以看到习惯法不合理、不科学的地方。

要把优秀的习惯汇编成册，以便查看。广西各个地区的发展不平衡，习惯法的种类也很多，要对习惯法进行一个正确的评价，就要建立一个规范的评价机制。

习惯法的发展创新是一种必然。我们应以新的视角来审视习惯法，把习惯法的优秀部分与现代化发展融合起来。习惯法是社会治理中不可缺少的组成部分，应当作为国家法律和政策的有效补充，与现代法治理念相对接，这对维护少数民族地区的稳定，促进少数民族地区的发展有积极作用。

第三节　加强农村普法，建设法治乡村

普法就是让更多的人懂法律，在社会活动中用法律的视角审视问题，具备法律素养，信任法律，运用法律解决问题。

法律的表现形式是多种多样的，既有从风俗习惯、道德伦理中形成的习惯法，又有国家颁布的制定法；既有成文法，又有不成文法。普法的意义是告知，即公民通过某种渠道，知悉统治阶级的意志。因此，从广义上来说，普法的目的是让法律所代表的国家意志被公民了解、认同并遵守，进而构筑并维系国家的法律秩序，也就是统治秩序。因此，在人类进入文明时代之后，只要国家存在，法律就是国家意志得以实现的必然途径。

农村普法是指在上述普法定义的基础上，进一步强调普法的范围是农村，对象是农民，突出农村普法在整个普法工作中的基础性地位。农村普法是指国家发起并推行的在农村开展的法制宣传教育活动，目的是提高农民的法律意识，加强农村的民主法制建设，推进农村的法治化进程，促进农村经济发展，维护农村秩序，推动社会进步。

一、农村普法的意义

（一）基层普法工作是全面建设法治社会的必由之路

一个国家法治化程度的高低，是衡量其文明水平高低的一个重要指标，公民个人的法律意识的强弱和法律素养的高低,则是这个指标的微观体现。法治国家的公民有较高的法律意识,人们知晓法律、相信法律、主动遵守法律,甚至把法律作为一种生活需要和信仰。因此,提高公民的法律意识,是实现法治社会的重要条件。一个社会的公民如果法律意识淡薄,国家意志和社会契约伦理就因为得不到遵守而难以发挥作用。公民的法律意识无论在哪个社会,都不是自发的,而是通过社会教化实现的。现代国家,无一例外地会在全体公民中开展普法教育,这是在全世界取得共识的国家治理的基础性工程。在我国,普法是基层工作内容,是有具体实施范围、实施目标的基本工作,但是,它与治理国家不同,更多地表现为一种信息的传播,而不具有其他行政行为的约束力和规范性。基层普法中的基层,是指基层组织,如工厂、商店、学校、机关、街道社区、农场、乡镇、村屯、武警部队和其他基层单位。可以说,基层组织作为我国社会构成的基本单元,发挥着联系群众、影响群众的重要作用。因此,基层普法工作是普法的基本层面,其具体实践直接关乎普法工作的最终效果。

法制宣传教育在任何一个国家都是一项基础性工作,法治社会要通过法制宣传教育,才能推进依法治理,实现社会的发展。法制宣传教育工作是我国实施依法治国方略的一项基础性工程,是推进我国社会主义法治化建设进程的重要保证。基层工作涉及社会的最基本组成成员,覆盖社会的各种行业,接触到的法律关系也更多地体现为人与人之间的法律关系和人与组织之间的法律关系,对更高层次的组织与组织之间的法律关系反倒较少涉及,因此,基层普法工作有利于公民个人的法律意识的养成。为此,落实基层普法工作,对整个国家的法治建设目标的实现有推动性作用。

(二)基层普法工作是保障和促进经济社会发展的必备要素

经济建设是我国在社会主义初级阶段的首要任务,经济发展不好,政治和文化都会受到影响。在很长的历史时期内,经济建设都将是我国一切工作的中心。普法工作虽然是一种意识形态建设,但是它的现实目标也是为国家的中心工作提供服务。经济发展有自己的规律和特点,一方面需要依靠完备的法制来保障,另一方面也要使社会公众认识到法律与经济之间的联系和互相决定的作用。在基层开展法制宣传教育,能够将社会经济活动中存在的问题的解决路径归于法治途径之下,这是最有效率也是最公平的解决方式。

(三)基层普法工作是促进社会和谐和稳定的重要保障

在十一届三中全会召开四十多年后,我国的改革到了一个深水区,社会发展中的各种矛盾问题累积到一定阶段后更为突出,人民内部和公私利益矛盾凸显,意识形态斗争更为复杂。进行经济建设,需要安定的社会环境。基层的普法工作,正是实现基层稳定的一个重要措施,个体稳定才能集体稳定,个人知法懂法才能社会知法信法。

(四)基层普法工作是依法治国方略的实施基础

依法治国是中国共产党领导和治理国家的基本方略。基层普法不仅可以提高全民的法律意识和法制观念,更重要的是,各级政府工作人员在群众的监督下,依法办事的自觉性也会明显提高。依法治国在基层表现为各职能部门依法办事,各级权力部门依照宪法和相关法律法规来管理社会公共事务,这些工作的有序进行,既以法律为前提,又以法律为保障。所以,紧紧围绕法制展开的基层法律宣传工作必须到位,使双方在一个平台上互相对话。只有基层普法到位,才能使依法治国的理念在执法者与被执法者之间形成,大家共同遵守法律,在法律框架下解决问题,实现法治社会的目标。

(五)基层普法工作是社会主义精神文明建设的重要基石

现今,人们的道德价值观念日趋多元化,社会主义精神文明建设陷入了一些困境。为了巩固意识形态领域马克思主义的指导地位和社会主义信念,原有的宣传方式已不合时宜,而是要与时俱进,从公民素养的养成着手。法制宣传教育要与中国传统文化精髓相结合,与世界优秀的文明成果相结合,让现代法律精神反映传统伦理精神,提高全民族的道德水准和全社会的文明程度。基层普法工作,可以实实在在地解决公民遇到的法律问题,增加其知识,提高其信法和用法的水平。

总之,基层普法工作能够提高全体公民的法律素质,促进社会稳定和谐发展,同时,也是我国实现依法治国方略、建设法治国家的重要手段和基础性工作。

二、当前广西农村普法概况

(一)现状

1.学法途径单一,缺乏基本的法律常识

想要营造依法治国的社会氛围,首先要增强公民的法治观念,拓宽公民学法的途径。由于少数民族地区的人们学习法律知识的渠道相对狭窄,法制教育力度不够;再者,村民文化素质不高,大多数人学历水平较低,致使村民缺乏基本的法律素养和法律常识。

2.守法认识模糊,法治环境差

在所调查的少数民族地区,农民的守法观念缺乏,使得农民有时实施了违法行为还不知情。一方面,遇到问题时,把上访作为解决问题的主要方式,守法认识模糊;另一方面,村民的法律意识淡薄,遇到纠纷时所用的方法都是"一半人情、一半法律",不能很好地运用法律手段解决新形势下出现的新情况。

3.用法意识薄弱,缺乏对法律的信仰

公民法治意识增强的主要表现就是能够自觉地运用法律维护自身权益,要想真正发挥法律的作用,用法意识是关键。

大多数农民群众用法意识薄弱,主要表现在对通过法律途径解决纠纷缺乏信心,有时即使是自身权益受到侵害,也更愿意采取"私了"的方式解决问题,而不是诉诸法律。

(二)原因

1.经济基础较弱,物质基础缺乏

经济基础决定上层建筑,生产力水平低下,就没有培养法治意识的物质条件。在我们的调查中,超过半数的人认为法律知识是法律专业人士需要掌握的,自己没有能力,更没有时间和精力去了解。然而,经济和文化是相互作用的,因此,要想提高农民的法治意识,发展农村经济是前提。

2.农民教育水平低下,缺乏法律知识

公民法治意识的强弱依赖于对法律知识的掌握程度,而法律知识的掌握程度又取决于教育水平。农民受教育水平低,大部分是初中水平,因此,农民法律意识淡薄的现象非常突出,甚至不知道自己的行为是否违法,更不懂得运用法律来维护自己的权益。

3.农民具有从众心理,深受农村舆论影响

农村产生纠纷,只要有过类似的先例,便会对之后的纠纷解决产生影响。因此,只要先例没有走法律程序,村民在潜意识里便会认同这种处理方法。此外,尽管村民中会有一部分人法治意识较强,想通过法律的途径解决问题,但是只要有人表示反对,在大多数条件下便会形成从众效应,由此产生强大的非理性舆论。

4.普法工作薄弱,法制宣传形式单一

农民法律意识淡薄与政府的法制宣传教育有着直接关系。政府的普法投入不够,未能根据农村的实际情况有针对性地进行普法宣传。在普法过程中较注重法律义务、法律责任的灌输,忽视人们对法律权利的认识,很难调动村民学习法律的积极性。

5.诉讼程序复杂,司法成本过高

少数民族地区的法律纠纷一旦开启诉讼程序,不仅要花费很多时间和精力,而且要承担诉讼费、律师代理费。考虑到自身的收入,加上复杂的程序,村民产生"多一事不如少一事"的心理,这在很大程度上制约了村民的法治意识的养成。

三、推进农村普法,建设法治乡村的途径

农民如果不懂法、不守法、不用法,在参与市场经济活动时其自身利益就可能会受到损害,但是不参加市场经济活动,又会导致农村经济发展滞后,影响新农村发展。市场经济的复杂性和多样性要求农民必须学法,而且要学与生活息息相关的法。通过学习法律知识,培养农民的主人翁精神,让农民懂得民主选举、民主决策、民主参政议政,还能促进农村的民主政治建设和精神文明建设,教育广大农民群众团结友爱、互帮互助。

(一)构筑调研—宣传模式

农村法治宣传教育存在的问题是政府没有根据农民需求开展法治宣传教育活动。政府投入了大量的人力、物力、财力,但法治宣传教育收效甚微。

要实现农村法治宣传教育的目的,就要实地调查当地农民的真正需求,要针对与农民息息相关的部分来宣传。

了解农民对法律的真正需求是关键。由于每个农村的情况不同,建议从农民的文化水平、收入状况、家庭情况、年龄等方面进行分类调研和统计分析,将得出来的数据和国家普法规划的要求结合起来,确定宣传教育的内容。

（二）适应农村人口年龄两极化的宣传教育

农村法治宣传教育需考虑农村与城市的区别。农村地区的法治宣传教育应侧重考虑各村、各家庭及个人的实际情况,其中特别要注意的是农村人口年龄分布的特殊性。近年来,由于青壮年大多进城务工,农村人口年龄出现两极化趋势,因此应针对不同年龄段人群采取不同的宣传教育方式。

现在,农村地区有很多留守老人。这些留守老人的文化水平普遍偏低,对于一般的农村法治宣传教育的学习存在困难。因此,针对这一群体,农村法治宣传教育要采取让其易于接受的教育形式。比如,到留守老人家中给老人播放法制节目和法制广播,或者通过聊天的方式进行宣传教育。这些方式都适合留守老人群体,能让他们接受和理解法治宣传教育,同时也能让他们减少孤独感,激发学习热情。

农村的另一个留守群体是青少年儿童,他们处于学习成长期,可塑性强、学习热情高。现今,农村教育水平不断提高,为农村青少年提供了更好的学习平台,在此基础之上进行法治宣传教育能够收到很大的效果。基于他们熟悉互联网,熟悉各种新媒体的优势,农村法治宣传教育应该采取更多样的形式。在宣传教育时不能拘泥于传统形式、传统思维,要有创新意识,可以采用游戏、在线有奖知识竞答的方式;利用微信公众号、官方微博等网络平台宣传法律知识;在学校开设法制讲座,组织学生观看法治纪录片;有条件的乡村可以组织学生参观法院、监狱、看守所等,在参观的过程中让青少年对法治宣传教育有直观的感受。

现今在广大农村地区还存在一个明显现象,即大量青壮年离开家乡外出务工。这一部分群体因生活、工作需要,对法治宣传教育的需求更大。因此,可以对其进行集中教育,讲授与他们工作密切相关的劳动法、合同法等。

司法行政主管部门在农村地区开展法治宣传教育时,要充分考虑当地的实际情况,不生搬硬套城镇的工作经验。例如,要分析农业生产活动的时间特点、地方集市的分布与商业活动特征、农村亲缘关系的特性等。抓住重点时期与矛盾多发时期做好工作,真正达到通过法治宣传教育解决矛盾、化解矛盾的目的。

（三）合理利用本土资源

在广西的农村地区,存在着人们长期共同生活而形成的习惯法,这些习惯法仍然在调整着农村社会的各种关系。习惯法不存在于国家法的体系之内,但不可否认其在广大农村地区具有深远的影响力。在日常生活中,村民普遍通过习惯法来解决纠纷、处理矛盾。我们应当看到，习惯法为农村的和谐发展作出了一定的贡献。但由于其存在的基础、体现的价值以及实施等方面与国家法律有明显不同，在农村法治进程中习惯法未发挥其应有的作用。习惯法在我国农村地区将会存在相当长的时间。这就要求我们在农村法治宣传教育过程中，既要明确国家法律的权威，消除某些习惯法与国家法律的冲突，确保村规民约与国家法律规范的精神相一致，又不能忽视习惯法在一定程度上具有的补充国家法不足的作用。

在农村法治宣传教育活动中，不能一味地强调通过法律手段解决纠纷，而不考虑农村地区的特点。农村是熟人社会，在不违反国家法的前提下，在发生纠纷时，运用习惯法能够更高效地解决问题。再比如在农村法治宣传教育中，法治宣传教育工作者有时抱有先入为主的观念，认为农民过分强调私了的作用。实际上我们应当看到，即使在城市，自行调解纠纷的模式也得到推崇。因此，政府在进行农村法治宣传教育中，不应一味地否定习惯法，这样会造成农民对法律的抵触心理，应当将国家法与习惯法结合起来进行宣传，对习惯法去粗取精，将国家法循序渐进地融入村民的生活中，让二者在农村地区共同发挥作用。

(四) 改变灌输式的法治宣传教育方式

政府应当从灌输式的宣传教育方式中跳出来，以一个主导者的角色为农村法治宣传教育构筑框架，给农民搭建平台，使农民积极参与到农村法治宣传教育中来。推动农村法治宣传教育向多方面发展，让农民积极主动地接受农村法治宣传教育的内容。

改变目前的指标考核方式，就需要认识到农村法治宣传教育不是一个可以简单量化的问题，不是通过集中突击式的普法宣传就能够提高宣传教育效果的。因为这种方式从农民方面来说，不能解决需要解决的法律问题；从工作者方面来说，则未能获得有用的经验。

传统的摆摊设点宣传、设置法治宣传栏等方式在农村地区没有获得相应的成效，农民对这些宣传方式的热情度、关注度不高。我们发现农民对法治电视节目和新媒体的兴趣很浓厚，一些网络或电视中播报的案件往往是农民茶余饭后的谈资。这说明并非农民对法治宣传教育不感兴趣，而是传统的灌输式宣传教育方式不能够满足农民的需求。因此，政府应改变宣传模式。例如，拍摄当地法治小短片，编排戏剧小品，引导农民参加演出，提高农民对当地法治问题的关注热情。

（五）营造法治的文化氛围

城市的法治宣传教育之所以进展较为顺利,而农村的法治宣传教育难以推进,一个重要的原因是城市是现代社会,法治的文化氛围更浓厚,而农村地区受传统的宗族理念影响更深,法治的文化氛围不够浓厚。营造法治的文化氛围是进行农村法治宣传教育的一项重要任务。

首先,要在农村进行法律服务宣传,巡回法庭是最有效的方式。把和农民息息相关的案件放在农村审判,让法律价值观通过法律案件在农民中得以树立。

其次,重视判决的法律指向性。案件不能为了调解而调解,还要重视判决的价值。在一些案件中,若当事人坚决不调解,并且判决还能发挥法律的指引功能,就应该及时进行判决,让当事人双方清楚明了法律对其行为所进行的评价,让当事人在诉讼中切实感受到法律的威严。

再次,在法律允许的层面开展多样化、大众化的法律文化建设活动。例如,开展法律电影进农村、法律服务到田间、"三农"律师进农村等活动。只有法律服务和农村社会生活紧密相关,农村的法律文化建设才能有成效。

最后,加强校园法律文化建设。农民工的法律知识大多来源于学校课堂,因此,我们应当重视农村的基础教育。例如,在农村的中小学开设形式多样的法律文化课堂,让法官、检察官、律师进课堂为中小学生讲课,让他们从小就树立起法治观念。

四、广西农村普法经验总结

（一）大力发展农村经济,为农村法治建设提供物质基础

要发展少数民族地区的经济,加快推进城乡发展一体化建设。只有不断发展经济,在农民的收入提高、生活条件改善的前提下,才能更有效地培育村民的法治意识。

首先,要加强基础设施建设。其次,要挖掘少数民族的特色资源,打造特色经济。再次,要增加农民的非农业收入,引导富余劳动力向非农产业和城镇转移,增加就业途径。

（二）探索少数民族农村地区法制教育的新模式

少数民族地区的普法教育活动应该遵循普遍性与特殊性相统一的原则,借鉴其他地区好的做法,同时,坚持具体问题具体分析的原则,结合自身特点和民族特色,探索出普法宣传新模式。

首先,优化普法主体。要牢牢抓住领导干部这个"关键少数",各级领导干部在推进依法治国方面肩负着重要责任。同时,也要培养少数民族的法律人才,少数民族的法律人才将自己的法律知识与民族风俗结合起来,用自己的民族语言和村民易接受的方式宣传法律,使普法活动具有民族情、地方味,从而达到更好的普法效果。

其次,精选普法内容。在普法宣传之前可以运用大数据对普法内容进行筛选,有针对性、有重点地选择。在少数民族地区和农村这两个大前提下,土地、林地纠纷,婚姻纠纷,土地征收纠纷,劳务纠纷等应该作为重点。是精准普法,而不是"大水漫灌"式的普法。

最后,创新普法方式。要充分考虑少数民族地区群众的文化素质、理解能力等,改变传统单向的说教方式;也可以充分利用高等教育资源,与高等院校的法学院对接,法学院学生通过"送法下乡"实践活动进行普法宣传。

（三）完善少数民族地区的法治体系

我国少数民族地区法治建设相对滞后,与其相关的法律体系存在不足。法律制度不健全影响着农民法治意识的培育。因此,要完善法律体系,在立法、司法、执法上改进。

（1）立法层面。首先,在立法指导思想上要树立保护农民的意识;其次,在立法程序上要打破绝大多数农民对立法的神圣感与遥远感,听取农民好的意见和建议,建立良好、畅通的表达机制;最后,在立法技术上要关注少数民族地区的特殊情况。综上,要从转变立法指导思想、完善立法程序、提升立法技术出发,提高少数民族地区法制体系的完备性。

（2）司法、执法层面。首先,完善司法机构结构,提高司法队伍素质,提高执法水平。其次,保证司法独立。当前,农村司法总是受到宗教、人情、民族等多方面因素的影响,很难做到公正判决。只有改善司法机关经费管理,加强建设司法机关独立的制度保障,强化监督制度,杜绝腐败行为产生,才能真正保证司法独立。

第六章

构建"三治结合"的现代乡村治理体系

中国是一个农业大国,乡村兴则国家兴,乡村衰则国家衰。作为新时代"三农"工作的总抓手,乡村振兴战略是一个复杂的系统工程。如何实现"治理有效",党的十九大报告明确指出,"加强农村基层基础工作,健全自治、法治、德治相结合的乡村治理体系"①。"三治结合"在浙江等发达地区社会治理地方实践的成功,为构建自治、法治、德治相结合的乡村治理体系和实现乡村治理能力现代化提供了样板和经验。广西是少数民族自治区,由于受自然地理、经济社会发展、民族文化习俗等多种因素的影响,在乡村治理上有其自身的特殊性、复杂性和困难性。因此,立足广西乡村实际,创新治理机制,充分挖掘和整合少数民族优秀的传统治理资源,构建自治、法治、德治"三治结合"的现代乡村治理体系是实现乡村善治的必由之路。

第一节　新时代"三治结合"乡村治理体系的提出

经过长期的发展,中国特色社会主义进入新时代,与此同时,中国乡村治理也进入了一个新的发展阶段。与过去相比,新时代乡村社会的治理环境发生了翻天覆地的变化,既面临前所未有的机遇,又存在着一些困难和问题。为了解决乡村治理困境,加快推进乡村治理体系和治理能力现代化,党的十九大报告明确提出"健全自治、法治、德治相结合的乡村治理体系",这为完善新时代乡村治理体系、实现乡村善治指明了方向。随后,发布《中共中央国务院关于实施乡村振兴战略的意见》(2018

---

① 习近平.决胜全面建成小康社会　夺取新时代中国特色社会主义伟大胜利——在中国共产党第十九次全国代表大会上的报告[N].人民日报,2017-10-28.

年中央一号文件)强调,"必须把夯实基层基础作为固本之策,建立健全党委领导、政府负责、社会协同、公众参与、法治保障的现代乡村社会治理体制,坚持自治、法治、德治相结合,确保乡村社会充满活力、和谐有序"。2018 年 9 月中共中央、国务院印发的《乡村振兴战略规划(2018—2022 年)》规定:"坚持自治为基、法治为本、德治为先,健全和创新村党组织领导的充满活力的村民自治机制,强化法律权威地位,以德治滋养法治、涵养自治,让德治贯穿乡村治理全过程。"至此,构建自治、法治、德治相结合的乡村治理体系成为新时代乡村治理的国家方略。

一、"三治结合"乡村治理体系提出的现实背景

列宁说过:"在社会科学问题上有一种最可靠的方法……考察每个问题都要看某种现象在历史上怎样产生的,在发展过程中经过了哪些主要阶段,并根据它的这种发展去考察这一事物现在是怎样的。"[①]"三治结合"的乡村治理体系成为新时代国家战略,它的提出既是党和国家实施乡村振兴战略和推进国家治理现代化的内在要求,又是破解新时代乡村治理困境的必然选择。

(一)实施乡村振兴战略的现实需要

立政之本则存乎农。中国是一个农业大国,农业和农村的发展始终关乎社会发展、国家命运,任何时候都不能忽视农业,不能忘记农民,不能淡漠农村。党的十九大报告首次提出实施乡村振兴战略,强调要"按照产业兴旺、生态宜居、乡风文明、治理有效、生活富裕的总要求,建立健全城乡融合发展体制机制和政策体系,加快推进农业农村现代化"[②]。这说明,乡村振兴战略内涵丰富,涉及乡村产业发展、生态环境、乡风文明、社会治理、农民生活诸多领域,是一项全面的系统工程。在实施乡村振兴战略中,乡村治理现代化毫无疑问是基础和前提。没有乡村治理的现代化,就没有乡村的现代化,也就没有乡村真正意义上的全面振兴。而从现实来看,农村社会发展中的许多问题,不是由单一因素引起的,而是多种因素综合作用的结果。鉴于此,在乡村治理问题上,党的十九大报告提出要健全自治、法治、德治相结合的乡

① 列宁全集(第 37 卷)[M].北京:人民出版社,1986.
② 习近平.决胜全面建成小康社会 夺取新时代中国特色社会主义伟大胜利——在中国共产党第十九次全国代表大会上的报告[N].人民日报,2017-10-28.

村治理体系,并作为实施乡村振兴战略的一项重要内容。由此可见,在乡村振兴这一时代背景下,"三治结合"乡村治理体系的提出不仅为我们打造"乡风文明""治理有效"的现代乡村社会提供了新思路、新战略,而且为农村实现"产业兴旺""生态宜居""生活富裕"提供了有力支撑。从这个意义上说,构建"三治结合"的现代乡村社会治理体系,提升乡村社会治理能力,是实施乡村振兴战略的客观要求。

(二)实现国家治理体系和治理能力现代化的应有之义

对于中国这样一个"三农"大国而言,乡村无疑是国家的细胞。在国家治理体系中,乡村治理处于基础性地位,是实现国家治理体系和治理能力现代化的关键环节。新中国成立以来尤其是改革开放四十多年来,我国在推进乡村治理体系和治理能力现代化方面成效显著。但也应看到,当前我国乡村治理体系和治理能力现代化程度还不高,治理理念、治理方式、治理手段与社会发展还不相适应,一定程度上影响了国家治理体系和治理能力现代化的进程。因此,党的十九大报告提出健全自治、法治、德治相结合的乡村治理体系,既是不断推进乡村治理能力现代化的重要特征,又是不断推进国家治理体系和治理能力现代化的重要体现。构建自治、法治、德治"三治结合"的现代乡村治理体系,就是要将中国传统社会中优秀的乡村社会治理资源进行创造性转化和创新性发展,促使其现代化,并运用于新时代中国乡村社会治理的具体实践中,推动乡村经济社会发展、农民生活富裕安康、社会和谐有序和国家长治久安,为实现国家治理体系和治理能力现代化奠定坚实基础。

(三)适应新时代社会主要矛盾变化的内在诉求

习近平总书记在十九大报告中指出,"中国特色社会主义进入新时代,我国社会主要矛盾已经转化为人民日益增长的美好生活需要和不平衡不充分的发展之间的矛盾"①。这表明,当前和今后一个相当长的时期内,我国人民群众日益增长的美好生活需求将越来越多样化,不仅对衣食住行方面的要求更高,而且对教育、医疗、养老等公共福利保障也提出更高要求,对蓝天绿水、清新空气的要求也越来越强烈,而且对民主、法治、公平、正义、安全等方面的需要也越来越突出。如何满足人民群众的这些需求? 就基层社会而言,有效的社会治理、良好的社会秩序能够提高人民群

---

① 习近平.决胜全面建成小康社会 夺取新时代中国特色社会主义伟大胜利——在中国共产党第十九次全国代表大会上的报告[N].人民日报,2017-10-28.

众的获得感、幸福感、安全感。构建自治、法治、德治"三治结合"的乡村治理体系就是要充分发挥自治、法治和德治在乡村治理中的作用,实现乡村社会的有效治理,满足农民群众在民主、法治和公平正义方面的现实需求。乡村自治让村民参与乡村事务,通过民主选举、民主决策、民主管理和民主监督,真正实现农民群众当家作主。乡村法治推动依法治村、依法自治,保障农民群众的合法权益。乡村德治发挥优秀传统文化在乡村治理中的积极作用,丰富农民群众的精神文化生活。因此,构建"三治结合"的现代乡村治理体系是实现乡村治理有效,解决新时代社会主要矛盾,创造美好乡村生活的必然要求。

(四)破解新时代乡村治理困境的必然选择

马克思曾指出,每个时代都有属于它自己的问题,准确地把握和解决这些问题,就能够把人类社会向前推进。为了实现国家对乡村社会的有效治理,中国共产党进行了长期的探索与实践。改革开放以后,面对人民公社解体后乡村社会所出现的"治理真空",为了化解治理困境,村民自治制度应运而生,形成了以"乡政村治"为基本架构的治理格局,我国乡村治理也由此走上了现代化的发展轨道。村民自治制度一经产生,就极大地激发了乡村社会的活力,有效实现了国家对乡村社会的重构和整合。随着改革开放的深入发展,尤其是随着工业化、城镇化、信息化和农业现代化的不断推进,乡村社会发生巨大转型,由此产生了一系列新的矛盾和新的问题。而现有的"乡政村治"治理模式难以适应新时代乡村社会快速发展的要求,导致乡村治理困境重重,诸如农村基层政府治理乡村的能力弱化、村民自治制度有效性发挥不够、群众参与不足、基层治理中矛盾冲突化解的渠道单一、宗族势力干扰等,严重影响了乡村的和谐稳定。有学者认为,乡村治理困境的根源在于乡村治理中的传统道德文化资源受到严重冲击,难以重建传统的乡村治理体系;乡村法治信仰薄弱,难以单纯依靠法治来建构乡村秩序;村民自治制度运行机制不完善,难以独自承担全部治理任务。[①] 在这样的时代背景下,如何整合乡村治理资源,创新治理方式,建构更完善有效的新型乡村治理体系,实现自治、法治、德治有机结合,推进乡村治理现代化,成为振兴乡村的当务之急。

---

① 何显明."三治合一"探索的意蕴及深化路径[J].党政视野,2016(7):12-13.

二、"三治结合"乡村治理体系提出的理论基础

任何新思想、新战略的形成都不是无水之源、无本之木,都有其深厚的理论渊源。"三治结合"乡村治理体系的提出不仅有着深刻的现实重要性、必要性和紧迫性,而且有坚实的理论基础。它是在马克思主义治理理论指导下,继承中华优秀传统文化中的丰富治理资源,总结中国共产党在长期革命、建设和改革实践中治理乡村的宝贵经验,借鉴西方丰富的社会治理思想的基础上形成的。

(一)马克思主义经典作家关于国家治理的理论

马克思、恩格斯在深刻揭露资本主义制度弊病,进行无产阶级革命实践的过程中,对未来社会的治理问题进行了深入研究,形成了丰富的关于国家治理、社会治理的理论,为构建"三治结合"现代乡村治理体系,推进乡村治理和国家治理现代化提供了价值指引和理论支撑。

消除资本主义社会的各种异化现象,实现人的全面自由的发展,实现人与社会、人与自然的和谐发展,是马克思主义的终极目标,也是马克思主义社会治理理论的价值追求。关于社会治理的主体,马克思认为在阶级社会中,社会治理是通过国家政权来实行的,国家是社会治理的权威主体。由于国家本质上是维护统治阶级利益,进行政治统治的工具,因此阶级职能是国家的基本职能。但"政治统治到处都是以执行某种社会职能为基础,而且政治统治只有在它执行了它的这种社会职能时才能持续下去"[1]。因此,无产阶级建立政权后,也要重视国家的社会职能,协调社会矛盾,维护社会秩序,这样才能实现国家长治久安。只有到了共产主义社会,国家消亡,社会治理才能真正回归社会自治,人类才能实现彻底解放,获得真正的自由。这时,国家政权的阶级统治职能将彻底消失,转变为对社会公共事务进行治理的社会自治组织。

如果说马克思、恩格斯关于未来社会治理的思想更多是一种理论设想,那么,列宁则将理论付诸实践,在领导苏俄社会主义革命和社会主义建设过程中,形成了关于社会主义民主集中制、社会主义法治建设、反对官僚主义、加强党内监督等思想,进一步丰富和发展了马克思、恩格斯的社会治理理论。在农村建设方面,列宁提出

---

① 马克思恩格斯选集(第3卷)[M].北京:人民出版社,1995:523.

了许多富有创见的思想和观点,为俄国农村的发展作出了重要贡献。一是通过实施新经济政策发展农村经济。列宁认为,在一个以小农经济为主体的落后农业国建设社会主义,必须保护小农经济利益,采取国家资本主义形式迂回地向社会主义过渡。在列宁的领导下,苏俄自 1921 年开始实行新经济政策,以粮食税代替余粮收集制,允许农民进行市场交易,充分调动了农民生产积极性,促进了农村经济发展。二是重视农村民主政治建设,保障农民民主权利。列宁认为苏维埃的人民性就体现在每个农民都能参与选举或罢免苏维埃的代表。[1] 为此,他特别强调要从农村中吸收大量先进农民代表参加苏维埃,同时加强农民对各级地方苏维埃机关的民主监督,进一步巩固农村基层政权。三是大力发展农村文化,提高农民文化素质。列宁深刻认识到在一个文盲充斥的国家是不可能建成社会主义的。[2] 他非常重视苏维埃俄国的文化建设,尤其是农村的文化建设。他主张通过大力发展农村基础教育、大规模开展农村扫盲活动、加强城乡文化交流合作等方式,全面提高农民的文化素质,为建设社会主义奠定坚实基础。今天看来,列宁的这些思想对我们实施乡村振兴战略,完善乡村自治、法治、德治,推进乡村治理现代化仍然具有重要的价值和启示意义。

(二)中华优秀传统文化中的治理思想

不忘本来才能开创未来。诚如习近平总书记所强调,"要治理好今天的中国,需要对我国历史和传统文化有深入了解,也需要对我国古代治国理政的探索和智慧进行积极总结"。新时代"三治结合"乡村治理体系的提出是在继承和弘扬中华优秀传统文化中的治理思想基础上的创新发展。

中国传统治理思想博大精深,内涵丰富。民本思想是古代先贤倡导的重要治国理念。早在《尚书·五子之歌》中就有曰:"皇祖有训,民可近,不可下。民惟邦本,本固邦宁。"孔子提出了庶民、富民、教民的仁政思想。孟子提出了"民为贵,社稷次之,君为轻"的思想。儒家以民为本的治国思想强调统治者要重视对老百姓的爱护,这样才能稳固政权,这一思想对我国传统社会的国家治理产生了广泛而深远的影响。

在治理方式上,我国自古以来就有"援礼入法,融法于俗"的传统。儒家历来具有重德传统,主张通过道德教化百姓,用礼仪规范行为,实现国家和社会的有序治

---

① 列宁全集(第 36 卷)[M].北京:人民出版社,1985:107.
② 列宁全集(第 36 卷)[M].北京:人民出版社,1985:6.

理。如孔子强调"道之以德,齐之以礼"。儒家虽然强调德的教化作用,倡导德治,但并不是不要法治,而是主张以法辅之。董仲舒将这一思想发扬光大,提出了"刑者德之辅,阴者阳之助也"的思想。法家重视法律的作用,主张"一断于法",强调在国家治理中要以法治国。但法家也不是片面地强调法治,其法治思想中也包含着一定的德治内容。如法家代表人物管仲就提出"礼义廉耻,国之四维""四维不张,国乃灭亡",强调德治在社会治理中的重要作用。由此可见,无论是儒家主张的"德主刑辅"理想,还是法家强调的"刑主德辅"思想,实际上都是强调"德法相治",这是我国古代社会在长期治国理政实践中形成的重要治理思想,对今天我们的乡村治理和国家治理具有重要的借鉴意义。

(三)中国共产党的乡村治理思想

乡村稳则国家稳,乡村强则国家强。新中国成立 70 年来,中国共产党始终高度重视乡村治理工作,积累了宝贵的经验,形成了丰富的治理思想。这些思想成为新时代推进"三治结合"乡村治理体系建设的指导思想,要一以贯之地坚持和发展。

新中国成立初期,面对国家积贫积弱的现实,以毛泽东为核心的第一代中央领导集体决定对农村进行社会主义改造,为国家工业化提供资金和原料。1955 年 7 月 31 日,在中共中央召开的省、市、自治区党委书记会议上,毛泽东明确指出"社会主义工业化是不能离开农业合作化而孤立地去进行的",不解决合作化问题,"我们的社会主义工业化事业就会遇到绝大的困难,我们就不可能完成社会主义工业化"。[①] 随后各地农村进行了大规模的社会主义改造。与之相对应,在乡村治理体制上建立了人民公社制度。

党的十一届三中全会开启了中国改革开放和社会主义现代建设的历史新征程,同时也开启了中国乡村治理的现代化转型与变革。在改革开放总设计师邓小平的领导下,家庭联产承包责任制在农村得到广泛推行,极大地调动了农民的生产积极性,解放和发展了农村生产力。农村经济体制改革的进一步深化发展要求农村治理体制必须做出相应改革。1962 年,邓小平明确指出:"农业本身的问题,现在看来,主要还得从生产关系上解决。""生产关系究竟以什么形式为最好,恐怕要采取这样一种态度,就是哪种形式在哪个地方能够比较容易比较快地恢复和发展农业生产,

---

① 毛泽东文集(第 6 卷)[M].北京:人民出版社,1999.

就采取哪种形式;群众愿意采取哪种形式,就应该采取哪种形式,不合法的使它合法起来。"①1983 年 10 月,中共中央、国务院发出《关于实行政社分开建立乡政府的通知》。到 1984 年底,全国完成撤社建乡工作,人民公社制度被彻底废除。1987 年通过的《中华人民共和国村民委员会组织法(试行)》对村民委员会的组织、功能和选举方式做出明确规定,由此村民自治被赋予合法地位,形成了我国农村基层"乡政村治"的新的治理体制。

江泽民同志进一步丰富和发展了中国特色社会主义乡村治理思想。1998 年 10 月,在党的十五届三中全会上,江泽民对村民自治的伟大实践给予了高度评价,明确指出,"扩大农村基层民主,实行村民自治,是党领导亿万农民建设有中国特色社会主义民主政治的伟大创造"②,并对村民自治的"四个民主",即民主选举、民主决策、民主管理、民主监督做了系统而完整的论述。

进入 21 世纪,以胡锦涛为总书记的党中央提出了建设社会主义新农村战略。在农村基层治理方面,他强调要在总结各地实践经验的基础上,进一步完善符合中国国情的农村基层治理机制,在农村推行"四议两公开",进一步完善村民自治民主机制,保障农民民主权利。

党的十八大以来,习近平站在历史和时代的高度,在乡村治理问题上提出了一系列新论述、新观点,成为习近平新时代中国特色社会主义思想的重要组成部分。他多次强调加快推进乡村治理体系和治理能力现代化。为此,党的十九大报告中明确提出要健全自治、法治、德治相结合的乡村治理体系。由此可见,新时代"三治结合"乡村治理体系的提出与构建是以中国共产党乡村治理理论尤其是习近平对新时代乡村治理方面的重要论述作为理论基石的。

(四)西方基层社会治理理论的借鉴

不忘本来,还要吸收外来,才能更好地面向未来。西方发达国家在其工业化、现代化进程中进行社会治理,积累了一些成功经验,并在此基础上形成了关于基层社会治理的相关理论,对我国新时代构建"三治结合"乡村治理体系具有重要的借鉴意义。

---

① 邓小平文选(第 1 卷)[M].北京:人民出版社,1994.
② 江泽民.全面建设小康社会,开创中国特色社会主义事业新局面[N].人民日报,2002-11-09.

西方治理理论兴起于 20 世纪 80 年代末,一经产生便风靡世界,成为社会科学领域研究的时髦词汇。那么,何谓治理?1995 年,全球治理委员会在《我们的全球伙伴关系》一文中,对治理做了界定,即"治理是各种公共的或私人的个人和机构管理其共同事务的诸多方式的总和。它是使相互冲突的或不同的利益得以调和并且采取联合行动的持续的过程"[①]。我国学者俞可平教授将西方治理理论引入国内,并在此基础上提出了治理与善治思想,认为治理是指"在一个既定的范围内运用权威维持秩序,满足公众的需要。治理的目的是在各种不同的制度关系中运用权力去引导、控制和规范公民的各种活动,以最大限度地增进公共利益"[②]。而治理的最终目标是实现善治。具体说来,西方治理理论的内容主要包括几个方面:一是强调社会治理主体的多元化。治理理论认为社会治理的主体不仅仅局限于政府,非政府组织、私人组织甚至公民个人都可以成为社会治理的主体。二是强调社会治理方式的多样化,在社会治理过程中,注重运用经济、政治、法律、网络媒体等多种方式协调治理,共同推进社会良性治理。三是强调社会治理过程的持续互动。社会治理各主体之间应建立合作、平等、协商的关系,从而实现社会治理过程的上下互动。

应该看到,尽管西方的治理理论对于推动治理变革具有一定的积极作用,但就其本质来说,它是为维护资产阶级利益服务的,强调以资本为中心,与我国的社会制度和国情不相适应,所以必须批判地借鉴。

第二节 "三治结合"乡村治理体系建设的桐乡实践及经验

习近平总书记强调,"在我们这样一个拥有 13 亿多人口的大国,实现乡村振兴是前无古人、后无来者的伟大创举,没有现成的、可照抄照搬的经验"。实现治理有效是乡村振兴的重要内容。面对新时代乡村治理面临的一系列难题,2013 年,浙江省桐乡市率先开展自治、法治、德治相结合的乡村治理探索实践。2017 年,桐乡"三治结合"探索被写入党的十九大报告,同时被中央政法委定位为新时代"枫桥经验"的精髓、新时代乡村治理体系创新的发展方向。发端于桐乡的自治、法治、德治乡村治理创新模式,为全国提供了一个生动的实践样本。因此,总结提炼"三治结合"在

① 全球治理委员会.我们的全球伙伴关系[M].牛津:牛津大学出版社,1995:2-3.
② 俞可平.治理和善治引论[J].马克思主义与现实,1999(5):37-41.

桐乡的具体做法和实践经验,能够为广西构建"三治结合"现代乡村治理体系提供有益借鉴和启示。

一、桐乡"三治结合"乡村治理实践探索的背景

"古有梧桐,凤凰来栖。"桐乡因古时遍栽梧桐树,取其美好寓意"梧桐之乡"而得名。桐乡地处浙北杭嘉湖平原腹地,隶属嘉兴市,总面积 727 平方千米,下辖 9 个镇、3 个街道和 2 个新区,总人口 82 万余人。作为沿海经济发达地区,桐乡的经济发展一直处于全国领先水平。统计数据显示,2015 年桐乡市的生产总值达到 652.63 亿元,其中城镇居民人均可支配收入为 44 725 元,农村居民人均可支配收入为 27 357元。① 经济快速发展,随之也出现了一系列治理新难题,而传统的政府治理模式已很难适应新时代乡村基层治理的现实要求。时代发展呼唤实践创新。正是在这样的背景下,桐乡市"三治结合"乡村治理模式应运而生。

二、桐乡"三治结合"乡村治理的具体实践

作为"三治结合"乡村治理模式的发源地、示范地和引领地,桐乡在"三治结合"建设的过程中,着力构建自治、法治、德治相结合的基层治理体系,有效提升了基层社会治理绩效,形成了"三治结合"的桐乡经验。"三治结合"桐乡经验的创新之处和最大生命力在于将自治、法治、德治三者融合起来,共同构成社会善治的"三脚架",走出了一条符合中国国情且行之有效的基层社会治理新路子,是新时代创新乡村治理体系的先行典范。

(一)化解过度行政化,提升乡村自治水平

与全国其他地区的农村一样,桐乡市的村两委也存在行政化程度较高的情况,一定程度上挤压了村民自治的空间,影响了干群关系。为了化解村两委过度行政化问题,桐乡市进行了改革,具体做法:

---

① 2015 年桐乡市国民经济和社会发展统计公报[EB/OL].http://tjj.tx.gov.cn/tjgh/ndgh/2016-05-11/14331.html.

一是厘清村两委的权力清单。2014年桐乡市委办出台了《城乡社区工作事项准入实施意见》，按照"权随责走、费随事转"的要求，明确36项村民自治职责和40项协助政府职责，划清自治与行政的权责边界，保障村两委依法履行自治职责，避免村两委的过度行政化。同时，积极开展摘牌减负、精减评比、去除考核台账等基层组织去机关化行动，并建立百姓参政团、村民议事会、阳光议事厅、房间论坛等群众参政议政平台，推动村级民主协商。

二是微自治，推动百事服务团、法律顾问、政法干警、安全生产监督员、交通安全管理员、市场监管员等进网格，提高乡村治理的现代化水平。

三是社会组织协同治理。通过建立社会组织，发展扶持基金和镇两级社会组织服务中心，有效发挥社会组织、社会力量在公共服务和社会治理中的作用。目前，全市已登记社会组织210个、备案1 899个。探索建立"社区+社工+社团"良性互动的"三社"联动新模式，推动政府向社会购买服务，完成服务案例271个，提供服务8 300余人次，受众人数52 000余人次。[1]

(二)推进民主法治建设,提高乡村法治水平

在现代化、城镇化、信息化快速发展的今天，单纯依靠传统的德治已无法有效化解基层社会矛盾。为此，需要推进民主法治，为乡村治理现代化奠定法治基础。桐乡市对此做了探索：

首先，在依法行政上，从制度引领、决策依法、勤政履职、执法规范、监督有效、保障有力、和谐行政、廉洁从政、社会评议九个方面提出规范性要求，将基层政府的依法行政行为具体化为45个指标，建立依法行政指数。完善规范性文件、重大决策合法性审查机制，做到重大决策社会稳定风险应评尽评。深化行政审批制度改革，减少行政许可、审批事项121项。[2]

其次，在公正司法上，实施阳光司法行动，建立"桐乡金盾"微信公众号、"三微一网"平台，畅通与群众交流互动的渠道。完善司法责任制和人民陪审员制度，推进以审判为中心的诉讼制度改革，保证司法公正。

最后，在全民守法上，整合法学专家、律师、政法干警及其他法律工作者力量，在全市建立100个覆盖市、镇、村三级的法律服务团，形成覆盖城乡的基本公共法律服

---

① 卢跃东.桐乡"三治"[J].今日浙江,2014(19):41.

② 同上。

务体系。① 成立"法治驿站""义工法律诊所"等社区组织,探索社会力量参与普法教育机制,提高全民的法律意识,形成全民守法的良好社会氛围。

(三)注重发挥德治引领作用,提高乡村道德水平

桐乡市注重从传统道德文化中挖掘治理资源,充分发挥德治在乡村治理中的引领作用。比如在道德评价上,通过吸纳德高望重的老人、口碑良好的企业家等社会贤达组成市、镇、村三级道德评议团,借助他们的影响力,从道德伦理角度批判是非,为乡村治理树新风、正民心。在道德培育上,利用道德讲堂、德孝主题公园、文化礼堂等载体,广泛开展社会主义核心价值观宣传教育、德孝主题文化活动和社会诚信体系建设,引导人们讲道德、遵道德、守道德。② 在道德规范上,结合经济转型、"五水共治"、"三改一拆"、美丽乡村建设等中心工作,指导修订村规民约、居民公约、行业守则、职业规范等,发挥乡规民约在乡村治理中的作用,以此规范村民的日常行为,提高乡村道德水平。

(四)建立"一约两会三团"的"三治结合"特色载体

所谓"一约两会三团",指的是村规民约(社区公约),百姓议事会、乡贤参事会,百事服务团、法律服务团、道德评判团。其中"一约"和"两会"属于自治类,法律服务团属于法治类,道德评判团属于德治类,百事服务团则是便民服务类组织。以"一约两会三团"为载体,2013 年以来,桐乡市率先试点自治、法治、德治相结合的基层社会治理模式。2018 年 5 月,桐乡市印发了《深化"一约两会三团"工作的实施方案》,针对"一约两会三团"的功能定位、职责任务、工作要求与组织架构、责任单位等基本框架做出具体规定,提出"一约两会三团"+X 全覆盖的建设任务与实施步骤,确保"一约两会三团"工作机制常态化。

---

① 卢跃东.桐乡"三治"[J].今日浙江,2014(19).
② 卢跃东.桐乡"三治"[J].今日浙江,2014(19).

三、桐乡"三治结合"探索实践的成效及经验

(一)"三治结合"成效

在实践中,桐乡市坚持以党建为引领,以人民为中心,以善治为目标,以预防为基点,以"一约两会三团"为主要载体,探索"三治结合"乡村治理新模式。在"三治结合"中,自治增活力、法治强保障、德治扬正气。通过"三治结合",推动形成"大事一起干、好坏大家判、事事有人管"的治理新格局。一是社会活力不断释放,社会治理效果明显提升。百姓参政团、道德评判团、百事服务团等社会组织的出现,使村民由过去的被治理者转变为治理者,激发了村民参与村庄公共事务的积极性、主动性。通过各类参政议政平台,村民有了话语权和决策权,减少了矛盾纠纷,提升了社会治理效力。二是增强了干部群众的法治意识,提升了社会治理硬实力。通过开展依法行政指数评定,重大行政决策听证制度,重大行政决策公开、评价及责任追究制度等措施,提高了政府部门依法行政、司法机关公正司法、人民群众依法办事的意识,形成了办事依法、遇事找法、解决问题用法、化解矛盾靠法的良好社会氛围。三是提升了村民群众的道德水平。通过最美桐乡人、最美党员、道德模范、"五有"市民、星级文明家庭等评选活动,涌现了一大批道德模范和先进人物,形成了文明和谐的社会风尚。四是有效化解了社会矛盾,减少了社会治理成本。在桐乡实践中,依靠法治和德治的约束,充分发挥百姓参政团、道德评判团、百事服务团等自治组织的作用,发挥乡贤能人的社会影响力和道德感染力,能够有效化解征地拆迁、社会整治过程中遇到的矛盾纠纷。以2014年崇福镇拆迁问题为例,道德评判团成员凭借自身的公信力和威望,从人情世故、风俗习惯、价值伦理等角度进行情理劝导,最终让"钉子户"转变了想法,实现了和谐拆迁。①

(二)"三治结合"经验

总结桐乡"三治结合"乡村治理体系探索实践经验,主要有以下三个方面:

1.坚持党建引领,完善"三治结合"治理体系

中国特色社会主义的本质特征是党的领导,党的领导要通过各级党组织特别是

---

① 胡洪彬.乡镇社会治理中的"混合模式":突破与局限——来自浙江桐乡的"三治合一"案例[J].浙江社会科学,2017(12).

基层党组织卓有成效的工作来实现。习近平总书记强调,要把加强基层党的建设、巩固党的执政基础作为贯穿社会治理和基层建设的一条红线。加强和创新社会治理,关键在于体制创新,而根本在于通过加强基层党的建设,实现党领导社会治理、依靠群众加强社会治理。为此,在"三治结合"探索中,桐乡市始终坚持党的领导,以党建引领体制机制创新。从完善"三治结合"体制机制入手,着力构筑三大体系。一是领导体系。市镇层面,建立由党委、政府主要领导任组长的"三治"建设领导小组,强化组织领导。村级层面,以加强基层党组织建设为关键,深入实施基层党建"整乡推进、整县提升"工作。构建"网格+支部+党员先锋站"模式,在全市 211 个村社中建立网格支部 713 个、党员先锋站 432 个,做实做细了"党建+治理"。二是制度体系。从 2013 年出台全国首个"三治"工作实施意见,2015 年出台 18 项长效工作机制,到 2018 年出台深化"三治结合""桐乡经验"意见以及若干配套文件,目前桐乡在"三治"领域已经累计出台了 40 余个文件、制度、方案,确保了各项工作的常态、长效推进。三是评价体系。建立基层"三治结合""桐乡经验"工作及善治村(社区)评价指标体系,健全指导标准体系、考评标准体系、操作标准体系、评价标准体系,注重定期评价与日常评价、部门评价和群众评价有机结合,探索建立第三方评价机制,大力提升城乡居民在基层社会治理中的参与度和获得感。

2.坚持多元共治,夯实"三治结合"治理基础

党的十八届三中全会首次提出"社会治理"概念,实现了从社会管理向社会治理的转变。现代社会治理要求治理主体从单一向多元转变,充分发挥政府、社会组织、公民在治理中的作用。桐乡在"三治结合"探索中,通过政府、社会组织、基层群众的交流互动,有效地推动基层社会治理向纵深发展。一是政府持续用力,重点在依法行政、普法教育、崇文尚德和提升基层自治组织自转能力上持续用力。二是社会组织精准发力。重点在培育扶持、放大其作用发挥空间上精准发力。大力推进社区、社团、社工"三社"联动,增强社团、商会、协会等组织的自我管理、自我教育、自我服务能力。三是基层群众有效助力。重点在职能归位、活力提升上有效助力。厘清村(居)权力边界,推动自治职能归位。发挥村干部、小组长等的"微治理"作用,创新"乌镇管家"等群防群治品牌,引导基层群众有序参与基层事务的决策、管理和监督。

3.坚持协同治理,创新治理载体

现阶段的乡村治理问题已无法单纯依靠自治、法治、德治中任何一种治理方式来解决,只有实现"三治结合",才能真正实现有效治理。为此,桐乡探索形成以"一

约两会三团"为重点的"三治结合"创新载体,协同推动基层治理转型。在治理规范上,通过村民自我制定、自我监督,以村规民约明确行为规范、树立乡风文明,并运用法治、德治约束等手段保障落实,促使村规民约(社区公约)发挥更好的治理效果。如针对农村大操大办婚丧宴会等不良风俗,崇福镇上莫村将结婚酒席菜品不超过1 000元/桌等文明餐桌内容写入村规民约,并由村文明餐桌道德评判团全程监督,有效遏制了越背越重的人情债、愈演愈烈的攀比风。在具体治理上,组建"两会",即百姓议事会和乡贤参事会,发挥乡贤的感召力,实现村社事务的民事民议、民事民办、民事民管。同时还组建百姓参政团、道德评判团、百事服务团,让老百姓参与公共决策,自己的事自己说了算,自己参与干,干得怎么样自己参与评判。如第二届世界互联网大会期间,乌镇各行政村、社区自发组建起了一支2 600多人的"乌镇管家"队伍,每个乌镇管家负责联络10户左右居民或相关行业单位,在维护大会的安全上发挥了积极作用。

桐乡"三治结合"乡村治理创新模式已经形成,且成效明显,经验值得推广。但也还存在一些短板,概括起来,一是理论研究需要加强,随着实践的深入,迫切需要形成"三治结合"的理论成果,以理论指导实践;二是思想阻力仍然存在,需要进一步解放思想;三是评价体系需进一步完善,建立一个科学完备的评价体系来检验基层"三治"成效;四是制度建设存在短缺,一定程度上影响了基层自治组织、社会组织在乡村治理中的积极性和能动性。为此,笔者认为桐乡的"三治结合"要想进一步提升必须重点解决好谁来治、怎么治、如何治的问题。因为无论是自治、法治还是德治,都离不开人民群众的广泛参与,最终的目标都是激发社会活力,让人民群众满意。

第三节　广西乡村治理的特殊环境及面临的困境

少数民族地区乡村治理是国家治理体系建设的重要组成部分,是增进民族团结、促进社会和谐和维护国家长治久安的重要基石。作为少数民族自治区,由于地理、历史、文化和民族分布等的影响,广西在乡村治理上既积极融入国家治理体系,又保留了地方自治特点,形成了具有自身特色的治理模式,但也面临着较沿海发达地区更为复杂、严峻的治理困境,一定程度上影响了广西乡村振兴的实现。

一、广西乡村治理的特殊环境

马克思说过:"人们自己创造自己的历史,但是他们并不是随心所欲地创造,并不是在他们自己选定的条件下创造,而是在直接碰到的、既定的、从过去承继下来的条件下创造。"[①]国家治理体系的选择也是如此。习近平指出:"我国今天的国家治理体系,是在我国历史传承、文化传统、经济社会发展的基础上长期发展、渐进改进、内生性演化的结果。"[②]这说明,对于国家治理模式的选择是由这个国家的历史、文化和国情等多种因素决定的。广西少数民族乡村治理蕴含于国家治理体系当中,其制度机制创新也应坚持在历史继承的基础上不断与时俱进。

(一)特殊的地理环境制约着广西经济社会发展,加大了乡村治理的难度

广西地处中国西南边疆,东连广东省,南临北部湾并与海南省隔海相望,西与云南省毗邻,东北接湖南省,西北靠贵州省,西南与越南接壤,总面积23.67万平方千米。四周群山环绕,呈盆地状,地势由西北向东南倾斜。地形上,中山占23.7%,低山占16.5%,丘陵占10.6%,台地占6.3%,平原占20.7%,石山占19.9%,是典型的岩溶地貌地区。[③]近年来,在国家"一带一路"倡议下,广西充分发挥作为海上丝绸之路和丝绸之路经济带有机衔接的重要门户的区位优势,经济社会发展迅速,但整体经济社会发展水平仍落后于发达地区。而且由于历史原因,少数民族群众绝大多数生活在偏远地区,远离政治、经济、文化中心,各民族的经济社会发展极不平衡,所处社会发展水平差异很大,即使是同一民族,也由于地区分布不同而存在很大差异。同时,少数民族乡村交通、通信等基础设施建设薄弱,增加了社会治理的成本和难度。随着全面建成小康社会的进程加快,民生问题在社会发展中日益凸显,少数民族群众利益诉求日趋多样化,矛盾日渐突出,社会治理面临许多新情况和新问题,形势也更加复杂和艰巨。

---

① 马克思恩格斯全集(第8卷)[M].北京:人民出版社,1961:121.
② 习近平谈治国理政[M].北京:外文出版社,2014:105.
③ 广西壮族自治区概况[EB/OL].中国国情网,http://www.china.com.cn/guoqing/2009-11/12/content_23765859_2.htm.

（二）少数民族传统文化影响乡村治理

广西是我国少数民族人口最多的自治区,居住着汉、壮、瑶、苗、侗、仫佬、毛南、回、京、彝、水、仡佬等多个民族。他们在长期发展过程中,创造了自己独特的历史和民族传统文化。文化是民族的血脉,是一个民族共同的精神家园。民族在本质上是文化的共同体。广西各个民族之所以能在漫长的历史长河中繁衍生息、世代相传,很重要的原因是他们在长期的生产生活实践中形成了自己独有的民族心理、风俗习惯、价值观念等,而民族文化起着维系社会生活、维系社会稳定的重要作用,是民族生存和发展的精神根基。历史上的壮族乡村在社会治理过程中形成了一种独特的文化形态——都老制,它是由壮族村寨的民众民主选举产生都老,再由都老行使自己的职权,维护壮族村寨的秩序和村民权益的一种村寨制度。[①] 有学者认为,都老制以民主选举、民主立法、民主议事以及民主监督等为自治的核心内容,充分体现了村民自治的民主本质。都老制是一种具有民主特征的乡村社区自治制度,以真正的民主选举和民主管理实现了所在乡村社区的良治。[②] 正因为如此,都老制在壮族乡村治理中发挥着重要作用。由此可见,少数民族传统文化在历史积淀中形成的朴素的自治观念和行为习惯等精神元素仍然是少数民族乡村治理的重要形式,被少数民族群众接受和认可。这些是广西构建"三治结合"乡村治理体系的宝贵资源。

（三）少数民族传统习俗在乡村治理中发挥重要作用

如前所述,广西有众多少数民族,由于各民族的生活环境、语言、风俗习惯不同,体现出五里不同音,十里不同俗的特点。少数民族传统习俗作为其特定的生活准则和文化习惯,对少数民族地区乡村治理发挥着至关重要的作用,比如民族习惯法。习惯法在少数民族长期的生产生活实践中形成,规范着少数民族的生产生活,维系着少数民族乡村社会的正常运行,成为国家法律的一种补充。广西少数民族习惯法涉及诸多方面,对少数民族的生产生活、婚姻家庭、社会治安、环境保护等都有明确规定,在乡村治理中发挥积极作用。在广西金秀瑶族自治县,每个村的村规民约中都对破坏国家或私人的林木有着详细的惩罚措施。广西防城港市上思县瑶族习惯法对偷砍树木的行为按照枝长、口径大小来确定处罚措施,并规定村民需用木材的,

---

① 甘文杰.民族调查与研究 40 年的回顾与思考[J].广西民族研究,2007(3).
② 陈洁莲.壮族传统都老制的村民民主自治特征[J].学术论坛,2009(10).

必须向村委会提出申请，经批准后方可按需砍伐。① 同时，与其他少数民族地区一样，广西少数民族习惯法在实施过程中也存在一些与国家法不相适应的地方。如瑶族在关于对偷盗者与强奸者的惩罚中，惩罚偷盗者轻则赔偿罚款，重则殴打，而对于强奸，则认为不损害其利益，因人而异，从宽处理。② 少数民族习惯法是少数民族群众在生产生活中形成的一种民间法律，存在一些不科学、不完善的地方，甚至与国家法律相冲突，因此，如何对少数民族习惯法进行引导和规范，充分发挥其在社会治理中的积极作用，是广西少数民族地区乡村治理创新的一项重要任务。

二、广西乡村"三治"面临的现实困境

如前所述，基于特殊的治理环境，广西乡村治理除了遇到与其他地区一样的普遍性难题外，还面临着自身更大的难题。

（一）乡村空心化，乡村自治主体缺失

村民是乡村治理的主体，但随着城镇化发展，大量农民进城务工，农村空心化问题越来越严重。这在广西也是如此，广西统计局发布的《2017 年广西经济运行情况分析报告》显示，2017 年广西农村外出打工人数为 922 万人，比上年增加 2.7%，占全区农村居民总人口数的 37%。在城乡差距明显的现实条件下，青壮年都选择外出打工，留下的都是老人、妇女、儿童，以致很多农村出现了空心化现象。乡村空心化带来的是乡村治理主体的空心化。由于人才匮乏，推选出来的一些村干部大多素质不高、能力不强，又缺乏带领群众共同致富的本领，无法胜任新形势下的乡村治理工作。与此同时，在村委会日常工作中，由于村中基本上是"三留守"人员，他们的文化程度整体偏低，缺乏民主监督和民主管理的能力，导致村民自治中的民主管理和民主监督无法得到有效落实。农民在乡村治理中的"缺席"是现阶段农村基层社会治理面临的最大挑战。

---

① 周世中.瑶族习惯法在瑶族聚居地政府治理中的作用及其局限性——以广西瑶族习惯法为例[J].民间法，2017(2).

② 高其才.中国习惯法论[M].长沙：湖南出版社，1999：368.

（二）法治建设不完善，乡村治理缺乏有效保障

法治建设水平在很大程度上反映一个地区社会治理能力和治理体系现代化的水平。从目前广西少数民族地区实际来看，乡村法治建设还不完善，法律、政策滞后，无法为乡村有效治理提供有力保障。当前，在广西一些偏远落后的农村地区，社会治理方面的法律、政策在一些方面还处于空白，乡镇事务管理、村务管理在国家法上存在立法的漏洞与缺陷，无法应对和解决社会治理现代化过程中出现的新问题。此外，由于广大农村地区官本位、家长制、特权思想根深蒂固，加之部分村干部法律意识淡薄，法律信仰缺失，崇尚权力，致使依法办事的习惯在一些乡村尚未形成。尤其在缺乏监督的情况下，个别乡村干部习惯于按照自己的意志行事，不依规管理村务。有些地方乡村家族势力大，时常存在拉票和贿选等现象，这在无形中阻碍了乡村基层民主建设和民主选举的公正推进。

（三）多元价值冲突，传统乡村价值体系遭受冲击

改革开放以来，市场化、工业化、城镇化浪潮席卷中国农村大地，在推动农业发展、农村进步、农民富裕的同时，也给农村传统文化带来了巨大冲击，使得"现实中的乡村文化与原本的传统文化、乡村历史记忆出现了断裂，农村陷入了较为严重的文化危机、伦理及秩序危机"[1]。近年来，受市场经济大潮的影响，广西部分乡村村民受不良价值观的影响，逐渐抛弃了朴素的道德价值观，拜金主义、极端功利主义、享乐主义在农村滋生蔓延，传统美德面临严峻挑战。少数青年人不再把孝老敬亲看成美德，而是对老人持置之不理、互相推诿的态度，老人的赡养问题成为农村社会的突出问题。乡村社会道德滑坡和家庭伦理衰败，使乡村传统价值体系受到冲击，乡村社会关系异质化，社会纠纷增加，加大了乡村社会治理的难度。

（四）乡村治理体系不完善

完善的治理体系是乡村治理有效的基础。当前，广西乡村治理体系还不完善，一方面，乡村治理主体单一。长期以来，由于经济社会发展相对滞后，社会组织发展缓慢，公民的政治参与意识不高，广西乡村治理的主体主要是乡镇政府。这种单一的乡村治理主体结构，一定程度上制约了"三治"在乡村治理中发挥作用，影响了乡

---

[1]　江立华.乡村文化的衰落与留守儿童的困境[J].江海学刊,2011(4).

村治理现代化的推进。另一方面,治理理念和方式落后。从目前广西乡村治理的实际来看,一些乡镇政府官员的思维仍然停留在过去,仍然沿用传统的管制思维,习惯用行政命令等强制手段处理乡村公共事务,对依法行政、平等对话、民主协商等现代治理方式还不适应甚至是排斥。在处理一些涉及公共利益的具体问题上,传统的行政压制方式不仅不能奏效,甚至可能适得其反,进一步激化社会矛盾。此外,乡村公共服务主要还是由政府直接投资和开展,未能有效动员社会力量参与进来。社会矛盾和问题的层出不穷,基层社会治理任务的复杂困难,迫切要求加快转变治理理念,推进自治、法治、德治在乡村治理中的有机融合。

第四节　广西构建"三治结合"乡村治理体系的实现路径

乡村振兴,基础在治理有效。所谓治理有效,就是要加强和创新农村社会治理,加强农村基层基础工作,通过加强农村基层民主、法治和文化建设,健全自治、法治、德治相结合的乡村治理体系,形成共建、共治、共享的社会治理新格局,推动政府治理与社会调节、村民自治良性互动,建设充满活力、和谐有序的善治乡村。因此,要针对新形势下广西少数民族地区乡村社会出现的一些新情况和新问题,立足实际,大胆创新,探索构建具有民族地方特色的"三治结合"乡村治理体系的现实路径。

一、自治、法治、德治在乡村治理体系中的内在关系

"三治结合"是新时代构建乡村治理体系和实现治理能力现代化的新思路、新方略和新部署。作为一个体系,自治、法治、德治三者之间应该有严密的内在逻辑关系。有学者认为,在"三治结合"中,"三治"是内容,结合是方法,"三治"不是单独支撑乡村治理的现代化体系。单独来看,法治太"硬",德治太"软",自治太"任性"。因此,探讨和把握自治、法治、德治之间的关系是构建"三治结合"乡村治理体系的前提和基础。

对于"三治"在乡村治理体系中的地位和关系,2018年9月中共中央、国务院印发的《乡村振兴战略规划(2018—2022年)》指出"坚持自治为基、法治为本、德治为先"。据此,学者也对这一问题展开了研究。陈荣文从健全乡村治理体系、达成善治的角度将"三治"之间的关系概括为自治是健全乡村治理体系的核心内容,法治是健

全乡村治理体系的应有之义,德治是健全乡村治理体系的情感支撑。桐乡市委书记卢跃东从治理实践的角度强调,"德治是基础,法治是保障,自治是目的"。何阳、孙萍则认为自治是主要内容,法治是保障底线,德治是辅助工具,三者并非平行并列,而是一体两翼。① 从乡村治理的理论和实践来看,无论是自治、法治还是德治,都是相互贯穿、相互联系的。自治中可能包含法治与德治的内容,法治和德治中也可能含有自治的成分。在"三治结合"中,自治处于核心地位,是农村基层社会治理追求的终极价值目标;法治和德治作为辅助,是方式方法。在自治中引入法治和德治,有利于帮助自治主体提升法治意识和道德素质,从而促使自治有力、法治有序和德治有效,实现乡村的善治。

(一)自治是"三治结合"乡村治理体系建设的核心

自治是"三治结合"乡村治理体系的核心。自治从字面上理解是自己管理自己,但对于乡村自治的"自治"而言,则是与"官治"相对的。乡村自治不仅是乡村自治主体自己管理自己,而且具有维护国家基层秩序的内涵,是实现国家治理现代化的重要组成部分。我国现阶段的乡村自治是在基层党组织的领导下,广大村民依托群众自治组织进行自我管理、自我教育、自我服务的一项基层群众自治制度,其包含了民主选举、民主决策、民主管理和民主监督四个方面的内容。因此,从本质上看,自治能够满足人民当家作主的客观要求,是社会主义基层民主的有效实现形式,也是乡村社会治理的基本目标。在乡村治理中,自治是核心,法治和德治都是为了保障群众能够有效地实现自治,是实现自治的手段和方法。而且如果离开了乡村自治,法治和德治也将难以实现有效运转。一方面,国家制定的具有普遍约束力的法律法规难以针对乡村社会尤其是少数民族地区的特殊性做出具体规定,而"当一个全国性的制定法规则,一个主要以城市社会的交往规则为主导的全国性法律的规则体系,被确定为标准的参照系之后,就出现了地方性规则与全国性规则之间的冲突"②,当然也就无法有效解决乡村社会和农民生活的实际问题。另一方面,德治离开了村民主体性的发挥也容易流于形式,甚至走向虚无。近年来,一些乡村为了片面追求形式化的德治,常常以笼统、抽象的口号和条文进行道德说教,以至于引起村民的反感和排斥。由此,高效的乡村治理必须发挥自治在法治和德治中的基础性作用。

---

① 李亚冬.新时代"三治结合"乡村治理体系研究回顾与期待[J].学术交流,2018(12).
② 苏力.农村基层法院的纠纷解决与规则之治[J].北大法律评论,1999(1).

(二)法治是"三治结合"乡村治理体系建设的重要保障

法治是现代国家治理的重要方式,构建"三治结合"乡村治理体系必须以法治作为基础和保障。应当明确的是,乡村治理中村民自治是法治基础上的自治,即依法自治。我国宪法规定,村民委员会是基层群众性自治组织。这为乡村治理实行村民自治提供了基本法依据,搭建了组织平台,畅通了实践路径。《中华人民共和国村民委员会组织法》规定,村民委员会是村民自我管理、自我教育、自我服务的基层群众性自治组织,实行民主选举、民主决策、民主管理、民主监督,为村民自治提供了顶层设计和方向指引。规定村民委员会主要办理本村的公共事务和公益事业,调解民间纠纷,协助维护社会治安等,依法界定了村民委员会的职责范围,这实际上也是乡村治理的主要内容。规定地方各级人民代表大会和县级以上地方各级人民代表大会常务委员会应保障村民依法行使自治权利,为健全乡村治理体系以自治为核心提供了法律依据和法治保障。在乡村治理中实行自治,有法可依。村民依法行使自治权,同样也是法治在该领域的实现。自治依法而行,自治即为法治。另外,德治也不能违背法治精神,必须与法治的规则体系相适应,并以法治作为保障,否则将难以发挥效力。因为"只有首先建立必要而稳定的社会法制秩序,道德伦理规范才能真正充分发挥其作为一种社会治理方式的作用"①。由此可见,在乡村治理实践中,自治和德治只有与法治相结合,借助法律规范的强制力,才能在充分保障村民自治权利的同时有效约束村民的生产生活。

(三)德治是"三治结合"乡村治理体系建设的重要支撑

德治在我国有着悠久的历史,维系了传统社会长达几千年的稳定秩序,在国家治理中发挥着重要的作用。今天,构建现代乡村治理体系同样须发挥德治的重要支撑作用。具体来说,一方面,德治能够为自治提供价值指引。应当看到,伴随乡村工业化、城市化进程的加快和农民流动性的加强,村庄共同体出现了从同质性向异质性的转变,村民基于各自的生产活动和生活实践,形成了多元化的价值判断和多层次的道德境界,其中既有体现发展和进步的道德理念和行为,又存在着一些相对落后的道德观念和诉求。这就需要不断加强乡村道德建设,使体现发展和进步的道德

---

① 万俊人."德治"的政治伦理视角[J].学术研究,2001(4).

观念和行动被更多的村民所认同和接受,进而转化为村庄共同体的伦理认同和集体行动,从而提升村民的自治水平。另一方面,德治能够有效弥补法治的不足,从而降低法治的成本。法律是最低的道德底线,也就是说,道德在调节社会关系的对象范围上比法律更宽泛。而且较之法律,道德更多运用的是说服、劝导的方式,调节和规范社会关系中的种种矛盾。在乡村,村民间的一些利益冲突往往是因日常小事而起的,如果诉诸法律,既耗费大量人力、物力、财力,又影响乡村内部的和谐。通过德治加强对村民的道德教化,提升村民的道德素养,尽可能避免不良行为的产生,能够有效减少村庄内部各种冲突的发生,既降低了法治实施的成本,又能够更好地维护村庄的团结和稳定。

二、构建"三治结合"乡村治理体系的具体路径

（一）完善乡村自治、法治、德治体系,促进"三治"良性互动

由于自治、法治、德治在乡村治理中各自发挥着不同的作用,因此从根本上讲,"三治结合"并不是简单的罗列组合,而是全面的有机结合,这就必然要求对现有乡村的自治、法治、德治建设进行不断探索和完善,为推动"三治"实现良性互动奠定基础。

1.完善乡村自治体系,有效实现乡村治理目标

要加强农村基层群众性自治组织建设,建立村民委员会、村务监督委员会、群团组织、集体经济组织、农民合作组织、社会组织广泛参与的村级治理体系。要探索村民自治的有效实现形式,实现民主选举、民主决策、民主管理、民主监督。在民主选举上,要杜绝贿选和操纵选举等现象,完善直选和提名方面的制度,尤其要对外出务工等情况下所产生的委托投票情形予以严格规范,以制度保障选举的规范化。在民主决策上,要完善村民会议、村民代表会议、村民议事会等程序性规范,做到民事民议、民事民办、民事民管,从而将民主协商作为乡村重大事项决策的必经程序。在民主管理上,要大力推进村务公开,尤其对村级财务予以公开,确保村民的知情权。在民主监督上,要健全村务监督委员会制度,推行村级事务阳光工程,切实保障村民合法权益和村集体利益。

2.完善乡村法治建设,推进乡村治理法治化

一是从农村发展需要和发展实际出发,加大涉农立法修改力度,有效保护农民的土地承包权、宅基地使用权、集体收益分配权等。二是完善农村法律服务体系,大力推进"法律进乡村",逐步培养大批尊法、学法、懂法、守法的新型农村干部,培育信法、学法、用法、守法的新型农民。三是大力推进乡村基层政府依法行政,以此带动村民信法、守法习惯的养成。基层政府要依法依规处理农村土地征收、集体财产分配等问题,做到公开公正,只有这样农民才能够充分感受到法治的好处。四是大力推动农村两委依法依规规范管理村民自治事务。乡村基层政府要采取有力措施,培养村两委班子成员的法治思维,促使他们用法治方式管理村级事务,并自觉接受村民的监督。

3.完善乡村德治建设,打牢乡村治理的基石

习近平总书记指出:"推进国家治理体系和治理能力现代化,要大力培育和弘扬社会主义核心价值体系和核心价值观,加快构建充分反映中国特色、民族特性、时代特征的价值体系。"[1]进入新时代,我们要继续弘扬优秀传统文化,让村民在接受优秀传统文化中净化心灵;要把社会主义核心价值观作为乡村道德建设的灵魂,将社会主义核心价值观写进村规民约,约束、规范村民的行为;创新乡贤文化,充分利用乡贤文化中爱国爱乡、敬业精业、崇德向善的道德力量,涵养人们共同的精神家园,带动村民和睦相处,推动乡村形成向善向好的乡风民风。

(二)构建"三治结合"乡村治理机制

"三治结合"乡村治理体系之所以能够从地方经验上升为国家战略,成为新时代我国乡村治理改革创新的指导思想,最重要的原因就在于它突破了以往乡村治理思路的单一化、片面化和碎片化,强调乡村治理资源的整合优化。在治理资源相对匮乏和传统治理方式与实际不适应的今天,单纯依靠某一方面的治理资源已经无法应对乡村社会的实际问题,必须实现自治、法治、德治相结合。而有效的"三治结合"乡村治理体系,主要包括谁来治理、依何治理以及如何治理三个方面,其中,谁来治理指向主体维度,依何治理指向规范维度,如何治理指向运行维度。[2]为此,只有从主体、规范和运行三个维度探讨"三治结合"乡村治理机制,才能健全乡村治理体系,实

①　习近平谈治国理政(第一卷)[M].北京:人民出版社,2014:106.
②　高其才.健全自治法治德治相结合的乡村治理体系[N].光明日报,2019-02-26.

现乡村振兴战略中的"治理有效"。

1."三治"多元主体协同共治

治理主体是构建"三治结合"乡村治理体系的根本。"三治结合"要求乡村治理不再是政府"一元独大"的治理,而是乡村多元治理主体共同参与的"协同共治"。从目前来看,我国乡村治理实践中已经出现了众多的治理主体,主要包括农村基层党组织、群众性自治组织、农村经济组织、农村社会组织、乡村精英(新乡贤)和村民等。各类主体的治理逻辑不同,在治理过程中无法实现有效互动和衔接,这是乡村治理中存在的突出问题,因此应按照"三治结合"思路进行整合。现有治理主体按照其地位和功能以及治理方式的不同,可分为自治类、法治类和德治类三种。其中,自治类主体包括村民委员会、乡村其他社会组织(如红白理事会、互助会等)、村民等;法治类主体包括乡镇党政机关等;德治类主体包括村老、寨老、新乡贤、乡贤理事会等。面对复杂多变的乡村事务,任何治理主体都不能凭借一己之力完成治理任务,必须通力合作,才能确保乡村有效治理。正是从这个意义上说,多元主体协同共治是构建"三治结合"乡村治理体系,实现乡村善治的有效路径。具体运作可以概括为以自治类主体为主,以德治类主体为辅,法治类主体重在指导,即充分发挥村民委员会、其他乡村自治性组织在"三治"中的主导作用,以及德高望重的老人、乡贤能人等德治类主体的辅助作用。同时注重加强法治类主体(农村基层党组织)自身的建设,有效发挥其引领作用,对各类主体进行统筹协调,共同维护乡村社会的和谐稳定。总而言之,各类主体分工明确、权责分明、相互配合,形成多元协同共治的治理格局。这也是党的十九大报告提出的"打造共建共治共享的现代社会治理格局""实现政府治理和社会调节、居民自治良性互动"在乡村治理领域的具体体现。

2.优化多元治理规范

没有规矩,不成方圆。"三治结合"的乡村治理体系构建依赖多元治理规范的共同作用。具体来说,国家法律、政策、党内法规、上级党政部门的规范性文件、村规民约、道德规范和乡村自治组织规范等共同构成了当代中国乡村治理的规范体系。虽然它们在整个规范体系中的地位和功能各有不同,但都对乡村社会的安定有序、和谐稳定起到了重要作用。其中,《中华人民共和国宪法》为基层群众自治制度提供了最根本的法律保障,《中华人民共和国村民委员会组织法》等法律法规为乡村治理提供了具体的法律保障。自治章程、村规民约、习惯法是乡村治理中重要的社会规范,在乡村治理中发挥积极作用。但是也要看到,目前乡村治理中的规范体系仍然存在不完善之处,有些规范与国家法律法规存在冲突,有些规范之间存在冲突,有些规范与构建自治、法治、德治相结合的乡村治理体系不相适应。为此,要按照自治、法治、德治相结合的原则优化整合多元治理规范,构建以正式规范(国家法律、政策、党内法规等)为基础,以非正式规范(村规民约等)为补充的多元规范共治体系,既维护国家法律在乡村治理中的权威地位,又充分发挥自治章程、村规民约的积极作用,同时还注重道德规范的教化作用,引导乡村社会向上向善。

3.多重环节保障,确保"三治结合"有效运行

有效运行是构建"三治结合"乡村治理体系的关键。目前,乡村治理体系的运行存在的问题主要表现在:乡村决策上,各主体之间的沟通缺乏畅通渠道、多元治理规范得不到有效执行、乡村治理过程中监督机制不健全等。这些问题制约了乡村治理体系的良性运行。为此,完善"三治结合"乡村治理体系运行机制需从规范制定、执行和监督三个环节来推进。一是畅通乡村治理主体的沟通渠道。比如乡镇政府在制定本地区规章制度、相关政策及规范性文件时,应及时与村委会、其他乡村自治组织协商沟通,征询他们的意见,最大限度地让各类治理主体参与其中。村委会在制定村规民约等自治性规范时应扩大村民参与,制定程序公开透明,充分体现出基层民主和基层自治,同时还要与乡村的法治、德治类主体进行协商议事,提高村规民约的议定水平,衔接国家法律与地方习惯法,确保自治规范符合国家法律法规要求,同时又立足于村情。二是健全乡村治理规范的执行机制。这主要包括赋予乡镇政府明确的行政执法权、发挥执约小组的作用、明确德治规范执行主体并强化执行方式。三是完善乡村治理的监督机制。按照"三治结合"思路统合内外监督主体,尤其是要依托国家监察体制改革完善村级监督体系。加强村民委员会、乡村其他自治组织和村民的监督,在法律法规和政策中明确乡村自治组织的监督地位。

(三)创新"三治结合"的有效载体

广西少数民族地区构建"三治结合"乡村治理体系,既要广泛吸收其他地区的先进经验,又要充分挖掘和整合本地区、本民族的优质治理资源,不断创设出贴合当地少数民族乡村群众的"三治"有效载体。

1.创新自治载体

作为我国村民自治的发源地,改革开放四十多年,广西在村民自治制度实践中进行了积极探索。近年来,广西继续深化村民自治实践,在总结提升合寨村"中国

村民自治第一村"的改革创新经验基础上,不断探索自治新载体,形成充满活力的村民自治新机制。如贵港市、南宁市探索推行屯级一组两会(党小组+户主会+理事会)的协商自治模式,通过户主会拓宽村民议事平台,通过理事会强化村民民主自治,实现村民自治与村庄管理有机统一。此外,还有部分市县探索出村务商议、团民主管理、"屯事联理"村务监督等一系列自治新模式。在这些村民自治组织的带领下,群众参与村民自治更主动、更积极,形成了民事民议、民事民办、民事民管的多层次基层协商自治新格局。由此可见,在现阶段的乡村自治中,除依靠村委会或村民小组这些传统自治载体外,还应根据村庄实际,积极探索包括老年协会、兴趣协会、议事会、监事会、红白理事会、产业协会等在内的自治组织。当然它们不仅是自治载体,而且承载了法治和德治的功能。比如乡村监事会,不仅是村民自治民主监督的重要机构,而且它由村中德高望重的人担任,对村民践行村规民约和遵纪守法起到了重要的监督作用。

2.创新法治载体

村规民约被少数民族村民尊崇为"家法",被誉为治理乡村的"小宪法"。目前,广西各地农村针对婚丧嫁娶的铺张浪费、邻里矛盾、村容整洁、道德滑坡等问题,因地制宜地制定了本村的村规民约,以此约束村民的行为。由村民自行制定本村的村规民约,本身就是村民自我教育、自我约束、自我管理的体现,而且也能够提高村民守法的积极性。除此之外,近年来,广西各地还积极开展民主法治示范村建设,推进一村一法律顾问工作,完善人民调解、行政调解和司法调解联动工作体系,加大农村普法工作力度,引导村民尊法、学法、守法、用法,推进法治乡村建设。

3.创新德治载体

一是积极培育和践行社会主义核心价值观,融入文明公约、村规民约、家规家训,推动社会主义核心价值观落细、落小、落实。二是依托乡村综合文化服务中心、农家书屋等文化惠民工程,建立道德讲堂、文化主题公园等,引导人们讲道德、尊道德、守道德。充分发挥身边好人、八桂楷模、新乡贤等榜样示范的带动作用,在农村地区广泛凝聚向上向善力量。三是积极推进文化精品进乡村,以乡村文化艺术节、农民读书节等活动为载体,引导村民养成健康文明的生活习惯。四是广泛开展"文明家庭""星级文明户""文明村镇"等精神文明活动,深化"一约四会"建设,使群众自觉成为讲文明、除陋习、树新风等美德、风尚的传播者和实践者。

此外,应当看到,在广西少数民族乡村社会中,蕴含着丰富的伦理道德资源和独特的治理方式,如壮族的都老制、苗族的寨老制、瑶族的瑶老制等。这些治理方式今天仍然是我们创新乡村治理的载体、推动乡村振兴治理有效的宝贵资源。为此,必须大力挖掘少数民族传统治理资源在乡村治理现代化过程中的潜在价值,对其进行创造性转化和创新性发展,促使其与现代乡村治理资源有效衔接,更好地推动广西少数民族地区乡村治理体系与治理能力现代化。

(四)乡村振兴各方面共同发力,形成推进"三治结合"的强大合力

乡村治则国家安。党的十九大报告提出实施乡村振兴战略,把"治理有效"作为乡村振兴的总要求之一,并提出健全自治、法治、德治相结合的乡村治理体系的具体要求。由此可见,建立"三治结合"现代乡村治理体系是推进国家治理体系和治理能力现代化的重要内容,也是实现乡村振兴的基础和关键。那么,现阶段应如何推进"三治结合",笔者认为,现代治理体系强调社会治理主体的多元和社会公众的广泛参与,它包括经济、政治、文化、社会、生态文明和党的建设各领域的全面提升。所以,推进"三治结合"乡村治理体系建设是一项复杂的系统工程,不能单兵突进,而应在乡村振兴的大背景下加以思考,整合各种资源和力量,共同推进"三治结合"。

乡村振兴是指乡村各方面都要振兴,是全方位、全领域、全系统振兴。中共中央、国务院印发的《乡村振兴战略规划(2018—2022年)》对乡村如何振兴问题作出了具体部署,明确提出要科学有序地推动乡村产业、人才、文化、生态和组织振兴。这"五个振兴"既各有侧重,又相互联系、相互促进,共同构成了实施乡村振兴战略的一个有机整体。只有"五个振兴"每一个方面都实施好了,才能为推进"三治结合"乡村治理体系建设创造良好条件,奠定坚实基础。

产业振兴是乡村振兴的物质基础,也是"三治结合"的坚实根基。当前乡村治理最大的问题在于治理主体——农民的缺场。随着新型工业化、城镇化的不断推进,农村青壮年劳动力大规模流向城市。面对现实形势,乡村如何留住人、怎样留住人,是推进"三治结合"必须着力解决的问题。推动乡村产业振兴,有利于增强乡村吸引力,促进乡村各方面发展,有利于为"三治结合"提供物质基础和人力保障。人才振兴是乡村振兴的动力基础,也是"三治结合"的关键所在。农民是乡村治理的主力军,无论是自治、法治还是德治,都需要广大村民的积极参与。推动乡村人才振兴,就是要留住一部分农村优秀人才,吸引一部分外出人员回乡和一部分社会优秀人员下乡,通过人才汇聚推动和保障"三治结合",增强乡村治理内生力。文化振兴是乡

村振兴的文化基础,也是"三治结合"的资源宝库。推动乡村文化振兴,就是要深入挖掘农耕文化蕴含的人文精神、道德规范,结合时代要求,在保护传承的基础上创造性转化、创新性发展,焕发乡风文明新气象,为"三治结合"提供宝贵而丰富的思想文化资源。乡村生态振兴是乡村振兴的持续基础,对"三治结合"具有重要的推动作用。推动乡村生态振兴,就是要推进农业农村绿色发展,建设生态宜居的美丽乡村,而这些都离不开乡村社会的公共参与。从一定意义上说,生态振兴就是建设美丽家园,充分激发村民建设自己家园的热情和积极性,重塑村民参与乡村治理的主体性。而且乡村环境变美了,又能吸引游客和建设者,从而促进乡村产业振兴和人才振兴,推动"三治结合"。乡村组织振兴就是乡村治理有序,是实现"三治结合"的有效途径。要推动乡村组织振兴,加强农村基层党组织建设,以党建引领乡村治理,同时进一步完善村民自治制度,推进乡村法治建设,提升乡村德治水平,促进"三治"有机结合。

当前,中国特色社会主义进入新时代,这是我国发展的新的历史方位。在新的历史方位下,广阔农村迎来了前所未有的发展机遇。新时代,构建自治、法治、德治相结合的现代乡村治理体系,是推进国家治理体系和治理能力现代化的重要内容,也是实施乡村振兴的重要基石。在推进乡村振兴过程中,广西致力探索乡村治理经验和方法,进一步建立健全自治、法治、德治相结合的乡村治理体系,推动乡村振兴实现治理有效,不断提高广大农民群众的获得感、幸福感和安全感。

参考文献

一、著作类

[1]毛泽东选集(第1—4卷)[M].北京:人民出版社,1991.

[2]邓小平文选(第3卷)[M].北京:人民出版社,1993.

[3]胡锦涛.高举中国特色社会主义伟大旗帜 为夺取全面建成小康社会新胜利而奋斗——在中国共产党第十七次全国代表大会上的报告[M].北京:人民出版社,2007.

[4]习近平谈治国理政(第一卷)[M].北京:外文出版社,2014.

[5]习近平谈治国理政(第二卷)[M].北京:外文出版社,2017.

[6]中共中央党史和文献研究院.习近平关于"三农"工作论述摘编[M].北京:中央文献出版社,2019.

[7]陈俊民辑校.蓝田吕氏遗著辑校[M].北京:中华书局,1993.

[8]费孝通.乡土中国[M].上海:上海人民出版社,2013.

[9]方素梅.近代壮族社会研究[M].南宁:广西民族出版社,2002.

[10]王立诚.中国农业合作简史[M].北京:中国农业出版社,2009.

[11]徐勇.乡村治理与中国政治[M].北京:中国社会科学出版社,2003.

[12]徐勇,徐增阳.流动中的乡村治理:对农民流动的政治社会学分析[M].北京:中国社会科学出版社,2003.

[13]徐勇.乡村治理的中国根基与变迁[M].北京:中国社会科学出版社,2018.

[14]贺雪峰.乡村治理的社会基础:转型期乡村社会性质研究[M].北京:中国

社会科学出版社,2003.

[15]卢福营,等.冲突与协调——乡村治理中的博弈[M].上海:上海交通大学出版社,2006.

[16]邓大才.小农政治:社会化小农与乡村治理——小农社会化对乡村治理的冲击与治理转型[M].北京:中国社会科学出版社,2013.

[17]周庆智,等.乡村治理:制度建设与社会变迁——基于西部 H 市的实证研究[M].北京:中国社会科学出版社,2016.

[18]温铁军,张俊娜,邱建生.居危思危:国家安全与乡村治理[M].北京:东方出版社,2016.

[19]任中平,等.基层民主与乡村治理[M].北京:人民出版社,2016.

[20]康晓强."村情通":新时代乡村治理新模式[M].北京:人民出版社,2018.

[21]周少来.乡村治理:结构之变与问题应对[M].北京:中国社会科学出版社,2018.

[22]陈锋.乡村治理的术与道:北镇的田野叙事与阐释[M].北京:社会科学文献出版社,2016.

[23]俞可平.治理与善治[M].北京:社会科学文献出版社,2000.

[24]郑大华.民国乡村建设运动[M].北京:社会科学文献出版社,2000.

[25]周挺.乡村治理与农村基层党组织建设[M].北京:知识产权出版社,2013.

[26]冯俊锋.乡村振兴与中国乡村治理[M].成都:西南财经大学出版社,2018.

[27]谢治菊.西部民族地区乡村治理的逻辑与实践[M].北京:社会科学文献出版社,2015.

[28]权丽华.国家治理能力现代化背景下的乡村治理研究[M].北京:光明日报出版社,2016.

[29]康晨.改革开放以来农村基层党组织建设:以西部地区为例[M].北京:社会科学文献出版社,2015.

[30]胡兵.中国农村基层治理研究[M].上海:华东理工大学出版社,2016.

[31]邱春林.中国共产党农村治理能力现代化研究[M].济南:山东人民出版社,2017.

[32]张成林.信息化与农村治理现代化研究[M].北京:知识产权出版社,2018.

[33]任路,李博阳,方帅,等.清远改革:以治理有效引领乡村振兴[M].北京:社

会科学文献出版社,2018.

[34]为公.第一书记与精准扶贫:农村扶贫工作思索与创新[M].北京:首都经济贸易大学出版社,2018.

[35]贺雪峰.乡村社会关键词——进入21世纪的中国乡村素描[M].济南:山东人民出版社,2010.

[36]张怀承,邓名瑛.中国传统道德文化的现代转型与创新研究[M].长沙:湖南师范大学出版社,2013.

[37]韩作珍,杨茹.新时期新型农民与乡风文明[M].北京:中国社会出版社,2010.

[38]陈吉元,陈家骥,杨勋.中国农村社会经济变迁(1949—1989)[M].太原:山西经济出版社,1993.

[39]杨义堂,陈力,于宏文.新乡贤归来[M].济南:山东人民出版社,2018.

[40]邓辉.乡贤文化的前世今生[M].湘潭:湘潭大学出版社,2016.

[41](美)弗朗西斯·福山.国家构建:21世纪的国家治理与世界秩序[M].黄胜强,许铭原译.北京:中国社会科学出版社,2007.

二、学术期刊类

[1]李元勋,李魁铭.德治视角下健全新时代乡村治理体系的思考[J].新疆师范大学学报(哲学社会科学版),2019(2).

[2]邓建华.构建自治法治德治"三治合一"的乡村治理体系[J].天津行政学院学报,2018(6).

[3]杜熙,孟楠.乡贤文化助力农村治理现代化[J].人民论坛,2018(24).

[4]赵春草.乡贤文化重塑与乡村治理优化[J].人民论坛,2019(3).

[5]何建华.乡村文化的道德治理功能[J].伦理学研究,2018(4).

[6]张静,王泽应.乡贤文化的理论内涵及其传承与创新[J].南通大学学报(社会科学版),2018(3).

[7]王泉根.中国乡贤文化研究的当代形态与上虞经验[J].中国文化研究,2011(4).

[8]黄爱教.新乡贤助推乡村振兴的政策空间、阻碍因素及对策[J].理论月刊,

2019(1).

　　[9]欧阳静.乡村振兴背景下的"三治"融合治理体系[J].天津行政学院学报,
2018(6).

　　[10]李里峰.革命中的乡村——土地改革运动与华北乡村权力变迁[J].广东社
会科学,2013(3).

　　[11]陈健.新时代乡村振兴战略视域下现代化乡村治理新体系研究[J].宁夏社
会科学,2018(6).

　　[12]马池春,马华.中国乡村治理四十年变迁与经验[J].理论与改革,2018(6).

　　[13]卢明威.民俗习惯在乡村治理中的秩序维护功能分析——基于广西南宁市
金陵镇的调查[J].广西民族大学学报(哲学社会科学版),2016(2).

　　[14]余彪.村民自治基本单位再认识与村级治理体系重塑——从广西 W 县 S
村调查谈起[J].西南大学学报(社会科学版),2015(6).

　　[15]刘妍.推进国家治理体系与治理能力现代化背景下创新基层党建工作研究
[J].学习论坛,2019(2).

　　[16]易新涛.改革开放以来中国共产党解决农村基层党组织"三化"问题研究
[J].中南民族大学学报(人文社会科学版),2019(1).

　　[17]彭小霞.农村扶贫中村干部的腐败问题及其法治化治理[J].兰州学刊,
2019(1).

　　[18]蒋红军,吴嘉琪.精准监管与嵌入式扶贫中的"微腐败"治理——基于广东
经验的考察[J].中州学刊,2018(11).

　　[19]刘守英,熊雪锋.中国乡村治理的制度与秩序演变——一个国家治理视角
的回顾与评论[J].农业经济问题,2018(9).

　　[20]王晓毅.实施组织振兴　实现乡村有效治理[J].中国财政,2018(14).

　　[21]沈孝鹏.精准扶贫领域"村官"腐败的发生诱因与预防机制——基于中部6
省 168 起典型案例的考察[J].宁夏社会科学,2017(6).

　　[22]谢小芹."双轨治理":"第一书记"扶贫制度的一种分析框架——基于广西
圆村的田野调查[J].南京农业大学学报(社会科学版),2017(3).

　　[23]许汉泽,李小云.精准扶贫背景下驻村机制的实践困境及其后果——以豫
中 J 县驻村"第一书记"扶贫为例[J].江西财经大学学报,2017(3).

　　[24]谢小芹."接点治理":贫困研究中的一个新视野——基于广西圆村"第一

书记"扶贫制度的基层实践[J].公共管理学报,2016(3).

[25]蒋永甫,莫荣妹.干部下乡、精准扶贫与农业产业化发展——基于"第一书记产业联盟"的案例分析[J].贵州社会科学,2016(5).

[26]胡红霞,包雯娟.乡村振兴战略中的治理有效[J].重庆社会科学,2018(10).

[27]沈费伟,刘祖云.中国乡村治理研究:进路与反思[J].领导科学,2015(35).

[28]周少来.中国乡村治理结构转型研究——以基层腐败为切入点[J].理论学刊,2018(2).

[29]邓大才.治理的类型:从"良序"到"善治"——以乡村社会为研究对象[J].社会科学战线,2018(9).

[30]李增元.农村基层治理单元的历史变迁及当代选择[J].华中师范大学学报(人文社会科学版),2018(2).

[31]丁胜.乡村振兴战略下的自发秩序与乡村治理[J].东岳论丛,2018(6).

后　记

在学校党委和行政部门的大力支持下,在学校社科处、科技处以及各单位领导和老师的大力支持和共同努力下,历经近两年的时间,《广西乡村振兴战略与实践》即将正式出版。《广西乡村振兴战略与实践》由六卷组成,包括教育卷、文化卷、政治卷、经济卷、社会卷、生态卷,由贺祖斌、林春逸、肖富群、汤志华、张海丰、马姜明著。

没有乡村的有效治理,就不会没有乡村的全面振兴。《广西乡村振兴战略与实践·政治卷》立足于对我国城乡关系变化新特征的准确把握,聚焦广西乡村治理的重大问题,提出在党的坚强领导下走自治、法治、德治相结合的治理之路,以乡村现代治理的实现促进广西乡村的全面振兴。本卷以广西实施乡村振兴战略的状况为研究对象,坚持乡村治理普遍性规律与民族地区乡村治理的特殊性相统一,探索适合民族地区特点的乡村治理之路,具有一定的学术价值和社会效益。

政治卷的撰写和出版得到了学校和各单位领导、老师的关心和支持,在此表示衷心的感谢,同时也对关心、帮助和支持本卷撰写和出版的人员表示诚挚的谢意。广西人文社会科学发展研究中心为本卷的撰写提供了基础设施和研究人员支持,广西师范大学出版社也为本卷的出版提供了大量的人力和物力支持,在此表示特别感谢。

政治卷是广西师范大学珠江—西江经济带发展研究院的研究成果,同时也是广西八桂学者创新研究团队"广西马克思主义大众化重大问题研究"的研究成果。由团队首席专家、广西师范大学马克思主义学院院长汤志华教授负责总体设计和全面统筹,各章节具体分工如下:导论(汤志华)、第一章(石琳琳)、第二章(郑炳)、第三章(汤志华、王院喜、刘婷婷)、第四章(柏卉)、第五章(李英招)、第六章(熊琴)。

由于作者的水平有限,书中难免存在不足或疏漏之处,恳请专家、同行、读者提出宝贵的意见和建议,以便我们进一步改进和提高。

作者

2019 年 9 月